50 anos de Jornada nas estrelas

Edward Gross & Mark A. Altman

50 anos de Jornada nas estrelas

A história completa, não autorizada e sem censura

Volume 1

Tradução: Rodrigo Salem

GLOBOLIVROS

Texto fixado conforme as regras do Acordo Ortográfico da Língua Portuguesa (Decreto Legislativo nº 54, de 1995).

Título original: *The Fifty-Year Mission*

Editora responsável: Amanda Orlando
Editora assistente: Elisa Martins
Preparação de texto: Maira Parula
Revisão: Tomoe Moroizumi e Maria A. Medeiros
Diagramação: Crayon Editorial
Capa: Estúdio Insólito

1ª edição, 2016

CIP-BRASIL. CATALOGAÇÃO NA PUBLICAÇÃO
SINDICATO NACIONAL DOS EDITORES DE LIVROS, RJ

G918c
v. 1

Gross, Edward
50 anos de Jornada nas estrelas : a história completa, não autorizada e sem censura / Edward Gross, Mark A. Altman ; tradução Rodrigo Salem. - 1. ed. - São Paulo : Globo, 2016.

Tradução de: The Fifty-Year Mission
ISBN 978-85-250-6232-1

1. Jornada nas estrelas (Seriado de televisão). I. Altman, Mark A. II. Salem, Rodrigo. III. Título.

16-34828 CDD: 791.4572
CDU: 621.397

Direitos de edição em língua portuguesa para o Brasil
adquiridos por Editora Globo S. A.
Av. Nove de Julho, 5229 — 01407-907 — São Paulo — SP
www.globolivros.com.br

Sam Cogley me pediu para te entregar algo especial. Não é uma primeira edição ou coisa assim, é apenas um livro. Sam diz que isso o torna especial.

— Ariel Shaw, no episódio "Corte Marcial", de *Jornada nas estrelas*

O espaço pode ser a fronteira final. Mas é feito num porão em Hollywood.

— Red Hot Chili Peppers, "Californication"

Há três lados em toda história: o seu lado, o meu lado e a verdade. E ninguém está mentindo. A memória compartilhada funciona diferente para cada um.

— Robert Evans, O *show não pode parar*

DEDICATÓRIA

De Mark A. Altman

Para minha magnífica mãe, Gail, por ter me levado para ver *Jornada nas estrelas: O filme*, mesmo preferindo estar em qualquer outro lugar da galáxia. Pelo menos você conseguiu que Marilyn Kentz, de The Mommies, fizesse seu papel em um filme.

Para meu inesquecível pai, Michael... por tudo — e por até mesmo mudar de canal na hora do beisebol, do futebol, do hóquei e do basquete para me deixar assistir à *Jornada nas estrelas*.

Para Seymour, meu avô sensacional, por ter parado tudo e me levado a uma convenção de *Jornada nas estrelas* em Nova Jersey, quando ele só queria ir para casa e ver o jogo dos Jets.

Para meu irmão, Ira, por se importar tanto com os esportes e nem um pouco com *Jornada nas estrelas*, então nunca precisamos competir.

Para minha esposa maravilhosa, Naomi, por ser a mulher mais estelar que conheço.

E para meus filhos fantásticos, Ella e Isaac, que me ajudaram a superar minha aversão a crianças depois de assistir à “Ciranda do poder”. Não tem problema gostar de Ewoks... sério.

E, claro, Frederick S. Clarke; mentor, amigo e o homem que tornou este livro possível. Você nos mostrou a todos como deve ser feito. Lembre-se disso.

Finalmente, Ed Gross. Obrigado por ser tão chato. Nunca teria coescrito este livro se você não tivesse enchido meu saco por tantos anos para fazê-lo. Não consigo imaginar outro parceiro nesta obra.

Também reservo um agradecimento especial a nosso extraordinário editor, Brendan Deneen, por ser um fã de *Jornada nas estrelas — Deep Space Nine*, entre outras coisas que o tornam incrível.

De Edward Gross

Para minha mulher e melhor amiga, Eileen. Trinta anos se passaram e ainda estamos audaciosamente juntos! Não há nenhuma outra pessoa que eu gostaria de ter tanto ao meu lado ao longo desta jornada. Perdoe-me por este livro ter te transformado numa viúva de *Jornada nas estrelas*.

Para meus filhos, Teddy, Dennis e Kevin. Tenho muito orgulho de vocês e não tenho palavras para descrever a empolgação de dividir o amor por todos os assuntos nerds.

Para minha mãe, pai, irmã e irmão. Obrigado por todos os anos de consentimento e risos educados, apesar da estranheza da minha obsessão.

Para meu pai, que me levou à primeira convenção de *Jornada nas estrelas*, em 1972. Desculpe por não sermos muito próximos, mas aquele momento foi nosso.

Para todos os editores — entre eles, David McDonnell, da Starlog; Frederick S. Clarke, da Cinefantastique; Douglas Perry, da Cinescape; Dave Golder, da SFX; Bill Ervolino, da Long Island Nightlife; Karen Williams, da Movie Magic; Aaron Asadi, da SciFiNow; e David Williams, da Geek — que viram algo em mim e nos meus textos e mantiveram o sonho vivo por todos esses anos.

Para meus amigos que compartilharam meu amor por *Jornada nas estrelas*, incluindo John Garry, Kevin Oldham, Tom Sanders, Dexter Frank, Linda Miracco, Scot Milner, Jay Starr, Allen Lane e Leon McKenzie.

A todas as pessoas ligadas à *Jornada nas estrelas* que entrevistei ao longo das décadas. Vocês tornaram fácil voltar a falar sobre a série para este livro e sinceramente agradeço.

Para Laurie Fox e Brendan Deneen, respectivamente agente e editor extraordinários, por acreditarem neste projeto tanto quanto nós.

E para Mark A. Altman. No processo de escrever o livro, não poderia imaginar um colaborador melhor ou um líder de torcida mais eficiente. Foi uma alegria imensa viajar com você de volta à Fronteira Final.

BANCO DE DADOS

PREFÁCIO

Seth MacFarlane

Preciso me apresentar. Sou Ensign Rivers.

Mesmo que você seja um fã radical de *Jornada nas estrelas*, é capaz de não saber quem é esse cara. Ele era um engenheiro assistente na primeira nave *Enterprise* e, embora não seja o personagem mais memorável que interpretei, ele é o que me dá mais orgulho. Tudo porque ele me permitiu fazer parte de *Jornada nas estrelas*, uma franquia que literalmente mudou o mundo.

Não, não estou exagerando.

Quando Gene Roddenberry, criador de *Jornada nas estrelas*, vendeu aquele piloto lendário há muitos anos, ele estava, claro, fazendo o que diversos roteiristas de TV fazem: criando uma série com a esperança de um salário mensal estável. Mas não era só isso que estava fazendo, porque Gene era um homem sensível. Ele estava com raiva do sofrimento e das injustiças que via no mundo. E, como outros grandes roteiristas de televisão, como Rod Serling e Norman Lear, Gene viu a mídia como uma ferramenta poderosa para comentar sobre essas injustiças. Para ele, a televisão era muito mais que apenas um veículo para contar histórias. Ele a via como plataforma para falar sobre coisas como política, preconceito, religião e sexo. Tal utilidade, para ele, não era um discurso de pregação. Pelo contrário, ele sentia que era sua responsabilidade como um roteirista preocupado em assumir uma posição; expressar um ponto de vista, ao contrário de somente produzir bobagens filmadas para entreter as massas.

Com *Jornada nas estrelas*, Gene concebeu uma visão do futuro que era descaradamente otimista: um esquema detalhado que demonstrava como seria a humanidade caso tivesse sucesso em evoluir além das suas superstições e xenofobias adolescentes. A série celebrava e glorificava as virtudes da engenhosidade humana, os avanços científicos e o progresso moral. É uma visão que, para mim, está em falta no cenário atual do entretenimento. Na nossa era de ficção científica distópica no estilo *Jogos vorazes*, há uma ausência conspícua de modelos para o futuro. Isso deveria ser motivo para preocupação. Carl Sagan disse, certa vez, que "As visões que oferecemos aos nossos filhos moldam o futuro. O conteúdo dessas visões é importante, pois geralmente se tornam profecias concretizadas. Sonhos são mapas. Não acho irresponsável retratar o mais terrível dos futuros, pois precisamos entender que essa é uma forma de evitar essa sina. Mas onde estão as alternativas?". Os sonhos motivadores e inspiradores? De fato, quando assisti a *Jornada nas estrelas* na infância, as diretrizes morais que a série defendia não se perderam em mim. *Significava* algo o fato de os *phasers* estarem quase sempre calibrados para desnortear, e que a tripulação nunca matava a menos que essa fosse a última opção. A vida era apresentada como um bem valioso. E, apesar de adorar os tiroteios de *Guerra nas estrelas* tanto quanto qualquer garoto da minha geração, é a *Jornada nas estrelas* que agradeço por moralmente ser obrigado a não matar uma aranha quando a encontro na minha casa, mas colocá-la para fora. Qualquer vida é valiosa. Mensagem recebida, Gene.

Então, não há dúvida de que *Jornada nas estrelas* fornece um bom "mapa dos sonhos". É um mundo que todos nós gostaríamos de habitar. E Gene realmente acreditava que chegaríamos lá. Sentia que o lado mais civilizado e gentil do ser humano era o mais forte, e que se tornaria mais dominante com a evolução da espécie. Uma crença filosófica que ele compartilha com Martin Luther King, que disse: "O arco moral do universo é longo, mas segue a direção da justiça". Se isso for verdade e a humanidade natural e inevitavelmente evolui rumo à maturidade ética (como Michael Shermer poderosa e efetivamente discute no seu livro, *The Moral Arc*), então não há uma visão mais ideal do futuro na ficção popular que a apresentada por *Jornada nas estrelas*.

As equipes de artistas e artesãos que trouxeram *Jornada nas estrelas* à vida nas últimas cinco décadas (muitos dos quais dividiram suas histórias com Mark e Ed para este livro maravilhoso) deram corpo e voz àquela visão e, ao fazerem isso, não apenas cativaram os espectadores, mas inspiraram pessoas de todo o mundo a perseguir carreiras na ciência, engenharia e medicina, a explorar o espaço e trabalhar na busca de soluções para vários de nossos problemas aqui na Terra.

Neste sentido, *Jornada nas estrelas* já ajudou a moldar nosso presente. Quando perguntado sobre o apelo da série, Roddenberry explicou no melhor exemplo da sua aversão ao misticismo da superstição em favor do respeito e consideração às conquistas humanas: "*Jornada nas estrelas* apela para algumas necessidades humanas básicas: que existe um amanhã — tudo não vai acabar de repente com um clarão e uma bomba; que a raça humana está evoluindo; que possuímos coisas que nos deixam orgulhosos como humanos. Não, antigos astronautas não construíram as pirâmides — seres humanos as construíram, porque são inteligentes e trabalham duro".

Infelizmente, acho que ainda temos muito caminho pela frente, já que muitas pessoas ainda acreditam que alienígenas ergueram as pirâmides, sendo um deles o presidente Barack Obama (não é preciso fazer muita pesquisa para descobrir que as pessoas realmente acreditam nisso), mas estamos indo na direção correta.

Neste livro, Mark e Ed contam a história fascinante de um raro produto hollywoodiano que realmente significa algo para a humanidade. E, embora seja difícil manter a esperança em nossa perspectiva como espécie, estou otimista de que, no século XXIII, as coisas estarão melhores do que hoje. Talvez seja porque *Jornada nas estrelas* tenha me inspirado tanto no meu trabalho e na minha vida. Ou talvez seja porque eu esteja realmente vivendo lá.

Lembre-se, sou Ensign Rivers.

SETH MACFARLANE É ANIMADOR, ator, roteirista, produtor e cineasta. É o criador da série *Uma família da pesada*, cocriador das séries *American Dad!* e *The Cleveland Show*, e roteirista e diretor dos filmes *Ted*, da sequência *Ted 2* e da comédia *Um milhão de maneiras de pegar na pistola*. Também é um aclamado cantor e pianista.

MacFarlane também foi o produtor executivo da premiada minissérie *Cosmos: odisseia no espaço*, uma versão atualizada da série *Cosmos*, apresentada por Carl Sagan, que foi substituído pelo cientista Neil deGrasse Tyson.

UMA LONGA E ESTRANHA JORNADA

MARK A. ALTMAN

Hollywood é a única indústria em que você consegue cumprimentar seus sonhos.

— NICHOLAS MEYER, diretor e roteirista

SENTADO NA MINHA FRENTE, em uma pequena mesa de um aposento desarrumado de um cemitério em Miami, estava o rabino barbudo com um solidéu repousado no topo do seu espesso cabelo grisalho. Ele estava prestes a conduzir o funeral da minha avó, Edna. Enquanto todos nós sentávamos num torpor melancólico esperando a hora fatídica de enterrar Edna, nunca esquecerei das palavras que ele compartilhou comigo ao descobrir em que eu trabalhava na época. "Eu amo *Jornada nas estrelas*", gaguejou ele, empolgado. "Sabe por que acho a série tão significativa? Toda história tinha moral e era uma parábola para as mesmas questões éticas com que lidamos na religião todos os dias. Acho que é uma série muito significativa e importante. A original, pelo menos. As outras eram uma porcaria."

Agora, eu não necessariamente falaria "amém" para isso (embora admita que algumas séries são *bem* melhores que outras), mas a realidade é que a série original *Jornada nas estrelas* foi o epicentro de um Big Bang de um universo que ainda está se expandindo. Das viagens da nave original *Enterprise* (nada de A, B, C ou D), assim como das suas aventuras animadas, aos exploradores do século XXIV de *Jornada nas estrelas — A nova geração*, passando pela amplamente subestimada *Jornada nas estrelas — Deep Space Nine*, a tripulação perdida de *Voyager*, o capitão Archer e os membros de *Jornada nas estrelas: Enterprise* e, claro, a mais recente reinvenção de uma das franquias mais lucrativas e amadas da cultura pop pelas mãos de J. J. Abrams.

Ninguém consegue escapar do inexorável campo gravitacional de *Jornada nas estrelas*, tal como a supernova de Beta Nairobi. Sei que eu não consegui. Desde 8 de setembro de 1966, sempre tive uma conexão bastante especial com o universo de *Jornada nas estrelas*. Pode ter a ver com o fato de ambos termos feito nossas estreias neste mundo no mesmo ano. Não tenho certeza de quando descobri *Jornada nas estrelas* pela primeira vez, mas tenho recordações vívidas de assistir à série todas as noites, às dezoito horas, no canal WPIX, em Nova York ("Oh não, não 'Caminho para o Éden' de *novo*!"), e de atacar a televisão quando um autointitulado TrekExpert estava no programa de perguntas *The $100.000 Pyramid* e deu uma resposta idiota para uma questão sobre o nome da nave que foi destruída no episódio "Máquina da destruição" ("A *Constellation*, seu burro!"). Sim, eu amava *Jornada nas estrelas*... um bocado.

Foi logo depois que esperei por várias horas numa fila para conseguir o autógrafo do falecido Leonard Nimoy na Macy's do shopping Kings Plaza, no Brooklyn, em Nova York (provavelmente a primeira — e última vez — que fiz algo assim). Mas, sabendo que era o homem que tinha intitulado sua primeira autobiografia de *I Am Not Spock* [Eu não sou Spock], decidi sabiamente que evitaria perguntar qualquer coisa sobre o personagem e, em vez disso, perguntaria sobre *In Search Of...*, porque, na minha mente tristemente iludida, eu era o garoto de nove anos mais descolado do bairro. (E, caso esteja se perguntando, ele não foi em nenhum dos locais fantásticos da série. Nimoy apenas fez a narração. Parece óbvio agora, mas na época isso não era tão aparente.) Era um período bom para ser fã de *Jornada nas estrelas*. Rumores de uma nova série ou novo filme, o lançamento do brilhante *Star Trek Blueprints*, de Franz Joseph; seguido pelo ainda mais sensacional *Star Fleet Technical Manual*, *Letters to Star Trek*, de Susan Sackett; assim como *Star Trek Lives!*, de Jacqueline Lichtenberg, Sondra Marshak e Joan Winston; o nascimento da *Starlog*; e uma longa lista de romances, livros-pôsteres e brinquedos. (Fui em missão para Gamma VI *várias vezes* quando criança.)

Nos anos seguintes, continuei a seguir *Jornada nas estrelas* de forma apaixonada. Como qualquer pessoa familiarizada com meu primeiro filme, *Free Enterprise*, pode se lembrar, eu e meus amigos de colégio fomos ver *Jornada nas estrelas: O filme* empolgados no dia da estreia, em 7 de dezembro de 1979, *outro dia* que viverá na infâmia. Depois de sermos barrados na bilheteria por um funcionário superexigente, que se recusou a deixar meninos com menos de dezesseis anos entrarem sozinhos no cinema devido a problemas com frequentadores bagunceiros, fui forçado a procurar minha mãe, que estava nas proximidades, depositando seu salário em um banco (isso foi *bem* antes dos caixas 24 horas) e apelei desesperadamente para ela nos acompanhar, já que não nos deixariam entrar de outra maneira. Ela fez isso — e nunca me perdoou desde então.

Muitos anos mais tarde, eu estava em Los Angeles pela primeira vez e encontrei nos estúdios da Paramount, onde tive uma emoção gigantesca ao ver o uniforme da Frota Estelar, figurantes reunidos em grupos durante um intervalo das gravações de "Encontro em Longínqua", a estreia de *Jornada nas estrelas: A nova geração*. É difícil compreender agora — era quase impossível acreditar naquela época —, mas *Jornada nas estrelas* estava finalmente retornando à televisão, duas décadas depois do cancelamento infeliz da série na NBC. Era um elenco todo novo, mas com boa parte da equipe criativa que havia guiado os 79 episódios da série original, comandados pelo intitulado Grande Pássaro da Galáxia, Gene Roddenberry. Pelo menos, por enquanto.

Alguns meses depois, na função de editor-chefe do jornal da faculdade, *The Justice*, recebi uma carta da Paramount sugerindo como os veículos poderiam cobrir a série como parte do material de imprensa da primeira temporada. Eles estavam desesperados por notícias elogiosas (na verdade, *quaisquer* notícias) e o sucesso não estava assegurado. Enterrada no meio de todas aquelas hipérboles sobre esse novo e empolgante programa, havia a sugestão de uma visita às gravações. Soava bem para mim. Segui para organizar para mim e dois amigos (meu colega de quarto na faculdade e o redator de um fanzine mimeografado que eu produzia desde os dez anos, o *Galactic Journal*) a jornada para Hollywood, onde visitaríamos o set. Chegamos à ensolarada Los Angeles preparados para nos teletransportar para o Estúdio 8 da Paramount Pictures, onde o episódio "Um breve regresso", da primeira temporada, estava sendo filmado. Passamos o dia entrevistando o novo elenco e a equipe técnica. Mitchell Rubinstein, meu colega de quarto, ainda se delicia ao lembrar da lagosta que dividiu com "o gênio visual Rob Legato" naquele dia no estúdio. Para mim, seria a primeira de muitas visitas.

Logo depois, um dos meus professores na Universidade Brandeis e crítico em uma importante revista do gênero à época, a *Cinefantastique*, me apresentou ao seu editor e *enfant terrible*, o saudoso Frederick S. Clarke. Fred era a encarnação de J. Jonah Jameson. Um homem que não tinha paciência e, ao contrário de outros colegas, não se empolgava com qualquer filme ou série de TV de ficção científica que era lançado, era cabeça-dura, difícil de agradar. Nunca consegui ver Jason Robards em *Todos os homens do presidente* interpretando Ben Bradlee sem pensar em Fred... e ainda não consigo. Ele me deu a oportunidade de escrever sobre o intenso rodízio de roteiristas da série durante aquele primeiro ano turbulento no espaço. E escrevi. Fred ficou feliz. E eu fiquei em êxtase. E foi o início de um belo relacionamento profissional. Colaborei com inúmeras matérias para a revista ao longo dos anos seguintes (provocando uma avalanche de cartas de leitores implorando para *pararem* de cobrir *Jornada nas estrelas* em todas as edições, mas o tema vendia tanto que Fred manteve a cobertura incessantemente), a ponto de eu começar a brincar que tinha entrevistado todo mundo associado à *Nova geração*, menos o eletricista e o cozinheiro do set, principalmente porque eu era pago pelo número de palavras escritas. Nos inebriantes dias antes de a internet dizimar o jornalismo impresso, sem mencionar a qualidade do jornalismo cultural em geral, isso me deu acesso sem precedentes à série e a seus criadores por sete anos seguidos.

Foi nessa época que o jocoso Edward Gross, um colaborador da *Starlog*, uma versão menos erudita da *Cinefantastique*, porém tão essencial quanto, me contatou. Ed, que havia passado anos entrevistando praticamente todos os membros vivos da série original e tinha um apetite insaciável e um entusiasmo visível pelo tema, sugeriu que seríamos bons colaboradores e, subsequentemente, trabalhamos juntos em um bom número de projetos até culminar nesta — suspeito e espero — reconstituição definitiva do passado, presente e futuro da franquia *Jornada nas estrelas*.

Cobrir *Jornada nas estrelas* por tantos anos para a *Cinefantastique* serviu como uma escola de cinema. Aprendi sobre as minúcias das produções televisivas, por dentro e por fora. Quando ninguém menos que o famoso Larry Flynt me fez a oferta para lançar a minha própria revista de ficção científica, pulei em cima da oportunidade com a bênção de Fred. Assim nasceu a *Sci-Fi Universe*, a autointitulada "Revista para fãs de ficção científica com uma vida social". Sarcástica e inteligente, a *Sci-Fi Universe* era uma publicação amada e bem-feita, que também prejudicou minha relação com os grupos de especialistas em *Jornada nas estrelas* quando nossa franqueza se provou, digamos assim, franca até demais. Depois que a marca foi vendida, decidi abandonar o jornalismo de nicho para sempre... ou achava que tinha abandonado.

Meus dias na *Sci-Fi Universe* provaram ser a base para meu primeiro longa-metragem, originalmente chamado *Trekkers*, depois intitualado *Free Enterprise*. Se eles dizem para "escrever sobre o que você sabe", então *Free Enterprise* certamente tornou esse axioma verdadeiro. O filme, sobre dois fãs disfuncionais de *Jornada nas estrelas* que encontram seu ídolo, William Shatner, e descobrem que ele é mais destrambelhado do que eles mesmos, foi a oportunidade de uma vida. Não apenas pude escrever e produzir meu primeiro longa, como ele era protagonizado por William Shatner, um sujeito que eu admirava e idolatrava desde que estava no útero da minha mãe. E ainda idolatro.

Antes da estreia do filme — ele entrou em cartaz nos cinemas em 1999, convenientemente em 4 de junho, a mesma data em que *A ira de Khan* foi lançado, em 1982 —, o diretor Robert Burnett e eu fomos para o Festival de Cinema de Cannes com o sr. Shatner... ou melhor, Bill, como preferia ser chamado. Embora ele estivesse em um Concorde e nós estivéssemos viajando na classe econômica na Delta, foi uma semana maravilhosa de exibições e andanças (ainda que trôpegas) pela praia de la Croisette enquanto Bill admirava a paisagem e piscava com um sorriso maroto ao falar com sua lendária pose: "Topless... Topless é legal". Horas mais tarde, ele estava doando uma jaqueta de aviador que havia vestido no filme para o Planet Hollywood Cannes, contando ao batalhão de jornalistas que havia descoberto a jaqueta em um brechó de Los Angeles e que pertencera ao famoso piloto da Primeira Guerra Mundial, Eddie Rickenbacker. Acrescentou que agora estava devolvendo o casaco às praias da França.

Fiquei em estado de choque. Como ele nunca *nos* falou disso? Que achado incrível. "Eu inventei tudo", foi sua resposta simples e elegante. E aprendi algo naquele dia sobre a arte de uma boa história contada por um ótimo narrador.

No fim, a magia que sempre me encantou em *Jornada nas estrelas* não era necessariamente o otimismo (ou polianismo, como alguns falam) em relação ao futuro, o vislumbre premonitório da tecnologia do amanhã (embora curtisse aquelas portas corrediças e os sintetizadores de alimentos), os efeitos especiais revolucionários ou até mesmo a direção, os roteiros e a trilha, todos ótimos. Era sua âncora: William Shatner como Kirk. Um homem, eu costumava dizer, que tinha o respeito da sua tripulação, a lealdade dos amigos e uma garota verde em todos os planetas. O que você poderia pedir mais da vida? Mas talvez isso seja uma resposta muito frívola. Talvez o rabino estivesse certo, talvez exista algo em *Jornada nas estrelas* além de naves espaciais bacanas e personagens malucos alienígenas. O que torna Kirk um grande líder é sua abertura e incentivo às opiniões dos outros ao mesmo tempo que é decisivo, inteligente e insaciavelmente curioso. E propenso a descartar regras e regulamentos quando necessário. Ele é um líder no sentido mais correto da palavra. Uma mistura de John F. Kennedy com Bill Clinton. Com a estreia de *A nova geração*, o capitão Picard provou-se um tipo diferente de líder para uma era diferente. Não o século XXIV, veja bem, mas o início dos anos 1990. Ele era um operário do consenso, além de atencioso e ponderado; George H. W. Bush encontra Barack Obama. Esses dois modelos iriam colorir os capitães dos anos seguintes e definir para sempre o que significava *Jornada nas estrelas* para toda uma geração de espectadores.

Enquanto *Guerra nas estrelas* é uma novela maravilhosamente levada a outro nível, *Jornada nas estrelas* é algo completamente diferente. Os personagens sempre foram a alma da série, uma família unida por amizade, lealdade e uma curiosidade insaciável pelo desconhecido. Numa cultura em que o cinismo e o fatalismo são a moeda vigente — seja por causa de impasses políticos, seja por depressão econômica, fome ou o horror das doenças — e nossas melhores séries televisivas, de *Breaking Bad* a *The Walking Dead*, analisam o lado negro da humanidade, ela ainda consegue se sobressair exaltando o lado aventureiro do ser humano com um sentimento de otimismo e esperança no futuro. É uma visão progressista e liberal que precisa ser laureada e não desconstruída ou substituída pelo pessimismo tão em moda que permeia o *zeitgeist* de hoje. Não creio que o otimismo precisa ser ultrapassado, mas precisa, em vez disso, ser conquistado. No fim, é mais difícil criar personagens que aspiram a algo e situações inspiradoras sem se tornar piegas e, ouso dizer, obsoleto. Não significa que não possa haver conflito — são necessários conflitos interestelares e interpessoais para *Jornada nas estrelas* funcionar como um bom drama —, mas a união da humanidade sempre foi o coração da franquia. Nos seus melhores momentos, *Jornada nas estrelas* é uma ópera espacial grandiosa com algo profundo para contar sobre a condição humana.

Desde *Free Enterprise*, produzi diversos filmes e trabalhei em inúmeras séries de TV, mas *Jornada nas estrelas* continuou como fonte de fascinação constante para mim. Depois da morte de Fred Clarke, me envolvi na aquisição da *Cinefantastique* e a publiquei por vários anos ao lado de Mark Gottwald — até vender a marca. Transformei a *Geek Magazine*, uma revista ficcional que existia apenas, adivinhe, em *Free Enterprise*, em uma revista de verdade.

Porém nunca suspeitei que um dia me encontraria novamente indo em direção ao futuro. Então, quando Ed Gross sugeriu que criássemos a história definitiva da franquia *Jornada nas estrelas* para o aniversário de cinquenta anos da série, não mergulhei de cabeça na ideia. Sinceramente, não sabia se ainda havia algo a dizer. Mas eu estava vergonhosamente errado. Foi logo depois de ler um vívido e dilacerante relato da história da MTV, e também *Live From New York*, o magnífico livro de Tom Shales sobre o programa humorístico *Saturday Night Live*, que percebi a posição única em que Ed e eu nos encontrávamos para contar a história de *Jornada nas estrelas* de uma maneira nova, diferente e, mais importante, sem censura, como ninguém havia feito antes... e ninguém mais poderia. Enquanto isso significaria correr novamente atrás de centenas de atores, roteiristas, sociólogos, técnicos, executivos e fãs para novos pontos de vista na virada da quinta década no espaço, o projeto também nos permitiria honrar os diversos talentos com quem conversamos ao longo dos trinta anos e que não estão mais entre nós: Gene Roddenberry, Gene L. Coon, DeForest Kelley, James Doohan, John Meredyth Lucas, Ricardo Montalban, Michael Piller, Harve Bennett e o extraordinário Leonard Nimoy... A lista infelizmente é grande demais para ser reproduzida neste espaço.

Então, nossa missão era clara. Nosso mantra: aprender tudo que poderia ser aprendido, conhecer tudo que era possível... e imprimir não a lenda, mas a história real. A verdade e nada mais que a verdade. E é isso que você tem em suas mãos. Estou imensamente orgulhoso deste volume e, se não o tivesse escrito, pode apostar que eu estaria lendo este livro.

É minha esperança mais sincera que este livro não seja apreciado apenas por trekkies, trekkers e trekófilos, mas por qualquer pessoa interessada no drama shakespeariano dos bastidores de uma série de TV icônica. Você não precisa amar *Jornada nas estrelas* — ou ao menos ter visto *a série* — para apreciar o trabalho de Hércules (alguns diriam de Sísifo) para criar e recriar essa franquia. Mas, como Groucho Marx diria: não atrapalharia.

No fim, não acredito que este livro seja um trabalho tradicional de estudo ou até mesmo um artefato de um fenômeno da cultura pop. Afinal, a série original *Jornada nas estrelas* facilmente repousa ao lado de *Além da imaginação*, *Chumbo grosso*, *Crime Story*, *Twin Peaks*, *A família Soprano*, *The Wire*, *Arrested Development*, *Breaking Bad* e *Mad Men* como uma das melhores séries televisivas já produzidas. Este livro é uma carta de amor. Uma carta de amor a uma série que nos ensinou tanto... e, assim espero, continuará a ensinar até o século XXIII e além. E, caso você não a entenda, talvez faça isso após ler este volume.

Vida longa e próspera,
Mark A. Altman
8 de setembro de 2015

REFLEXÕES NA JORNADA DE UMA VIDA

EDWARD GROSS

O ENVOLVIMENTO MAIS APAIXONADO dos meus três filhos com *Jornada nas estrelas* foi relacionado com os longas de J. J. Abrams, então achei particularmente interessante quando eu e meu filho do meio, Dennis, estávamos assistindo à *Jornada nas estrelas* VI — *A terra desconhecida*, de 1991. Quando o Kirk de William Shatner comentou sobre o que era aquela aventura que havíamos presenciado, Dennis virou-se para mim com uma expressão pensativa no rosto e disse: "*Jornada nas estrelas* deve ser sempre *sobre* algo, não é?".

Se eu tivesse cerveja romulana em casa, teria brindado com ele.

Claro, quando descobri *Jornada nas estrelas* em algum momento durante as temporadas de 1966 a 1969, eu não estava *realmente* ciente de que a série estaria falando sobre algum assunto. Estava entre os seis e nove anos na época, e minhas maiores lembranças daqueles dias eram de brincar de *Jornada nas estrelas* com meus amigos. John Garry era o capitão Kirk, Raymond Ciccolella era Spock e eu era "Bones" McCoy, munido de binóculos de brinquedo como meu tricorder e uma pistola d'água como um phaser. Juntos, protegíamos o Brooklyn, Nova York em geral, e a avenida Schenectady em particular, para a Federação!

Saltando no tempo para 1972 e para o Statler Hilton Hotel, de Nova York. A primeira convenção de *Jornada nas estrelas*, e *eu* estava lá. Não que tenha muitas lembranças nítidas daquela época, além do fato de que havia uma longa fila de pessoas esperando por... algo. Meu eu de onze anos olhou para um adulto próximo e perguntou o que era aquela fila. Quando ele respondeu "autógrafo de Gene Roddenberry" e eu perguntei "Quem é Gene Roddenberry?", o homem apenas balançou a cabeça negativamente e disse, "Você está na fila errada, menino".

Talvez. Mas encontraria meu caminho um dia.

Ao longo dos anos 1970, enquanto assistia à *Jornada nas estrelas* cinco noites por semana no canal WPIX, às dezoito horas, meu amor pela série aumentou a ponto de virar uma obsessão. Foi naquela época que eu também percebi que *Jornada nas estrelas* era sobre algo; que a relação entre Kirk, Spock e McCoy tinha uma vida que parecia transcender a simples televisão e despertou minha imaginação, me deixando consciente da interação verdadeira entre os personagens e me dando novos heróis para adicionar ao panteão pessoal que já incluía Superman, James Bond e César (não Júlio, mas o chimpanzé do *Planeta dos macacos* original).

Repetições, convenções adicionais, livros e pôsteres devotados à série, respingos de informação sobre um possível ressurgimento nas páginas da *Starlog*, empolgação com *Star Trek: Phase II* (a série que não foi) e a antecipação por *Jornada nas estrelas: O filme* basicamente ocuparam aquela década para mim. Lembro que, na manhã de 7 de dezembro de 1979, toda a equipe do jornal da faculdade comunitária de Suffolk County se uniu a mim para uma viagem ao shopping Sunrise em Nassau County, onde havia o único multiplex de Long Island, em Nova York, exibindo uma sessão matinê de *Jornada nas estrelas: O filme*. Assistimos ao filme e voltamos para a redação, onde datilografei uma resenha de três estrelas e meia com o seguinte título: "*Jornada nas estrelas: O filme*: Valeu a Espera!". Voltei para o cinema em 8 de dezembro para ser transportado para o século XXIII novamente e me perguntei onde o filme que havia visto tinha ido parar. Obviamente eu tinha caído em algum enguiço do teletransporte no *continuum* do espaço-tempo.

Ainda lembro da sessão de imprensa, na primeira semana de junho de 1982, da continuação, *A ira de Khan*. Assistimos ao trailer repetidas vezes em um quiosque do lado de fora do Manhattan Theatre e não conseguíamos acreditar em como era tão incrível. Algumas horas mais tarde, ficou óbvio que *esse* filme correspondera às expectativas. *Jornada nas estrelas* estava de volta!

Um ano mais tarde, minha carreira no jornalismo cultural começou quando vendi uma matéria sobre o filme de James Bond, *007 contra Octopussy*, para a revista *Daredevil* e recebi meu primeiro pagamento por um texto: quinze dólares! Em 1985, comecei a escrever para a revista *Starlog*, na qual, entre outras coisas, entrevistei um grande número de roteiristas e diretores da série clássica *Jornada nas estrelas*, descobrindo, anos depois, que eu havia feito a maior cobertura da série em toda a história.

Ao longo do tempo, meu amor por *Jornada nas estrelas* combinou perfeitamente com minhas ambições jornalísticas, resultando em um bom número de grandes momentos:

- Infinitamente fascinado por *Phase II*, a *Jornada nas estrelas* que poderia ter sido e jamais foi, comecei a pesquisar sobre o programa proposto, conduzindo várias entrevistas e reunindo a história que nunca tinha sido contada.
- Sentar com Leonard Nimoy — o homem de Vulcano em pessoa — no seu escritório dentro da Paramount de Nova York, em 1986, para discutir *Jornada nas estrelas IV — A volta para casa*. Meu cérebro de 26 anos não conseguia compreender como era possível que eu estivesse ali conversando com *ele*.
- Um ano depois do lançamento de *Jornada nas estrelas — A nova geração*, me flagrei na Califórnia descobrindo a verdade sobre o tumultuado início daquela série, encontrando-me com figuras do quilate de Herb Wright, David Gerrold e Dorothy Fontana, e obtendo uma grande quantidade de material de pesquisa — a maioria revelada nas páginas do Volume Três desta série.
- Tornar-me o sujeito "obrigatório", quando o assunto era *Jornada nas estrelas*, para revistas como *Cinescape*, SFX e *SciFiNow*, entrevistando o elenco e a equipe de várias séries e filmes.

- Encontrar William Shatner e Patrick Stewart no evento para a imprensa de *Jornada nas estrelas: Generations* e notar que Stewart, dois anos depois, lembrou de mim quando estava no set de *Jornada nas estrelas — Primeiro contato*. E, falando do último, ficando chocado quando o diretor Jonathan Frakes começou a se referir a sir Patrick pelo apelido de Butt-Head — *até* que vi a camiseta de Beavis e Butt-Head que o bom capitão estava usando.
- Com a chegada de *Jornada nas estrelas — Deep Space Nine* — a única série derivada que chegou perto de rivalizar com a original no meu coração —, entrar em contato com os diversos produtores que, a cada ano, reservavam um tempo para discutir os episódios das temporadas comigo.
- A visita ao set de *Jornada nas estrelas — Voyager*, onde me sentei para conversar com Kate Mulgrew, *alter ego* da capitã Janeway, e com Jeri Ryan, uma das suas primeiras entrevistas depois de ter assinado contrato para viver a borg Sete de Nove.
- Ser o primeiro a entrevistar o elenco completo de *Enterprise* para antecipar a última série de *Jornada nas estrelas* produzida até este momento.
- Continuar minha tradição de cobertura de *Jornada nas estrelas* ao entrevistar J. J. Abrams, Chris Pine e vários membros do elenco e da equipe dos novos filmes de 2009 e 2013, *Star Trek* e *Além da escuridão — Star Trek*, para as revistas *Movie Magic* e *SciFiNow*.

No intervalo de tudo isso, conheci Mark A. Altman por intermédio da sua revista, a *Galactic Journal*, e sua extensa cobertura de *Jornada nas estrelas — A nova geração* na *Cinefantastique*. Depois de ligar para ele, nos demos bem logo de cara e estabelecemos uma relação profissional e pessoal que durou pelo menos três décadas, indubitavelmente movidas pelo amor que ambos sentíamos por *Jornada nas estrelas*, James Bond e *O homem da Máfia* (e se você não sabe o que é isso, baixe assim que terminar este livro!).

Desde então, várias coisas mudaram. Entre elas, o interesse diminuto por tudo relacionado a *Jornada nas estrelas*, que muitos acreditam ter sido por causa da superexposição das séries de televisão e dos filmes. Então houve a ascensão da internet, que poderia prejudicar a indústria da publicação impressa, criando a crença de que tudo que as pessoas gostavam e gostariam de saber sobre um produto de cultura pop poderiam achar on-line.

Nós discordamos.

Para começo de conversa, na véspera do seu quinquagésimo aniversário, *Jornada nas estrelas* está de volta. O sucesso dos filmes de Abrams serve como lembrança para a mídia e para o público do que *Jornada nas estrelas* significa, reinventando a franquia — particularmente a série original — no processo.

E já que estamos falando de internet, nem *tudo* que você encontra em um livro pode achar on-line. Especialmente *este* livro.

Quando Mark e eu concordamos em colaborar para escrever *50 anos de Jornada nas estrelas*, acreditamos que, devido a nossas décadas de pesquisa e centenas de novas entrevistas, podemos contar a história real da franquia de uma maneira diferente de todo mundo. Que poderíamos pegar esse tema que significa tanto para nossas vidas — e para milhões de pessoas no mundo — e servir de protetores, construindo uma história como nunca foi apresentada antes.

O texto de *50 anos de Jornada nas estrelas* foi um sincero trabalho de paixão. Nossa maneira de devolver ao universo que nos deu tanto promete continuar a fazer isso para o resto das nossas vidas.

Edward Gross
Agosto de 2015

DRAMATIS PERSONAE

J. J. Abrams é cineasta, produtor e roteirista mais conhecido pela direção de *Star Trek* (2009), *Além da escuridão — Star Trek*, *Super 8* e *Star Wars: O despertar da força*. Também é o cocriador das séries de sucesso *Lost*, *Alias: Codinome Perigo* e *Felicity*.

Martin Abrams é o cofundador da Abrams Gentile Entertainment (AGE). Foi o presidente da Mego Corporation, empresa responsável por fabricar os bonecos de *Jornada nas estrelas* em meados dos anos 1970.

Howard A. Anderson foi o diretor de fotografia que trabalhou em efeitos especiais e cofundador da produtora The Howard Anderson Company, que produziu os efeitos para a série original de *Star Trek*.

Michael Ansara era ator de teatro, cinema e animação. Ficou conhecido por interpretar Cochise na série *Broken Arrow* e pelo papel de comandante Kang — que não precisa de "razões para odiar humanos"— em três séries diferentes de *Jornada nas estrelas*.

Deborah Arakelian é roteirista premiada, autora de episódios de *Cagney & Lacey* e *Contratempos*. Também trabalhou como assistente de produção em *Jornada nas estrelas — A ira de Khan* e *À procura de Spock*.

Margaret Armen é uma roteirista de televisão que escreveu episódios de *Mulher-Maravilha*, da série clássica e da série animada de *Jornada nas estrelas* e também da *Phase II*.

Richard Arnold é um especialista em *Jornada nas estrelas — A nova geração*, considerado o "arquivista oficial" da franquia.

Jeff Ayers é o autor de *Voyages of Imagination: The Star Trek Fiction Companion*.

Ira Steven Behr é um roteirista de TV e produtor mais conhecido por ser o produtor executivo e *showrunner* de *Jornada nas estrelas — Deep Space Nine*. Atualmente é roteirista e produtor executivo de *Outlander* e trabalhou anteriormente em séries como *Fame*, *Alphas*, *Crash* e *Jornada nas estrelas — A nova geração*.

Hans Beimler é um roteirista de TV conhecido por seu trabalho em *Jornada nas estrelas — A nova geração* e *Deep Space Nine*.

Harve Bennett foi um produtor e roteirista de séries de TV. Ganhou o prêmio Emmy como produtor e roteirista, e produziu os longas-metragens da franquia desde *A ira de Khan* até *A última fronteira*. Entre as séries de TV que produziu estão *Mod Squad*, *O homem de seis milhões de dólares*, *A mulher biônica* e a minissérie *Golda*.

Roxann Dawson é uma atriz de TV e diretora mais conhecida pelo papel de B'Elanna Torres em *Jornada nas estrelas — Voyager*.

Jerome Bixby era escritor, editor e roteirista de TV. Ficou conhecido por escrever o conto "It's a Good Life", adaptado para um episódio de *Além da imaginação*, e vários episódios da série clássica de *Jornada nas estrelas*.

John D. F. Black é roteirista, produtor e diretor de TV mais conhecido por seu trabalho em séries como *The Mary Tyler Moore Show* e como editor de roteiro na série clássica de *Jornada nas estrelas*.

Richard Block é ex-vice-presidente e gerente geral da Kaiser Broadcasting Corporation, que financiou a exibição em todo o território norte-americano da série clássica de *Jornada nas estrelas*.

Margaret Wander Bonanno é uma escritora mais conhecida pelos livros de sucesso baseados em *Jornada nas estrelas*, os quais incluem *Dwellers in the Crucible* e *Strangers from the Sky*.

Andre Bormanis é o antigo consultor científico de várias séries de *Jornada nas estrelas* e escreveu episódios de *Voyager* e *Enterprise*. Também foi o consultor técnico no longa *Jornada nas estrelas — Insurreição*.

Brannon Braga é produtor, roteirista e diretor de TV conhecido pelo trabalho em séries como *Threshold*, *Terra Nova*, *Flash Forward*, *24 horas*, *Salem* e *Cosmos*, além de *Jornada nas estrelas — A nova geração* e *Voyager*.

Fred Bronson é jornalista, escritor, roteirista e relações-públicas do canal NBC. É conhecido pela coluna "Chart Beat" na revista *Billboard* e escreveu episódios de *Jornada nas estrelas — A série animada* e *A nova geração*.

Rolland "Bud" Brooks foi diretor de arte na série clássica de *Jornada nas estrelas*, começando no segundo piloto, "Onde nenhum homem jamais esteve". Também trabalhou nos seriados *Guerra, sombra e água fresca*, *Os intocáveis* e *Missão: Impossível*.

Judy Burns é uma roteirista de TV que escreveu episódios para seriados como *A supermáquina*, *A mulher biônica* e a série clássica de *Jornada nas estrelas*.

Robert Butler é um diretor de televisão com uma carreira prolífica. Tornou-se conhecido por dirigir os pilotos da série clássica de *Jornada nas estrelas* e também dos seriados *Chumbo grosso*, *Batman*, *Jogo duplo*, *Lois & Clark — As novas aventuras do Superman* e *A gata e o rato*.

William Campbell foi um ator com uma longa carreira de papéis em seriados como *Bonanza*, *Gunsmoke*, a série clássica de *Jornada nas estrelas* e *Deep Space Nine*.

Steven W. Carabatsos é um roteirista de TV que escreveu episódios de seriados como *Kojak*, *O fugitivo* e a série clássica de *Jornada nas estrelas*, na qual também atuou como consultor de roteiro.

Roger C. Carmel foi o ator que interpretou o amado fora da lei Harcourt Fenton Mudd em *Jornada nas estrelas* (e emprestou a voz para a série animada no episódio "Mudd's Passion"). Era um convidado especial frequente em séries como *Banacek*, *Viagem ao fundo do mar*, *Havaí 5-0*, e interpretou o vilanesco coronel Gumm em *Batman*. Estava sendo sondado para reprisar seu papel de Harry Mudd em *A nova geração* em 1986, quando faleceu.

Kim Cattrall é atriz de cinema e televisão. Protagonizou a série da HBO *Sex and the City* como Samantha Jones e interpretou Valeris no longa-metragem *Jornada nas estrelas VI — A terra desconhecida*.

Lester Colodny era amigo de Gene L. Coon, produtor, roteirista e agente literário que representava clientes como Neil Simon, Mel Brooks e Jerry Lewis.

Manny Coto é roteirista, diretor e produtor de cinema e televisão. É mais conhecido por ser o produtor executivo e showrunner de *24 horas*, *Dexter* e *Jornada nas estrelas — Enterprise*, além de ser o cocriador de *Odyssey 5* para a Showtime.

Alexander Courage foi orquestrador, compositor e arranjador musical. É mais conhecido por ter composto a canção-tema da série clássica de *Jornada nas estrelas*.

Yvonne Craig era bailarina e atriz. Tornou-se conhecida pelo papel lendário como a Batgirl na série de TV *Batman*, assim como a escrava verde Marta, na série clássica de *Jornada nas estrelas*.

Oliver Crawford era roteirista e escritor. Trabalhou em uma variedade de seriados de TV, incluindo *Bonanza*, *Perry Mason* e a série clássica de *Jornada nas estrelas*.

Marc Cushman é mais conhecido como autor de *These Are the Voyages*, uma série de livros devotada aos bastidores da série original de *Jornada nas estrelas*.

Marc Daniels foi um diretor de televisão que trabalhou em diversas séries, incluindo *I Love Lucy*, *Gunsmoke* e a série original de *Jornada nas estrelas*.

Dean Devlin é produtor executivo de séries como *Leverage* e *The Librarians*. Foi corroteirista e produtor de sucessos do cinema como *Stargate*, *Independence Day* e *O patriota*. Dirigiu recentemente seu primeiro longa, *Geostorm*, para a Warner.

Daren Dochterman é ilustrador e designer conceitual de cinema. Trabalhou em filmes como *Agente 86*, *Tron: O legado* e *A casa monstro*. Foi o supervisor de efeitos visuais da edição do diretor da série clássica de *Jornada nas estrelas* para DVD.

Thomas Doherty é professor de Estudos Americanos na Universidade Brandeis e autor de vários livros, entre eles *Pre-Code Hollywood: Sex, Immorality, and Insurrection in American Cinema*; *Hollywood and Hitler: 1933–1939*; *Teenagers and Teenpics: Juvenilization of American Movies* *in the 1950s* e *Cold War, Cool Medium: Television, McCarthyism, and American Culture.*

James Doohan foi ator de cinema e TV, e veterano da Invasão da Normandia como membro do Regimento Real da Artilharia do Canadá. É mais conhecido por seu papel como o engenheiro-chefe Montgomery Scott na série clássica de *Jornadas nas estrelas*, na série animada e nos filmes da franquia. Atuou também em seriados como *Jason, o homem do espaço* e *Homeboys From Outer Space.* Seu filho, Chris Doohan, interpreta Scotty em *Star Trek Continues*, um filme feito por fãs.

Doug Drexler é artista de efeitos visuais, escultor, ilustrador e maquiador. Ganhou um Oscar pela maquiagem de *Dick Tracy*, trabalhou no longa-metragem *Jornada nas estrelas — Generations.* Atuou como designer, artista digital e fez parte da equipe de efeitos especiais nas séries *Deep Space Nine, Voyager* e *Enterprise.*

Rene Echevarria é roteirista de TV e produtor. Trabalhou em vários seriados, como *The 4400, Terra Nova, Castle* e *Jornada nas estrelas — A nova geração.* Foi supervisor de produção em *Deep Space Nine.*

Harlan Ellison é um lendário escritor, roteirista e contador de histórias. Escreveu episódios para *Além da imaginação, Babylon 5* e para a série clássica de *Jornada nas estrelas.*

Jackie Coon Fernandez foi casada com Gene L. Coon, roteirista de *Jornada nas estrelas.*

Gerald Finnerman foi diretor de fotografia e trabalhou em vários seriados televisivos, como *A gata e o rato* e a série clássica de *Jornada nas estrelas.*

Dorothy "D. C." Fontana é uma roteirista de TV mais conhecida por ter escrito para a série clássica de *Jornada nas estrelas*, a série animada e *A nova* *geração*. Também trabalhou em seriados como *The Streets of San Francisco*, *Viagem fantástica*, *Fuga das estrelas* e *Buck Rogers*.

Alan Dean Foster é um escritor conhecido por seus trabalhos nos gêneros da ficção científica e fantasia. Escreveu adaptações para livros de uma gama de filmes e adaptou a coleção "Star Trek Log", baseada no seriado clássico. Também é creditado como um dos autores da história original do primeiro longa-metragem da franquia.

Fred Freiberger foi roteirista de TV e cinema. Produziu seriados como *James West*, a segunda temporada de *Space: 1999* e a terceira da série clássica de *Jornada nas estrelas*.

Bryan Fuller é roteirista e produtor de TV. Além de ter criado e produzido séries populares como *Pushing Daisies*, *Dead Like Me*, *Wonderfalls*, *Hannibal* e *American Gods*, foi roteirista de *Jornada nas estrelas — Deep Space Nine* e coprodutor de *Voyager*.

John Furia Jr. era um roteirista de TV mais conhecido por seu trabalho em *Bonanza*, *Havaí 5-0* e *Além da imaginação*. Foi presidente do Sindicato dos Roteiristas dos Estados Unidos.

David Gerrold é escritor e roteirista de TV e cinema. Atuou como roteirista tanto na série clássica de *Jornada nas estrelas* quanto na série animada e em *O elo perdido*. Também é autor de populares romances de ficção científica, como *A Martian Child*, adaptado para o cinema com o título de *Ensinando a viver*, estrelado por John Cusack. Esteve profundamente envolvido no desenvolvimento de *Jornada nas estrelas — A nova geração*.

Vince Gilligan é um premiado roteirista, produtor e diretor de TV. É mais conhecido por ter criado as séries *Breaking Bad* e *Better Call Saul*, e pelo trabalho como coprodutor executivo de *Arquivo X*.

James Goldstone foi diretor de cinema e TV. Dirigiu o piloto de *Têmpera de aço*, assim como "Onde nenhum homem jamais esteve", o segundo piloto da série clássica de *Jornada de estrelas*.

David A. Goodman é roteirista e produtor de TV. É produtor executivo de *Uma família da pesada* e escreveu o venerado episódio de *Futurama* em homenagem a *Jornada nas estrelas*, "Onde nenhum fã jamais esteve". Também foi consultor de produção em *Jornada nas estrelas: Enterprise* e é o autor de *The Autobiography Of James T. Kirk*, publicado pela Titan Books.

Chris Gore, comediante e roteirista que era presença constante no programa *Attack of the Show*. É o fundador da revista *Film Threat*.

Peter Gould é um roteirista e produtor de TV conhecido por seu trabalho em *Breaking Bad* e por ser o cocriador de *Better Call Saul*.

Rich Handley é pesquisador dos quadrinhos *de Jornada nas Estrelas* e colaborador da coletânea reimpressa das tiras de jornal *de "Jornada nas Estrelas"* para a IDW, assim como editor da Hasslein Books.

Dorris Halsey foi a fundadora da Reece Halsey Agency, que representou Gene L. Coon, assim como Henry Miller, Upton Sinclair e Aldous Huxley, autor de *Admirável mundo novo*. Nascida Dorris Vilmos, em Budapeste, Hungria, Halsey entrou para a Resistência Francesa em 1940 e foi prisioneira de guerra dos alemães, dividindo uma cela com outras 38 mulheres.

David P. Harmon foi um roteirista de TV e escritor. Trabalhou em uma variedade de seriados, como *A família sol-lá-si-dó*, a série clássica de *Jornada nas estrelas* e a série animada.

Russ Heath é um lendário desenhista de quadrinhos que trabalhou para a DC, a Marvel e Peter Pan Records, onde fez as ilustrações para a arte do LP em vinil *Star Trek*.

Arthur Heinemann foi roteirista de cinema e TV e desenhista. Trabalhou no roteiro da série original de *Jornada nas estrelas*.

Gennifer Hutchison foi assistente do coprodutor executivo John Shiban, em *Arquivo X* e *Jornada nas estrelas — Enterprise*. Ela foi produtora de *Breaking Bad* e *The Strain*, e supervisora de produção em *Better Call Saul*.

Gerald Isenberg é um antigo produtor de TV e cinema, e ex-parceiro de Jerry Abrams, pai de J. J. Abrams. Foi contratado para produzir o filme *Star Trek: Planet of the Titans* pela Paramount em meados dos anos 1970.

Marie Jacquemetton é roteirista e produtora de TV. Escreveu para séries como *Baywatch Hawaii*, *Mad Men* e *Jornada nas estrelas — Enterprise*.

Matt Jeffries era designer de aviação e mecânica, cenógrafo e escritor. Trabalhou em diversos projetos de *Jornada nas estrelas*, incluindo *Phase II*, o primeiro e o segundo filmes da franquia.

George Clayton Johnson é escritor, roteirista de TV e coautor do livro que inspirou o filme *Fuga no século 23*. Também escreveu episódios de *Além da imaginação* e da série clássica de *Jornada nas estrelas*.

Robert H. Justman foi produtor e diretor-assistente em séries como *Quinta dimensão*. Foi um dos produtores originais da série clássica de *Jornada nas estrelas* e também trabalhou como supervisor de produção em *A nova geração*.

Stephen Kandel é um roteirista de TV que escreveu para inúmeros seriados como *Mulher-Maravilha*, *O homem de seis milhões de dólares*, *MacGyver — profissão: perigo*, a série clássica e a série animada de *Jornada nas estrelas*.

Oscar Katz foi produtor e executivo de TV; era diretor de produção na Desilu, produtora que pertencia aos atores Lucille Ball e Desi Arnaz, responsável pelos primeiros dois anos da série clássica de *Jornada nas estrelas*.

Sally Kellerman é atriz, escritora, produtora e cantora. Atuou em filmes como *M.A.S.H* e *Prêt-à-Porter*, assim como em vários seriados de TV, incluindo *Quinta dimensão*, *The Last of the Red Hot Lovers* e a série clássica de *Jornada nas estrelas*.

DeForest Kelley era ator, roteirista e poeta. Ele é mais conhecido por seu papel em *Sem lei e sem alma* e pelo dr. Leonard McCoy na série clássica e na série animada, e nos filmes derivados dessa fase da franquia.

Lukas Kendall é produtor de discos de trilhas sonoras e editor da revista on-line *Film Score Monthly*. Também coescreveu e produziu o filme *Lucky Bastard*.

Christopher Knopf é um veterano roteirista de TV e amigo de Gene Roddenberry.

Walter Koenig é ator, escritor e diretor. É mais conhecido pelos papéis de Alfred Bester em *Babylon 5* e Pavel Chekov, não só na série clássica de *Jornada nas estrelas*, mas também nos seis primeiros filmes baseados na série. É autor de um episódio da série animada, "O vulcano infinito".

James Komack foi diretor, produtor, ator e roteirista de TV. Trabalhou em vários seriados televisivos, como *Agente 86*, *Chico and the Man* e a série clássica de *Jornada nas estrelas*.

David Langhaus é um fã de longa data de *Jornada nas estrelas* que participou de várias convenções em Nova York.

Devra Langsam é a ex-redatora de *Spockanalia*, o primeiro fanzine sobre *Jornada nas estrelas*. Ela também foi uma das primeiras pessoas a organizar convenções da franquia.

Jonathan Larsen é ex-produtor de programas para a ABC News, CNN e MSNBC, onde foi produtor executivo de *Up with Chris Hayes* e *Up Late with Alec Baldwin*.

Glen A. Larson foi roteirista e produtor de TV. É mais conhecido por ser o criador de *Battlestar Galactica*; *Magnum*, *Quincy — Corpo de delito*, *Buck Rogers* e *A supermáquina*, entre tantos outros seriados. Trabalhou com Gene L. Coon em *O rei dos ladrões*.

Robert Lewin foi roteirista e produtor de séries de TV como *The Streets of San Francisco*, *Havaí 5-0*, *O homem do fundo do mar*, *The Paper Chase*. Também contribuiu no longa-metragem *Jornada nas estrelas — Generations*.

Jacqueline Lichtenberg é autora de diversos contos, romances e livros de não ficção, incluindo o seminal *Star Trek Lives!*.

Gary Lockwood é o ator conhecido pelos papéis de dr. Frank Poole em *2001: Uma odisseia no espaço* e do comandante Gary Mitchell na série clássica de *Jornada nas estrelas*.

John Meredyth Lucas foi roteirista, produtor e diretor de TV. Trabalhou em seriados como *Kojak*, *O homem de seis milhões de dólares*, a série clássica de *Jornada nas estrelas* e *Phase II*.

Adam Malin é o cofundador da Creation Entertainment, especializada em produzir convenções para fãs de quadrinhos, séries de TV e filmes.

Scott Mantz é crítico de cinema e produtor. Participou de programas como *Access Hollywood* e *The Today Show*.

Vincent Mceveety é diretor e produtor. Trabalhou em diversos programas, incluindo *Gunsmoke*, *Assassinato por escrito* e a série clássica de *Jornada nas estrelas*.

Lawrence Montaigne é um ator que participou de seriados como *The Streets of San Francisco*, *Batman* e a série original de *Jornada nas estrelas*.

Ricardo Montalban foi um ator cuja carreira se estendeu por sete décadas e se tornou famoso por vários papéis, incluindo o memorável sr. Roarke em *A ilha da fantasia*, e Khan Noonien Singh na série original de *Jornada nas estrelas* e no segundo longa-metragem da franquia.

Ronald D. Moore é roteirista e produtor de TV e cinema. Entre seus trabalhos estão *Jornada nas estrelas — A nova geração* e *Deep Space Nine*, *Carnivale*, *Roswell*, o aclamado remake de *Galáctica: Astronave de combate*, *Caprica* e *Outlander*. Também é roteirista dos longas-metragens *Gerações* e *Primeiro contato*.

Diana Muldaur é atriz de cinema e TV. Participou dos seriados *L.A. Law*, *Born Free*, da série original de *Jornada nas estrelas* e de *A nova geração*, na qual interpretou a dra. Katherine Pulaski durante a segunda temporada.

Ed Naha é escritor, jornalista, roteirista e produtor. Escreveu para a revista *Starlog*, produziu o audiolivro *Inside Star Trek* e escreveu o filme de sucesso *Querida, encolhi as crianças*.

Nichelle Nichols é atriz e cantora. É mais conhecida por seu papel como a tenente Uhura no seriado original e na série animada de *Jornada nas estrelas*, e também nos filmes da franquia.

Leonard Nimoy era um famoso ator, diretor, poeta e produtor. Apesar de ser mais conhecido pelo papel lendário de sr. Spock na série *Jornada nas estrelas*, ele também dirigiu diversos filmes, inclusive *Três solteirões e um bebê*, *O preço da paixão* e o terceiro e o quarto longas-metragens da franquia. Além de aparecer (e desaparecer) como Paris na série *Missão: Impossível*, Nimoy protagonizou vários filmes televisivos como *Golda* e *Never Forget*, além de peças na Broadway, incluindo *Um violinista no telhado* e *Equus*.

Kerry O'Quinn é o criador e ex-diretor das revistas *Starlog*, *Fangoria*, *Cinemagic* e *Future Life*.

George Pappy é diretor do documentário *The Green Girl*, sobre a falecida atriz Susan Oliver, de *Jornada nas estrelas*.

Samuel A. Peeples foi roteirista de TV e escritor. Publicou vários livros e escreveu o segundo episódio piloto da série original de *Jornada nas estrelas*.

Joseph Pevney foi diretor de TV e cinema. Dirigiu episódios de seriados como *Bonanza*, *The Paper Chase* e da série clássica de *Jornada nas estrelas*.

Michael Piller era jornalista, roteirista e produtor de TV conhecido por seu trabalho em *Jornada nas estrelas: A nova geração* e por ser o cocriador de *Deep Space Nine* e *Voyager*. Também desenvolveu e produziu a série *O vidente*, assim como *Legend*, com John de Lancie. Além disso, Piller escreveu o roteiro de *Insurreição*.

Jon Povill é o roteirista responsável pela edição do roteiro de *Phase II*. Um de seus roteiros para a TV intitulado "A criança" foi transformado em um episódio de *Jornada nas estrelas: A nova geração*. Também trabalhou como produtor associado no primeiro filme da franquia.

Chris Pratt é ator de TV e cinema. É mais conhecido pelos papéis de Andy Dwyer em *Parks and Recreation*, Peter Quill em *Guardiões da galáxia* e Owen Grady em *Jurassic World — O mundo dos dinossauros*.

Ande Richardson trabalhou na Desilu e foi secretária de Gene L. Coon durante a produção da série original.

Hank Rieger era relações-públicas e jornalista. Foi o diretor de RP e da assessoria de imprensa da NBC na Costa Oeste dos Estados Unidos entre os anos 1965 e 1979, além de responsável pela divulgação de seriados como *Laugh-In*, *Os destemidos* e a série original de *Jornada nas estrelas*.

Gene Roddenberry foi roteirista e produtor de cinema e televisão. Considerado um futurista, ficou famoso por ser o criador e produtor executivo da série original de *Jornada nas estrelas*, que originou toda a franquia, Também produziu *A nova geração* e o primeiro longa-metragem da franquia, além de inúmeros pilotos de séries de TV, incluindo *The Questor Tapes* e *Genesis II*.

Majel Barrett Roddenberry foi atriz e produtora. É conhecida pelos papéis da enfermeira Christine Chapel na série orginal e Lwaxana Troi em *A nova geração* e *Deep Space Nine*. Também era esposa de Gene Roddenberry.

Rod Roddenberry é presidente da Roddenberry Entertainment e um respeitado filantropo. É filho de Gene e Majel Roddenberry.

Elyse Rosenstein é uma das mais antigas fãs de *Jornada nas estrelas* e ajudou a organizar as primeiras convenções da série.

Steven Jay Rubin é relações-públicas, jornalista e escritor. Trabalhou em filmes como *A garota de rosa-shocking*, *Querida! Estiquei o bebê* e *Silent Night*. Também é coautor do livro *The James Bond Companion*.

Jim Rugg foi um artista de efeitos especiais indicado ao Emmy. Foi o responsável pela maioria dos efeitos práticos da série original de *Jornada nas estrelas*.

Susan Sackett é ex-assistente-executiva de Gene Roddenberry, cargo que manteve por mais de dezessete anos. Também escreveu dois episódios de *Jornada nas estrelas — A nova geração*.

Barry Schulman é o ex-diretor de programação do canal Sci-Fi. Ele estava envolvido na exibição dos episódios remasterizados da série original de *Jornada nas estrelas*, assim como na criação de material extra para a estreia.

Allan Scott é roteirista de filmes como *Inverno de sangue em Veneza* e havia sido escalado para coescrever o filme *Star Trek: Planet of the Titans*, que acabou sendo cancelado.

Ralph Senensky é diretor e roteirista de TV. Dirigiu episódios de seriados como *Os Waltons*, *A família dó-ré-mi*, *Dinastia* e a série original de *Jornada nas estrelas*.

William Shatner é o lendário ator, escritor, cantor e diretor que interpreta o icônico capitão James T. Kirk em *Jornada nas estrelas*. Além disso, ganhou um Emmy pelo seu trabalho como Denny Crane em *Justiça sem limites*; também protagonizou a popular série de TV *Carro Comando* e foi o apresentador de *Rescue 911*. Shatner dirigiu *Jornada nas estrelas V — A última fronteira* e atuou em filmes como *Julgamento em Nuremberg*, *O intruso* e *A maldição das aranhas*. Ele interpretou uma versão anabolizada de si mesmo na comédia *Free Enterprise*.

Felix Silla é ator e participou de filmes como *A família Addams*, *S.O.S. — Tem um louco solto no espaço*, *Guerra nas estrelas* e *Buck Rogers*. Interpretou um talosiano no piloto original do seriado que inaugurou a franquia *Jornada nas estrelas*.

Jerry Sohl era roteirista responsável por episódios de *Além da imaginação*, *Quinta dimensão* e da série original de *Jornada nas estrelas*.

Herbert F. Solow é o ex-executivo no comando da produtora Desilu e vice-presidente de cinema e TV da MGM. Foi responsável por *Missão: Impossível*, *Bronson*, *Mannix*, *O homem do fundo do mar* e a série original de *Jornada nas estrelas*.

Adrian Spies foi roteirista e trabalhou em diversos seriados, incluindo *Dr. Kildare*, *Havaí 5-0* e a série original de *Jornada nas estrelas*.

Norman Spinrad é escritor, ensaísta e crítico. Escreveu vários livros e episódios da série original de *Jornada nas estrelas* e *Phase II*.

Frank Spotnitz é ex-jornalista, roteirista e produtor de tv. Trabalhou em séries como *Arquivo X*, *Millennium* e *Hunted*. Atualmente é o produtor executivo de *Man in the High Castle*, da Amazon.

Joseph Stefano foi um roteirista e produtor conhecido por ter escrito o roteiro do longa *Psicose*, além de ter criado a série original *Quinta dimensão* para a abc. Escreveu o episódio "A essência do mal" para a primeira temporada de *Jornada nas estrelas — A nova geração*.

George Takei é ator, escritor e ativista. É mais conhecido por seu papel de Hikaru Sulu no seriado original e na série animada de *Jornada nas estrelas* e nos filmes subsequentes.

Michael Taylor é roteirista de tv e músico. Trabalhou em *Jornada nas estrelas — Deep Space Nine* e *Voyager*, assim como nas séries *O vidente*, *Battlestar Galactica*, *Defiance* e *Turn: Washington's Spies*.

Richard Winn Taylor ii é diretor, artista gráfico e designer. Enquanto trabalhava para a Robert Abel and Associates, supervisionou os *storyboards* do primeiro longa da franquia e desenhou e supervisionou a construção de miniaturas, incluindo a da *Enterprise*. Taylor recebeu quatro prêmios Clio por seus trabalhos em publicidade e trabalhou em filmes como *Tron — Uma odisseia eletrônica* e *O domínio do olhar*.

Tracy Torme é roteirista e produtor de tv. É mais conhecido por seu trabalho em *Saturday Night Live* e *Jornada nas estrelas — A nova geração*, pelo qual ganhou o Peabody Award pelo episódio "O último adeus". Também escreveu o filme *Fogo no céu* e criou a série televisiva *Sliders*.

Jose Trevino é diretor de tv. Trabalhou nos seriados *Babylon 5*, *Jornada nas estrelas — Deep Space Nine* e *Voyager*.

Bjo & John Trimble são fãs de longa data, assim como organizadores de diversas convenções e eventos de *Jornada nas estrelas* e ficção científica em geral. Bjo é creditada por ter criado e popularizado a campanha "Salvem *Jornada nas estrelas*", que convenceu a NBC a renovar a série para uma terceira temporada. Bjo também é autora do livro *Star Trek Concordance*, o primeiro guia de episódios da série, e de *On The Good Ship Enterprise*.

David Weddle é um roteirista e produtor que trabalhou em séries como *Battlestar Galactica*, *Falling Skies*, *The Strain* e *Jornada nas estrelas — Deep Space Nine*. Também é autor da biografia *If They Move... Kill 'Em*, sobre o diretor Sam Peckinpah, que tornou-se famoso pelo *western Meu ódio será sua herança*.

Len Wein é escritor e editor de histórias em quadrinhos, criador de personagens antológicos como o Monstro do Pântano e Wolverine. Também colaborou como roteirista para os HQs *Star Trek* da Gold Key.

Howard Weinstein é roteirista de TV e escritor conhecido por ser o mais jovem roteirista a escrever para *Jornada nas estrelas*. Ele entregou o script de "Os piratas de Órion", um dos episódios da série animada, quando tinha apenas dezenove anos.

Grace Lee Whitney foi uma atriz conhecida pelo papel de Janice Rand na série original de *Jornada nas estrelas*, assim como nas adaptações cinematográficas. Também atuou em *Quanto mais quente melhor*, comédia clássica de Billy Wilder.

Mort Zarcoff é produtor e roteirista. Trabalhou em séries como *O rei dos ladrões*, *The Lawbreakers* e *Xerife Lobo*.

O NASCIMENTO DE UMA NAÇÃO [TREKKER]

"Vamos nos certificar de que a história nunca esqueça...
Do nome... Enterprise."

JORNADA NAS ESTRELAS É um fenômeno da cultura pop sem precedentes e impossível de ser repetido. Representa a improvável história de uma série de televisão que — tendo em mente a época do seu nascimento — nunca deveria ter existido, muito menos sobrevivido ou prosperado.

Fruto da imaginação de Gene Roddenberry, veterano da Segunda Guerra Mundial e ex-escritor de discursos da polícia, a encarnação original de *Jornada nas estrelas* era um piloto caríssimo da NBC chamado "A jaula". Produzido pela Desilu Studios, estúdio de Lucille Ball, o piloto foi rejeitado pela emissora. Contudo, intrigados pela premissa única de ficção científica que Roddenberry apelidou de "Carruagem para as estrelas", eles tomaram a decisão inédita de encomendar um segundo piloto com ênfase na aventura e na ação. Dessa vez, a NBC se interessou, mas a encomenda quase foi rejeitada pelo conselho de diretores da Desilu por ser financeiramente insustentável. Então, nos dando mais uma razão para amarmos Lucy, Lucille Ball *pessoalmente* bateu o pé e deu sinal verde para a produção. A série, vendida para a emissora como um drama aventuresco de ficção científica, foi usada pelo próprio criador como veículo para comentar assuntos cotidianos, usando metáforas e alegorias... enquanto, assim como os melodramas da época, tinha como patrocinador, bem... uma marca de sabão em pó.

Lutando contra executivos da emissora e censores, Gene Roddenberry precisou lidar com o fato de que *Jornada nas estrelas* estava sofrendo com os números da audiência a ponto de, no segundo ano, a série estar prestes a ser cancelada. Sua jornada teria terminado ali não fosse uma campanha em massa organizada pelos fãs, que enviaram milhares de cartas à emissora. Impressionada com a campanha, a NBC mudou sua estratégia corporativa e renovou *Jornada nas estrelas* para uma terceira — e última — temporada.

E seria isso, como eles dizem.

Só que não foi bem o que aconteceu.

Jornada nas estrelas sobreviveu graças à recém-nascida indústria das concessões televisivas, que apresentaram a série para um público totalmente diferente que perdeu a chance de ver o programa na época da exibição original. Muitos daqueles espectadores — jovens e influentes — viram os 79 episódios sagrados de novo e de novo, eventualmente passando-os para seus filhos.

Em 1973, a Filmation produziu duas temporadas de uma série animada baseada em *Jornada nas estrelas* para a NBC que foi indicada ao Emmy. Diferente de qualquer desenho da época, incluía os criadores e o elenco da série original e lidava com temas surpreendentemente adultos e profundos para uma animação vinculada nas manhãs de sábado.

Mas, no fim das contas, *Jornada nas estrelas*, seus longas-metragens e as inúmeras séries derivadas que inspirou — incluindo o sucesso de audiência, *Jornada nas estrelas — A nova geração*, que estrou em 1987 — tiveram um impacto cultural que se propaga e se consolida muito além das exibições televisivas. A série não apenas inspirou convenções de fãs fervorosos que continuam a prosperar décadas depois do fim da série original, mas também inspirou inúmeros fãs a tornarem-se médicos, engenheiros, inventores e show-runners. A influência da série pode ser vista na maioria dos aparelhos tecnológicos da atualidade, de celulares a tablets, passando pela realidade virtual.

A série também foi uma das primeiras a apresentar um elenco multicultural e multirracial e a ter fãs que vão de figuras lendárias como Martin Luther King Jr. a Barack Obama, de Tom Hanks a Ben Stiller, de Angelina Jolie a Eddie Murphy, de Bill Gates a Steve Jobs.

Além disso, o vocabulário criado pela série é constantemente usado no jornalismo moderno, seja "Me teletransporte, Scotty", "velocidade de dobra" e "resistir é inútil".

Hoje, cinco décadas depois, *Jornada nas estrelas* continua a ter uma vida longa e próspera. Alguns são obcecados pela franquia, outros ficam perplexos. Por anos, críticos e fãs tentaram dissecar a alquimia única que assegurou a popularidade contínua da série, assim como entender o homem que a criou. Aqui estão outras razões para sua longevidade.

Gene Roddenberry
(criador e produtor executivo, *Jornada nas estrelas*)

"Jornada" significa caminhar, viajar. E o nome *Jornada nas estrelas* realmente significa viajar de uma estrela para outra. Sabia que era o nome certo porque, quando o mencionei pela primeira vez para os executivos da emissora, eles falaram: "Não gostamos".

Ira Steven Behr
(produtor executivo, *Jornada nas estrelas — Deep Space Nine*)

A teoria que sempre ouvi é que, quando o faroeste morreu, a ficção científica ocupou seu lugar. Não podíamos mais sonhar com o passado, então começamos a sonhar com o futuro.

Thomas Doherty
(professor de Estudos Americanos, Universidade Brandeis)

É a teoria de Frederick Jackson Turner de que a fronteira é o que define os norte-americanos, não é nosso passado puritano, mas como a fronteira está sempre reabilitando, nutrindo e restabelecendo as características norte-americanas de individualismo e liberdade. É a fronteira que nos torna norte-americanos, e precisamos ter iniciativa, criatividade, juventude, força e sagacidade para sobreviver ali — e também precisamos matar os índios. "Espaço, a fronteira final" é realmente o destino evidente.

David A. Goodman
(consultor de produção, *Jornada nas estrelas — Enterprise*)

Jornada nas estrelas não foi um sucesso instantâneo quando foi lançada nos anos 1960. Mas a ficha caiu na década seguinte, quando havia um mal-estar nos Estados Unidos, as pessoas não acreditavam mais no governo e então havia um herói americano icônico como protagonista, cercado por um grupo internacional. O seriado realmente falava como os Estados Unidos eram mesmo tudo aquilo. Para os britânicos, James Bond é uma espécie de patriota. Eles ainda acham que estão no centro do mundo, embora historicamente falando isso não seja mais verdade. De certa maneira, *Jornada nas estrelas* significa a mesma coisa para os norte-americanos.

Thomas Doherty

A série era modesta o suficiente para respeitar os alienígenas nativos dos outros planetas, porém, ao mesmo tempo, sabemos que, no fim, precisamos mostrar para eles como fazer do nosso jeito e que nossos valores são melhores. Tem a arrogância do Excepcionalismo Norte-Americano,* embora falasse que a diretiva primária era de não interferência. Porém, basicamente, estamos indo a esses lugares e mostrando a eles "como viver da maneira certa", o que é um reflexo perfeito do estilo norte-americano.

Jonathan Larsen
(PRODUTOR EXECUTIVO, MSNBC)

A imagem que temos das mudanças políticas em *Jornada nas estrelas* se altera de acordo com nossos posicionamentos políticos. Pode ser interessante adivinhar a ideologia dos criadores e roteiristas da série a partir das tramas e suas resoluções, além dos detalhes de cada personagem. Sim, "James Tiberius Kirk" pode ser lido estranhamente como uma analogia de "John Fitzgerald Kennedy".

Michael Piller
(PRODUTOR EXECUTIVO, *JORNADA NAS ESTRELAS — GENERATIONS*)

A primeira receita de *Jornada nas estrelas* foi uma espécie de missão estilo Kennedy para salvar o universo. Vamos pegar aqueles sujeitos lá longe, mostrar para eles o que significa a democracia e educá-los... E, caso não façam as coisas da maneira que queremos, vamos bater em alguns e forçá-los a cumprir nossa vontade.

* O Excepcionalismo Norte-Americano é uma crença — considerada até mesmo por alguns uma teoria — que considera os Estados Unidos qualitativamente superior a outras nações. (N. E.)

Jonathan Larsen

Kennedy via a exploração do espaço como uma obrigação, não necessariamente em busca de um objetivo, mas porque reconhecia que a exploração espacial era o passo inevitável se nossa sociedade quisesse continuar olhando para a frente e evoluindo. Kennedy também possuía pouco interesse em olhar para trás, em guardar mágoas e inimizades históricas.

Brannon Braga
(produtor executivo, cocriador de *Jornada nas estrelas — Enterprise*)

Havia algo velado por trás de tudo, o que era a filosofia de Gene Roddenberry. Estejam ou não as pessoas cientes do apelo de *Jornada nas estrelas* em mostrar um futuro utópico, acredito que foi essencial para esse apelo o fato de todos terem um lugar reservado no universo criado pela série. Não importa quão estranho ou deficiente você seja. Mesmo se você for cego, existirá um papel para você. Isso atraiu muita gente.

Jonathan Larsen

Considere como a resolução do episódio "Demônio da escuridão" seria inaceitável e radical hoje em dia. Os monstros de pedra massacram os mineiros sem piedade. E qual é a punição que eles recebem? Um acordo financeiro, um contrato para os mineiros que sobreviveram. Não há retribuição, não há vingança. Além disso, negação da necessidade emocional por retribuição não é retratada como uma fraqueza, mas sim como uma prova de maturidade humana. É praticamente impossível imaginar a ficção popular na era pós-Reagan, ou até mesmo pós-Onze de Setembro, repudiando uma punição violenta para terminar uma história dessa forma. Mas era essa a imagem que o governo passava naquela época: maduro, realista, de mente aberta, embora idealizado. Uma liderança madura significava se transformar na geração que finalmente acabaria com o legado autorregenerativo da violência.

Rod Roddenberry
(filho de Gene Roddenberry)

Uma das espinhas dorsais da série original é a ideia da "Infinita diversidade em infinitas combinações", conhecida pela sigla IDIC. É a filosofia que sempre ressoou em mim. Não cresci assistindo à *Jornada nas estrelas*. Gostava de *A supermáquina* e *Os gatões*. Apenas mais tarde na vida foi que, por causa dos fãs, consegui ter uma perspectiva diferente sobre o que era *Jornada nas estrelas* e, então, vi a série e comecei a entender. IDIC é a ideia da aceitação universal.

Jonathan Larsen

A mesma qualidade incrível de misericórdia e maturidade guia o episódio "O equilíbrio do terror". Kirk avisa a um membro da tripulação cujos descendentes foram mortos por romulanos de que "A guerra era deles... não sua". Tente imaginar um épico moderno com o tipo de autorreflexão íntima que vemos em "Arena", quando o inimigo afirma: "Podemos estar no lado errado". Que líder político ousaria falar publicamente as palavras: "Isso é algo que ficaria melhor decidido por diplomatas"? É o reconhecimento e o respeito pelas nuances e opiniões — e a rejeição do essencialismo e do excepcionalismo —, algo praticamente inimaginável hoje em dia.

Bryan Fuller
(coprodutor, *Jornada nas estrelas — Voyager*)

Os monstros e *Jornada nas estrelas* eram as séries que eu assistia quando voltava para casa da escola. Ambas tinham a ver com criaturas e mundos inclusivos. Digo isso porque, de certa maneira, a família Monstro também era um mundo inclusivo. Eles permitam que qualquer estranho se sobressaísse. E aprendemos que, em *Jornada nas estrelas*, há um universo inteiro lá fora, com diferentes tipos de pessoas — e todos estão satisfeitos com essa situação. Essa foi uma lição precoce sobre inclusão. Estava vivendo em um lar onde meu pai não queria que eu assistisse *Os Jeffersons* porque o desenho tinha pessoas negras. Era esse tipo de racismo que havia nos subúrbios norte-americanos dos anos 1970.

Scott Mantz
(crítico de cinema, *Access Hollywood*)

Jornada nas estrelas atingia o auge quando era uma peça moral. Levei décadas para entender a relação entre o episódio "Deste lado do paraíso" e o Verão do Amor. Mas, claro, mesmo sendo criança, eu sabia que "As mulheres de Mudd" era sobre prostitutas espaciais.

David A. Goodman

Acho que o multiculturalismo foi ótimo por causa da época. Havia uma afro-americana, um asiático e aquele falso russo na ponte de comando da *Enterprise*.

Rod Roddenberry

Havia uma ótima história que D. C. Fontana contava sobre Nichelle Nichols e a presença de uma oficial negra na ponte de comando e o que meu pai respondia sobre isso. Aparentemente, ele recebia cartas de estações de TV do sul dos Estados Unidos dizendo que não exibiriam *Jornada nas estrelas* porque havia uma oficial negra. Ao que ele respondia: "Então, fodam-se".

Chris Pratt
(ator, *Guardiões da galáxia* e *Jurassic World*)

A série tinha todos os tipos diferentes de raças e personagens masculinos e femininos de origem alienígena, todos poderosos e se relacionando entre si. Tudo isso em uma época em que esse tipo de coisa não era considerada *cool*, entende? Era uma série muito progressista.

Jonathan Larsen

É interessante que, não importa o quão sofisticado ou avançado seja um trabalho de ficção quando o imaginamos, os anos quase sempre revelam algum elemento equivocado e vergonhosamente retrógrado. Vários desenhos animados antigos tinham momentos de racismo — tanto representado por pessoas negras quanto pela ausência delas. E *Jornada nas estrelas* não era exceção.

Mas as piores e mais visíveis falhas podem ser encontradas na produção do departamento de figurino, cortesia do sr. Roddenberry: as saias. Talvez os criadores de *Jornada nas estrelas* acreditassem que um retrato fiel de um futuro com igualdade entre os sexos e as diferentes faixas etárias não vingaria na televisão comercial dos anos 1960 e fizeram o que podiam. Embora todas as mulheres, sem exceção, fossem jovens e usassem saias curtas, possuíam trabalhos "reais" e uma ocasional autoridade. E talvez isso só tenha acontecido porque a equipe que criou a série não era composta apenas por homens.

De qualquer forma, a extensão da igualdade de gêneros de *Jornada nas estrelas* pavimentou o caminho para a aceitação pública não apenas das futuras capitãs da Federação, mas também das astronautas de verdade. Como em tantos outros aspectos, mesmo quando se tratava de elementos da nossa política e da nossa cultura, ao imaginar o nosso futuro, *Jornada nas estrelas* o tornou possível.

Scott Mantz

Nunca esquecerei de "O intruso", quando Kirk diz: "É melhor estar morto do que sozinho em um corpo de mulher". Isso deixa o episódio tão ultrapassado. Mas existem outros que são o completo oposto. Em "Metamorfose", a comissária Hedford impedirá uma guerra. Ela é uma mulher. E uma mulher atraente.

David A. Goodman

Há muitos papéis femininos em *Jornada nas estrelas*. Elas são médicas, advogadas... e todas elas parecem ter se envolvido de alguma maneira com Kirk. Mas pelo menos tinham a própria carreira.

Gene Roddenberry

Jornada nas estrelas sempre funcionará enquanto existir a imaginação. Nunca tivemos alguém na série que não estivesse interessado em amadurecimento. Durante o primeiro seriado da franquia, por exemplo, não prestei nenhuma atenção às mulheres.

Leonard Nimoy
(ator, Spock)

A atitude dele [de Gene Roddenberry] em relação às mulheres em *Jornada nas estrelas* era de vê-las como objetos sexuais de minissaias e peitões — brinquedos para os homens. Ele gradualmente limpou essa visão porque as pessoas apontaram para esse defeito. Ele era um sujeito engraçado. Pelo menos, eu o achava engraçado.

Rod Roddenberry

Antes de mais nada, Gene amava as mulheres. Eu amo as mulheres. São as criaturas mais bonitas do planeta. E isso ficou aparente em todos os *Jornada nas estrelas*, mas acho que ele também acreditava que a mulher, ao escolher usar minissaias, estava se empoderando. Use sua beleza, use sua mente, use tudo que tiver.

Gene Roddenberry

Ao longo dos anos, me tornei uma espécie de feminista. Eu era fruto de uma família do sul dos Estados Unidos. Entretanto, meus pais nunca falaram sobre outras raças com desprezo. Eles me encorajavam a tentar ideias e filosofias estranhas.

Robert H. Justman
(produtor associado, *Jornada nas estrelas*)

Trabalhar com Gene Roddenberry geralmente era muito divertido. Ele tinha um intelecto incrível. Era alguém que tinha vindo de um passado de pobreza e se fez sozinho.

Fred Bronson
(relações-públicas, NBC)

Fui para a faculdade e logo comecei a escrever no *Daily Sundial*, o jornal do campus. Muitos dos meus textos eram para o caderno de cultura. Um dia, falei que gostaria de entrevistar Gene Roddenberry, então liguei para o escritório dele e marquei uma entrevista. Era início de 1967. Fui até a Paramount e me sentei na sala de espera diante da secretária de Gene. Ouvi um barulho como se fosse uma britadeira e percebi de verdade que era o meu coração batendo. Foi uma combinação de nervosismo e empolgação. Quando entrei e fiz a entrevista, a principal coisa que ele me falou, algo que não deveria ter sido uma grande revelação, foi que o único propósito da TV era vender pasta de dentes.

Ed Naha
(produtor, audiolivro *Inside Star Trek*)

A visão de vida de *Jornada nas estrelas* é inclusiva e positiva. Quando a série foi exibida pela primeira vez, ninguém falava sobre a política norte-americana. Eram tempos de guerra, protestos raciais, piquetes e brutalidade — mas também uma época em que a contracultura estava emergindo. A série original foi uma espécie de refúgio intelectual e emocional para as pessoas que acreditavam em mudanças positivas. E decotes.

Gene Roddenberry

Eu costumava dar várias palestras em universidades porque era isso o que me mantinha vivo e pagava a hipoteca da casa naqueles dias em que *Jornada nas estrelas* era considerado um fracasso gigantesco. Nessas ocasiões, conheci algumas pessoas. Lembro que alguém me chamou certa noite e disse: "Há alguma possibilidade de que você fale com este homem?". E lá estava uma pessoa com alguma espécie de distúrbio neurológico com uma caixinha eletrônica. Ele não conseguia falar, mas, ao tocar na caixa, conseguia fazer sons meio inteligíveis. Só saíam grunhidos da sua boca.

E, finalmente, comecei a entender o que ele estava dizendo. Estava me perguntando por que fiz certa coisa em determinado episódio da série e por que inventei alguém que tinha um distúrbio parecido com o dele. Falei para o homem: "Algum dia, quando nos tornarmos sábios, não olharemos para esse tipo de detalhe. Vamos reparar apenas na comunicação e no conhecimento e em coisas assim". E vi sua mão se levantar com grande determinação e ele falar em alto e bom som: "Sim!". Foi um dos melhores momentos da minha vida.

Leonard Nimoy

Uma das perguntas mais comuns que me faziam era o motivo de a série ser tão longeva. Por que ela continua a sobreviver, emocionar e intrigar as pessoas? Acho que uma das principais razões era que a estrutura inteira de *Jornada nas estrelas* é moral — e as pessoas são atraídas por uma sociedade voltada para a moral. É realmente uma meritocracia.

Se você fizer bem, progride. Se você é competente no que faz, consegue um bom emprego. Não importa quem você é ou o que você é, suas origens, cor ou raça. Nada disso importa. Quando precisamos de alguém para fazer um trabalho e uma determinada pessoa se encaixava nos pré-requisitos, o emprego era dela. Os espectadores reconhecem isso. Há algo de correto, não de politicamente correto, numa meritocracia em que o desempenho é valorizado, onde a verdade é reconhecida e valorizada, onde as coisas são certas por serem certas porque precisamos que sejam certas.

Tínhamos nossas falhas. Tínhamos certas falhas políticas, uma espécie de retidão, porque eram seres humanos que estavam fazendo aquela série. Mas, acima disso, ainda há uma estrutura moral dentro de *Jornada nas estrelas* que faz sentido.

Marie Jacquemetton
(editora de roteiro, *Jornada nas estrelas — Enterprise*)

O fato de ser possível o homem viajar para outro planeta ou até mesmo andar na Lua era algo incrível. Eu tinha um caderno, como qualquer criança da minha geração, com todos os astronautas listados e o que eles estavam fazendo. Para nossos filhos, o sinônimo de espaço é James Cameron, *Alien, o oitavo passageiro* e *Battlestar Galactica*. Tudo não passa de mera ficção. Eles jamais pensariam em virar astronautas e ir para o espaço. Isso nem mesmo é parte do conceito deles de futuro. Tudo se transformou com a internet. Agora o que importa é ser famoso por um segundo e ser notado. Não há consciência do que há lá fora além da nossa pequena bolha. E quando nós éramos crianças, acho que a coisa mais empolgante de *Jornada nas estrelas* eram as possibilidades do "E se...".

Hans Beimler
(coprodutor executivo, *Jornada nas estrelas — Deep Space Nine*)

A melhor definição que ouvi de ficção científica é a de que, em 1900, na virada do século, todo mundo podia dizer que os carros iriam revolucionar a indústria de transporte. Não é ficção científica. Mas se você conseguisse, naquela época, prever que haveria uma mudança na vida sexual dos norte-americanos por causa de todas as trepadas que estavam acontecendo nos bancos traseiros dos carros, isso é ficção científica. Nos anos 1960, a nova tecnologia era o radioamador e o fato de conseguirmos conversar com pessoas do outro lado do mundo. Mas minha mãe sempre me dizia: "E daí? Qual é a utilidade disso se eles não têm nada para dizer uns aos outros?". Então, nenhuma dessas coisas tinha a menor importância.

Ronald D. Moore
(coprodutor executivo, *Jornada nas estrelas — Deep Space Nine*)

Descobri *Jornada nas estrelas* porque eu gostava do programa espacial Apollo quando era criança. Tinha visto o primeiro pouso na Lua e fiquei fissurado pelo programa espacial. E isso me levou a *Jornada nas estrelas*. *Perdidos no espaço* foi a primeira série pela qual me apaixonei e, depois, comecei a ver *Jornada nas estrelas*, que se tornou minha série preferida. Ela era exibida cinco vezes por semana, às quatro da tarde, de forma que todos os dias, quando chegava da escola, eu podia assistir à "Jornada". Via o programa como se fosse algo que a NASA um dia alcançaria e logo viveríamos nesse mesmo estágio de evolução. Lembro de pensar: "Quando vamos ter um governo mundial e começar a construir espaçonaves?".

Dean Devlin
(roteirista, produtor, *Independence Day*, *Stargate*)

Minha mãe interpretou um papel no episódio "Um lobo entre os cordeiros", de *Jornada nas estrelas*. É um episódio sensacional com assassinatos, intriga e álcool! Mas o que mais lembro dele é que deram um phaser para minha mãe levar para casa. Eu era garotinho na época e ela me trouxe um phaser da série de TV para que eu pudesse brincar. Foi aí que começou meu vício em ficção científica.

Rene Echevarria
(supervisor de produção, *Jornada nas estrelas — Deep Space Nine*)

Minha primeira lembrança de *Jornada nas estrelas* é de quando a série entrava no ar e... eu era mandado para a cama. Lembro da música de abertura e do som de uma espaçonave como nunca tinha ouvido antes. E eram nove horas da noite de uma sexta-feira e, mesmo assim, me mandavam dormir. Eu tinha seis anos ou algo do tipo. O espaço estava acontecendo. O homem estava chegando à Lua. Então, para mim, *Jornada nas estrelas* se mesclou com essa parte da história americana.

Brannon Braga

Eu me lembro de coisas muito específicas da minha época de colégio. Havia os garotos que gostavam de terror e liam *Fangoria*, como eu e meu grupo. Havia os caras que preferiam a fantasia de *Dungeons & Dragons* e do *Senhor dos Anéis*. E havia os trekkers, que ficavam lendo *Spock Must Die!* E cada grupo achava que o outro é que era nerd.

Jonathan Larsen

Eu queria ver uma série com Jeremy, meu filho de sete anos. Precisava ser divertida e empolgante, mas que também abrisse espaço para conversas sobre ética e grandes ideias, ideias importantes. Então, decidimos assistir à série original inteira, na ordem. Escolhi a versão não remasterizada, em parte porque não queria que os efeitos especiais bacanas virassem o foco da sessão. Se eles não fossem o centro da atenção, eu achava que Jeremy poderia se concentrar mais nos personagens, nas motivações deles e na dinâmica que corria ao fundo de cada episódio. Jeremy amou os alienígenas, monstros e espaçonaves.

Mas, acima de tudo isso, ele conheceu os personagens — discutimos qual era o mais legal — e, quando eu pausava as cenas para explicar alguns elementos sutis da trama, nos vimos tendo a conversa que gostaria de ter desde o começo. Jeremy sabe um pouco sobre a Segunda Guerra Mundial, a Guerra Fria e a destruição mútua assegurada, o Vietnã e a Teoria do Dominó e por aí vai, primordialmente por causa das nossas conversas sobre quais elementos da história americana estavam sendo tratados nos episódios de *Jornada nas estrelas*. Vimos muitos filmes e séries diferentes — nenhum deles abriu as portas de maneira tão poderosa para esse tipo de explicação sobre relevância cultural e histórica. Não acredito que seja uma coincidência que nenhuma série tenha sobrevivido por tanto tempo com ele quanto *Jornada nas estrelas*.

Alan Dean Foster
(autor do roteiro de *Jornada nas estrelas: O filme*)

É bastante óbvio que a série representava, antes de mais nada, um futuro sensato. Um futuro no qual as pessoas trabalhavam juntas e utilizavam a ciência, a razão e a lógica para tentar resolver problemas, em vez de apenas explodir as coisas.

Brannon Braga

Jornada nas estrelas não é apenas uma série de tiros a laser. Há uma certa expectativa de que você irá explorar algum aspecto da humanidade de uma forma interessante, o que a distingue da maioria das séries de ficção científica. As diferentes séries da franquia parecem refletir o tempo em que foram criadas de alguma maneira, mas há sempre um núcleo filosófico humanista que não parece ter mudado. E espero que *Jornada nas estrelas* mantenha sua essência daqui para a frente.

Robert Lewin
(coprodutor, *Jornada nas estrelas — A nova geração*)

A série antiga durou porque é basicamente enraizada em dois elementos. O primeiro é que a série tem ideias. Algumas são boas, outras não. Há filosofia, ideias extravagantes em relação aos outros planetas que não podem ser expressas em outras séries. Algumas delas são malucas, mas estão sempre fundamentadas na realidade de ficção científica. A outra razão é que o afeto que os personagens sentiam uns pelos outros foi, em certo sentido, o mesmo durante toda a série.

Thomas Doherty

A série é sobre a tríade freudiana: o Id, o Ego e o Superego. Esse é o núcleo do programa.

Frank Spotnitz
(produtor executivo, *The Man in the High Castle*)

A *Jornada nas estrelas* original e *Além da imaginação* foram vitais para minha infância. Os episódios bons de *Jornada nas estrelas* — e a maioria era muito boa — eram sobre alguma ideia maior. A genialidade era que Kirk era o homem da ação, Spock era o personagem da mente e McCoy era a emoção. Você tinha mente e coração, lógica e consciência argumentando. E Kirk precisava refletir para agir. Era um belo prisma narrativo e isso comandava a série semana após semana. Era o que fazia a série ser ótima. *Jornada nas estrelas* e *Além da imaginação* eram, de longe, a coisa mais inteligente que havia na televisão dos anos 1960 e 1970. Não havia nada remotamente tão bom.

Scott Mantz

Meu amor por *Jornada nas estrelas* era renovado basicamente por causa dos personagens. Quando era menino, eu queria ser James T. Kirk... e ainda quero.

David A. Goodman

Kirk podia chutar o traseiro de qualquer um.

Scott Mantz

Ele era *o* James Bond do espaço sideral.

Rene Echevarria

Há certos atores que simplesmente pegam um papel com tamanho entusiasmo que é possível sentir isso. E William Shatner fez isso. Ele acreditou. Todos eles acreditaram quando pensamos no fato de que estavam lá naqueles cenários de papelão usando aqueles trajes e maquiagem, e como tudo aquilo parecia extraterrestre. A maneira como eles se comprometeram foi extraordinária. O que se percebe é que a série foi um programa peculiar, cancelado antes de ser visto de verdade. Mas Leonard Nimoy foi indicado para um Emmy.

David A. Goodman

De certa maneira, Kirk é a realização de um desejo para vários homens, já que é, obviamente, um herói de ação, mas também é inteligente. E, então, seu melhor amigo é o supernerd Spock, que pode derrotar Kirk, algo que também serve um pouco como a realização de um desejo. E esse fato é espelhado mais à frente, tendo em vista que Picard é o líder intelectual que lidera com o peso do seu intelecto.

Marie Jacquemetton

Lembro-me de deitar no chão da sala com meus irmãos para assistir à série. Havia uma empolgação pelo fato de aqueles personagens estarem no espaço e sempre havia um momento em cada episódio em que a vida deles corria perigo e pensávamos: "Oh, meu Deus, será que vão escapar?". Além disso, o capitão Kirk era bem bonito.

Harve Bennett
(produtor executivo, *Jornada nas estrelas II — A ira de Khan*)

Leonard representava para *Jornada nas estrelas* o que David McCallum representava para *O agente da UNCLE*. Bill é o ponto central, mas o que fazia a coisa funcionar era aquele esquisitão que tornava a série imprevisível. Sempre achei isso. Os fãs validaram esse fato nos dois primeiros anos de Leonard na série clássica.

Adam Malin
(cofundador, Creation Entertainment)

Spock era parte do *zeitgeist* cultural da época. Era o maior personagem de *Jornada nas estrelas*, com o perdão do capitão Kirk. Não acho que Kirk consiga superar Spock como o mais amado e intrigante personagem de *Jornada nas estrelas* em todos os tempos. Ele foi a criação perfeita de Roddenberry e Leonard. Nimoy realmente deu vida àquele personagem — os roteiristas escreveram detalhes maravilhosos para ajudar a defini-lo, mas foi o ator que criou aquela criatura multifacetada, e não me surpreende que Nimoy tenha conquistado fama mundial por causa do personagem.

Kim Cattrall
(atriz, *Jornada nas estrelas VI — A terra desconhecida*)

Amo a série dos anos 1960. Quando era menor, achava Spock o personagem mais maravilhoso que já tinha visto. Era inteligente e sensual. Era o homem perfeito para mim, talvez um pouco sem paixão, mas, por trás de tudo aquilo, *havia* uma paixão incrível.

Rene Echevarria

Para qualquer garoto que gostava de *Jornada nas estrelas*, a pergunta era: "Você se identificava com Kirk ou era mais o Spock?". Eu era mais no estilo de Spock. Há uma idade, quando se está com doze ou treze anos, em que a lógica parece ser a resposta para todos os problemas do mundo. Você pensa: "Posso usar a lógica para resolver qualquer coisa". A ideia de lógica é sedutora para o cérebro adolescente.

Rod Roddenberry

É interessante porque tenho uma perspectiva única sobre a série. Primeiro conheci os fãs e só depois assisti à *Jornada nas estrelas*. Não via o programa quando era criança. Não assisti quando era adolescente, exceto (e sem muita disciplina) por "A Nova Geração", porque trabalhava no estúdio como assistente de produção. Eu ainda não compreendia.

Foi somente depois de ir para as convenções e conversar com os fãs, quando meu pai morreu, que algo se acendeu dentro de mim e comecei a ouvir e perguntar coisas como "Por que esses malucos se vestem com fantasias e louvam essa série?". E, quando me contaram suas histórias, minha mente explodiu.

Doug Drexler
(artista cênico, *Jornada nas estrelas — Deep Space Nine*)

Tivemos Rod [Roddenberry] como assistente de produção no departamento de arte por dois anos. Sabe como é legal trabalhar e ser capaz de gritar "Roddenberry, venha cá!"? Conhecendo Rod, que era um bom garoto, você sabia que os pais dele eram boa gente.

Rod Roddenberry

Não que eu detestasse a série, eu só não entendia. Não achava que algo na televisão pudesse ser tão profundo. Além disso, eu era adolescente. Coisas como Mötley Crüe eram o que me interessava. Não estava pensando sobre o futuro. Então, fui para as convenções e ouvi histórias de como a série mudou as pessoas ou a visão delas sobre o mundo, ou como a humanidade ficou melhor por causa dela. Isso me interessou.

Jesus Trevino
(diretor, *Jornada nas estrelas — Voyager*)

Eu estudava na Occidental College e, nas noites de sexta, quando a série era exibida, todo o dormitório se reunia na sala comum. Naquela época, os dormitórios eram separados por sexo, e todo mundo se encontrava para ver a série no dormitório dos garotos. Éramos apenas grandes fãs da série. Lembro-me de que uma das fraternidades fez uma enorme réplica da *Enterprise* com latas e barris de cerveja. A coisa tinha uns dez metros de comprimento.

John D. F. Black
(consultor executivo de roteiro, produtor associado, *Jornada nas estrelas*)

É muito fácil olhar para trás hoje em dia e dizer que Gene Roddenberry sabia o que estava fazendo. Ele não fazia a menor ideia, mas o coletivo estava consciente de cada passo. Robert Justman, eu e outras pessoas controlávamos todas as etapas. Formávamos uma unidade de trabalho. E isso virou "Gene Roddenberry". Estávamos todos no bolo. Era algo maravilhoso estar envolvido com o projeto — até o momento de realmente colocar a mão na massa. Aí, era terrível.

Ed Naha

Adorava trabalhar com Gene. Era uma das pessoas mais inteligentes, graciosas e otimistas que já conheci. Mas eu também não queria ver o lado obscuro dele. Ele tinha coisas para conquistar e faria isso. Gene *conhecia* as pessoas. Ele foi piloto civil, sobreviveu a um terrível acidente e salvou sua tripulação. E foi policial em Los Angeles. Viu muita merda. Mesmo assim, sua visão do futuro próximo era otimista. Por exemplo, ele acreditava na igualdade de direitos. Estava determinado a tratar do assunto. Como alguém que começou a protestar pelos direitos civis aos catorze anos, eu não conseguia acreditar que um "adulto" pudesse admitir que acreditava nisso também.

Adam Malin

Nunca me esquecerei da bondade de Gene, de seus ensinamentos e de seu olhar positivo em relação à sociedade e ao futuro dela, principalmente se considerarmos o mundo maluco em que vivemos. Seu humanismo e otimismo ainda permanecem inspiradores. Acho que o otimismo de Gene com o futuro da condição humana é uma mensagem tão vital hoje em dia quanto o era cinquenta anos atrás; é parte do que inspira novas gerações de fãs de *Jornada nas estrelas*. Não importa o que Gene foi como homem de negócios, escritor, showrunner ou produtor, ele era um homem com uma visão nobre da sociedade e, para mim, isso permanece como sua grande conquista. Simplesmente dizer ao mundo que, no futuro, nossa sociedade será melhor é uma mensagem bonita, e acho que é o grande legado de Gene.

Fred Bronson

Eu achava Gene engraçado; ele adorava rir. E também era extremamente pé no chão. Amava as mulheres, amou muitas mulheres e, de alguma maneira, isso fazia parte do seu charme. Mas ele era generoso e bondoso, e sempre pagava as contas.

Ed Naha

Gene também tinha um ótimo senso de humor. Certa noite, fui até sua casa para jantar e disse que precisava ligar para minha namorada em Nova York. Ele me deixou discar o número e, em seguida, pegou o telefone. Ele se identificou como um policial de Los Angeles que havia me prendido. A minha namorada não o deixou em paz, dizendo que aquilo era *impossível*. Devia haver algum engano. Eu não era o tipo de cara que faria qualquer coisa ilegal. "E se eu lhe disser que foi preso por atentado ao pudor?", perguntou ele sorrindo para mim. A minha namorada hesitou. Gene soltou uma gargalhada, identificou-se para ela e me passou o fone. Ela não achou a menor graça.

Meses mais tarde, Gene estava em Manhattan e o convidamos para jantar em nosso apartamento. Gene tocou a campainha e abrimos a porta. Ele ficou parado antes de entrar, olhando para cima da porta, esperando alguma armadilha. Não havia nada. Mais tarde, contudo, ele descobriu que a sua salada estava recheada de insetos de plástico e borracha. Morreu de rir com isso.

Thomas Doherty

Na era de ouro da televisão, os roteiristas viviam a vida. Hoje, os roteiristas vivem a televisão.

Chris Gore
(fundador, revista *Film Threat*)

Para mim, *Jornada nas estrelas* sempre foi Kirk, Spock, McCoy, a *Enterprise* e a galáxia para explorar. Todas as séries e filmes derivados só me fizeram ter mais saudades das aventuras dos personagens que amei um dia.

Barry Schulman
(vice-presidente de programação, canal Sy-Fy)

Não importa o sucesso de *A nova geração*, a série clássica de *Jornada nas estrelas* — *A série clássica* é a avó de todas as outras. Acho que os espectadores de hoje teriam dificuldades de nomear outros atores de *Jornada* além de Shatner e Nimoy. *A nova geração* foi uma série ótima e bonita visualmente, mas não podemos ignorar o fato de que acontece o mesmo com o *Guerra nas Estrelas* original. Não importam os efeitos espetaculares, as técnicas e o brilhantismo do elenco. Você nunca esquecerá a trilogia original, com Mark Hamill, Harrison Ford e Carrie Fisher.

Ed Naha

É engraçado, porque eu fui o responsável pela imagem do elenco tanto em *Inside Star Trek* quanto em *Born to Run*. É muito difícil resumir o que estava acontecendo nos anos 1970. É quase como se aquele fosse "o melhor e o pior dos tempos". Com o fiasco do Vietnã, muitos jovens sentiram, e com razão, que eles tinham tido um papel essencial nesses eventos. Havia um sentimento de otimismo. Aos poucos, isso se integrou à filosofia de *Jornada nas estrelas*. Mas, em meados dos anos 1970, tudo começou ser comercializado e cooptado. Não era algo óbvio, mas estava acontecendo. Acho que as pessoas que estavam cientes, aquelas que valorizavam a criatividade, previram isso.

De forma irônica, *Born to Run* foi lançado durante uma época em que a música ao vivo estava levando uma surra da disco music, um gênero musical comandado pelo produtor e não pelo artista. Logo, o ritmo tornou-se calculado e covarde como qualquer outro produto de fabricação em massa. E, novamente, aqueles de natureza criativa farejavam a decadência. Não é por acaso que Springsteen foi de *Born to Run* para *Darkness on the Edge of Town* em 1978. Em seguida, ele lançou *The River* e *Nebraska* antes de gravar *Born in the USA*, em 1984. Ironicamente, a música era sobre o Vietnã, amigos mortos e sonhos destruídos ou adiados. A maior parte do público abraçou isso como um hino nacionalista. Acredito que essa atitude mostrava que não apenas o otimismo estava se esvaindo, mas também levando a inteligência junto com ele.

Não é segredo a razão de Gene ter sido vetado assim que *Jornada nas estrelas* passou a virar uma franquia cinematográfica. Sua marca de otimismo não podia ser empacotada e vendida em massa. Precisava ser sentida.

David A. Goodman

Breaking Bad é sombria, mas também é leve e engraçada. E era isso que *Jornada nas estrelas* fazia bem. Andava na mesma linha criativa, sempre sendo dramática, mas também com senso de humor em seus personagens.

Vince Gilligan
(criador, produtor executivo, *Breaking Bad*)

Tem provavelmente a ver com isso. Para ser justo, por mais que eu ame *Jornada nas estrelas*, a série não foi a primeira história a usar o humor para deixar o drama mais leve. Consigo lembrar de *O monstro do Ártico*, que fazia isso. A série retratava um bando de militares em um posto no polo Norte enfrentando situações de vida e morte, mas que, ainda assim, faziam graça sempre que podiam.

Dito isso, *Jornada nas estrelas* fazia essa mistura muito bem e é uma boa lição para qualquer roteirista aprender a não levar seu drama muito a sério. Em outras palavras, os momentos mais dramáticos na vida real geralmente possuem um pouco de absurdo ou humor dentro deles. Gene Roddenberry e os roteiristas da série original conheciam essa lição e usavam pequenas pinceladas de humor com destreza. Mais tarde, usamos essa lição em *Arquivo X*, outra série bem dramática, mas com alguns episódios hilários — o que prova a extensão do formato do drama.

DAVID A. GOODMAN

J. J. Abrams meio que prova que, apesar de todas as mudanças e repetições, a dinâmica Kirk-Spock é algo que as pessoas querem ver. Assisti muito à TV dos anos 1960 e nenhum outro programa alcança nem de longe o mesmo nível da produção e dos roteiros de *Jornada nas estrelas*. Isso se perde na discussão sobre o fenômeno em que a franquia se transformou. As pessoas falam que a série representa a esperança no futuro, as histórias são empolgantes e estavam à frente do seu tempo. Mas, como produtor de televisão, penso no que estava sendo produzido naquela época, faroestes e séries policiais por todos os lados filmados na Universal. Então, surge um drama no qual você não pode alugar todos os figurinos de uma loja, eles precisavam ser feitos à mão. Você está criando alienígenas e maquiagem, enquanto os roteiristas estão criando sociedades, estão criando a Federação, criando vulcanos e andorianos. Eles estão forjando sociedades que funcionam. Tudo isso importa.

Você pode criar sequências que respeitam o passado sem parecer estúpidas. Elas se conectam porque o trabalho dos artesãos, roteiristas, produtores e atores estava à frente do seu tempo.

De certa maneira, *A nova geração*, por mais que eu seja fã dela, empalidece em comparação à série original, porque se forma a partir de algo já criado por alguém anteriormente. Quando ela estreou, a TV já tinha feito séries bem escritas e com elencos ótimos. Mas em termos de conquistas da série original, algo se perdeu na discussão. A razão do sucesso de *Jornada nas estrelas* é o fato de ser um seriado maravilhoso.

Vince Gilligan

Há um bocado de roteiros, diretores e atores admiráveis nas séries posteriores, mas a original significa muito mais para mim emocionalmente.

Peter Gould
(cocriador, produtor executivo, *Better Call Saul*)

Nada irá substituir a *Jornada nas estrelas* original. Havia algo especial nela em termos de narração de história, elenco e até mesmo naquele visual, que eu sempre achei fascinante. As encarnações posteriores são mais sofisticadas em muitos aspectos, e podemos até mesmo dizer que possuem conceitos mais profundos relacionados à ficção científica, mas preciso confessar que meu coração pertence a Kirk, Spock e McCoy.

Richard Arnold
(arquivista de *Jornada nas estrelas*)

Isso já foi dito várias vezes, mas é bom repetir. Gene nos deu um futuro em que sobrevivemos à nossa atual imaturidade e fizemos isso com dignidade. Não somos saqueadores, estamos lá explorando e aprendendo. A visão dele mudou a vida de tantas pessoas e continuará a fazer isso por muito tempo.

Nichelle Nichols
(atriz, Nyota Uhura)

O sucesso da série e do gênio de Gene Roddenberry reside no fato de ele pegar a mensagem — assim como Shakespeare fazia com brilhantimo — e transformá-la em algo dramático, mas que ao mesmo tempo se enquadrava perfeitamente na primeira lei do showbusiness: diversão.

William Shatner
(ator, James Tiberius Kirk)

Muitas vezes me perguntam por que *Jornada nas estrelas* teve tanta longevidade e por que as pessoas continuam interessadas na série original e Deus sabe em quantas manifestações extras da franquia. Acho que tem a ver com mitologia. A série, com seu bando de seguidores apaixonados, seus heróis e vilões, seus contos de bem contra o mal, provê à cultura moderna uma mitologia e também fala de um futuro e a certeza de que esse futuro existirá.

Roxann Dawson
(atriz, B'Elanna Torres, *Jornada nas estrelas — Voyager*)

Eu pensava em *Jornada nas estrelas* mais como um desenho animado antes de me envolver com a série. Então, me dei conta: "Meu Deus, é quase como se essa série representasse os mitos de nossos tempos". Entendi que havia uma profundidade nela. Foi chocante para mim.

Ira Steven Behr

Foi uma série quintessencial dos anos 1960, e a outra coisa que era ótima nela — que infelizmente meio que desapareceu do cenário cultural — era o fato de que, até onde sabíamos, era a nossa série. Nós a encontramos, ninguém nos falou para assistir, ninguém disse que era boa, ninguém declarou que era obrigatória. Não havia *hype* ou uma cultura de massa dizendo que, se você quisesse fazer parte da cultura moderna, precisava assistir. Então, isso tornou a série mais especial. É triste esse tipo de coisa desaparecer. É muito mais difícil hoje em dia ser dono da própria cultura pop, porque tudo parece fazer parte da máquina do *hype*.

Jerome Bixby
(roteirista, *Jornada nas estrelas*)

Jornada nas estrelas foi um ótimo veículo para o avanço da crítica social por meio de alegorias e paráfrases. Era possível mostrar como o mundo estava uma droga ao exibir outro planeta que havia sido invadido. Além disso, o programa também servia para brincar com possibilidades científicas sérias. Nenhuma outra série chegou tão perto da ficção científica literária. Bons tempos.

Gene Roddenberry

Acho que todos os textos sérios são preciosos. É dever do roteirista especular sobre coisas relevantes, que nos deem outra visão sobre nós mesmos — quem somos, o que é nossa sociedade, quais são as armadilhas, quais prazeres devemos ter. Nesse sentido, acredito que *Jornada nas estrelas* foi preciosa, já que todos os roteiros sérios e ao mesmo tempo divertidos são valiosos.

Herbert F. Solow
(produtor executivo, *Jornada nas estrelas*)

Eu sempre mantive a opinião de que, se Gene não fosse um gênio da autopromoção e não tivesse um ego gigantesco a respeito do seu trabalho e de *Jornada nas estrelas*, a série teria morrido. Jamais teria ressuscitado ao ser vendida para as concessões nacionais de TV, nunca teria sido feita outra série, outros filmes. A franquia teria desaparecido.

David Weddle
(produtor, *Jornada nas estrelas — Deep Space Nine*)

Hoje falamos com alguém sobre *Jornada nas estrelas* como uma pessoa nos anos 1960 falava para Buster Keaton sobre fazer filmes mudos e trabalhar com Fatty Arbuckle.*

* Comediante do cinema mudo norte-americano, diretor e roteirista falecido em 1933 aos 46 anos. Seus filmes chegaram a ser exibidos no Brasil, onde era chamado de Chico Boia. (N. E.)

J. J. Abrams
(produtor, *Star Trek: Sem Fronteiras*)

Estou honrado de ter sido o capitão temporário da série que Roddenberry criou. Só espero que meu envolvimento tenha ajudado a atrair mais pessoas para esse universo, tão amoroso e maravilhosamente construído por seu criador.

Diana Muldaur
(atriz, *Jornada nas estrelas*, episódio "Retorno ao amanhã")

Só queria que pudéssemos ficar aqui para sempre para testemunhar quanto tempo esse fenômeno ainda vai durar.

LIBERTOS

"É diferente de tudo que já vimos antes."

O ano é 1966. Os fãs na Convenção Mundial de Ficção Científica, a Tricon, em Cleveland, Ohio, estão prestes a ver as primeiras imagens de "Onde nenhum homem jamais esteve", o segundo piloto da nova série de ficção científica da NBC, *Jornada nas estrelas*. Apresentado pelo próprio criador, Gene Roddenberry, que já havia dado um gostinho aos frequentadores ao contratar modelos vestidos como os personagens para andar pela convenção, o episódio foi exibido junto do piloto de *Túnel do tempo*, de Irwin Allen. Enquanto a série de Allen foi ridicularizada, a de Roddenberry foi recebida com aplausos retumbantes dos 850 fãs reunidos no local.

Ao final do piloto, os aficionados em ficção científica na plateia mais pareciam fãs de rock exigindo um bis no fim de um show, de forma que Roddenberry devidamente atendeu seu pedido e exibiu também o primeiro piloto da série, intitulado "A jaula", e a resposta foi igualmente arrebatadora. Seria o primeiro olhar sobre o seriado de televisão que conquistaria fãs apaixonados e obcecados pelos cinquenta anos seguintes.

Gene Roddenberry
(criador, produtor executivo, *Jornada nas estrelas*)

Eu estava nervoso, principalmente quando vi a plateia na Tricon assistindo a outros filmes. Eles vaiavam, batiam os pés e riam com as apresentações. Entrei lá pensando: "Eles não vão perdoar". Então, vi como aceitaram nossa série e disse para mim mesmo: "Sim, *existem* pessoas que, se seguirmos por esse caminho e tentarmos essas coisas, vão apreciar nossa série". Percebi que teríamos algum tipo de fã e, claro, é insano ver o quão longe tudo foi parar.

Jerry Sohl
(roteirista, episódio "O ardil corbomite")

Umas 3 mil pessoas assistiam à nova série de Irwin Allen e, assim que viram o nome dele, elas começaram a vaiar. Vaiaram apenas no nome dele. Então, quando Gene Roddenberry exibiu *Jornada nas estrelas*, elas realmente amaram aquilo. Fiquei surpreso. Quando sentei com Gene no palco para responder às perguntas, fui apresentado como "roteirista-chefe" de *Jornada nas estrelas*, algo que eu não era. Mas segui em frente, porque podia ser uma boa jogada política. E foi. Foi divertido.

Esse foi o primeiro, mas longe de ser o último, gostinho de adulação que Gene Roddenberry sentiria dos fãs da sua série revolucionária. Nascido Eugene Wesley Roddenberry, em 19 de agosto de 1921. O alto e malvestido texano já tinha uma vida memorável ao chegar a Los Angeles com sua então mulher, Eileen Anita Rexroat, com quem teve duas filhas. Ele a traiu em um caso extraconjugal com Majel Barrett, com quem se casaria mais tarde.

Christopher Knopf
(roteirista, produtor)

Eileen Roddenberry era uma mulher bastante quieta, totalmente diferente de Majel Barrett. Ela estava feliz por ser casada com um policial. Hollywood foi muito difícil para Eileen. Gene tinha muitos compromissos sociais e ela não se sentia nem um pouco à vontade com isso. Ele tinha duas filhas e, quando houve a separação, foi doloroso. Eileen o processou em busca de dinheiro e conseguiu uma vitória retumbante. As duas filhas ficaram do lado da mãe e acho que Gene praticamente não tinha nenhum relacionamento com elas. Então, ele teve um filho com Majel. Os dois chamaram o menino de Rod, que por sinal se tornou um sujeito muito bacana.

Rod Roddenberry
(filho de Gene Roddenberry)

Tenho lembranças agradáveis de passar o Natal ou jantar com toda a família. Meus dois avôs faleceram antes do meu nascimento, então minhas duas avós, a irmã do meu pai, minhas meias-irmãs e os filhos delas jantávamos juntos no Natal e em outras datas comemorativas. Nada do que aconteceu era discutido nesses encontros, então só fui apresentado ao passado depois da morte do meu pai, porque a ex-mulher apareceu. Uma das filhas do meu pai processou a família ao lado da ex-mulher e fiquei muito bravo com isso.

A outra filha não fez isso, ela ficou do nosso lado e me senti confuso e perturbado. Tenho compaixão por elas, porque estavam por perto durante a filmagem da série original. Meu pai até mesmo falou em uma das suas entrevistas que ele estava tão focado no programa que nunca estava em casa, então conseguia perceber por que elas se sentiam tão traídas por ele. E ele teve um caso com minha mãe durante dez anos antes de eles se casarem. Então, não posso dizer que sei o que elas estão sentindo, mas consigo entender como se sentiram traídas.

Ande Richardson
(secretária da Desilu, assistente de Gene L. Coon)

Conheci Eileen. Ela não era das mais amigáveis. Não era hospitaleira ou aberta a outras pessoas. Era bem elitista. As outras pessoas estavam sempre abaixo dela, especialmente desde que Gene começou a fazer sucesso. Era essa a impressão que tínhamos. Gene, ao contrário, era considerado um cara bem legal. Lembro de ter voltado do México com um punhado de baseados apertados e ele ficou animado. [Uma assistente] costumava sentar ali na mesa e tirar o tabaco dos cigarros e depois preencher com maconha.

Ex-piloto e segundo-tenente do então Corpo Aéreo do Exército dos Estados Unidos e copiloto de um B-17 durante a Segunda Guerra Mundial, Roddenberry migrou da aviação militar para a civil e quase não sobreviveu ao acidente do voo 121 da Pan Am, no deserto da Síria — vindo de Calcutá. Integrou-se ao Departamento de Polícia de Los Angeles em fevereiro de 1949 e escreveu discursos para o delegado William H. Parker, assim como artigos para o informativo da corporação, *The Beat*.

Gene Roddenberry

Eu era policial e aprendi a escrever ao trabalhar para Parker nos seus discursos. Antes disso, achava que bastava escrever oitocentas palavras por dia para virar escritor. Passei oito anos pensando assim. Logo que me demiti da Pan American, acreditava que eu era um escritor, independentemente do fato de as pessoas acreditarem ou não nisso.

Embora eu pudesse ser considerado um fã de ficção científica, o gênero certamente não era o que guiava as minhas leituras. Acho que todos os escritores são insaciáveis em termos de livros. Há poucos escritores merecedores do meu respeito que leem apenas ficção científica. Por esse motivo, quando decidi me tornar escritor, decidi me tornar um *escritor* e não só um escritor de ficção científica. Entretanto, eu amava ficção científica desde criança e acredito que a maioria das ideias foi uma combinação das coisas que li e ouvi, embora eu tenha um certo conhecimento no campo científico. Fui piloto de companhias aéreas, então acho que isso ajudou.

Descontente com a ideia de ser policial para o resto da vida, Roddenberry começou a colaborar com ideias para o produtor e protagonista da série *Dragnet*, Jack Webb, que tornou-se um amigo assim como rival pelo afeto da atriz Majel Lee Hudec, mais tarde conhecida como Majel Barrett Roddenberry.

Fred Bronson
(relações-públicas, NBC)

Jack Weeb, que era um ótimo sujeito, namorou Majel Barrett na mesma época de Gene. Os dois eram amigos desde os tempos em que Gene trabalhava na delegacia — e Webb interpretava um policial. Jack me contou anos depois que Majel estava jantando com Jack quando Gene mandou flores com um cartão para a mesa deles.

Yvonne Craig
(atriz, episódio "Castigo dos deuses")

Majel e eu vivemos no The Studio Club durante um período porque não tínhamos um lugar para morar quando chegamos a Hollywood. Era o ponto de encontro do pessoal do show business. Estávamos a alguns anos sem manter contato e, quando a vi na festa de vinte anos de *Jornada nas estrelas*, eu disse: "Majel Barrett, como você está?". E ela respondeu que era "Majel

Roddenberry". Ao que eu retruquei: "Ah, não sabia disso. Não me mantenho atualizada sobre as fofocas de Hollywood". Não sabia que Gene estava tendo um caso com ela quando ainda era casado. E ela disse: "Não é fofoca!". E pensei: "Meu Deus, que pentelha que ela virou".

Contratado como consultor de *Mr. District Attorney*, Roddenberry vendeu seu primeiro roteiro em 1954. Subsequentemente, ele teve roteiros produzidos para séries como *Goodyear Theatre*, *The Kaiser Aluminum Hour*, *Four Star Playhouse*, *Patrulha Rodoviária*, *Dr. Kildare*, *Cidade nua*, entre outras.

Gene Roddenberry

Lembro de ser uma criança asmática com muitas dificuldades entre os sete e os nove anos. Era apaixonado por Tarzan e sonhava em ser ele e ter sua força para saltar entre árvores e derrubar leões. Foi parte do meu crescimento. Era um sonho muito agradável, ajudou-me a superar dias de tosse, respiração ruim e crises de espirro.

Então, havia um garoto na minha classe que sofria um bocado. Ele mancava e sofria de alguma doença respiratória. Eu não sabia de todos os problemas da vida dele, mas o garoto era uma pessoa encantadora, agradável e inteligente. Pelo fato de ser incapaz de praticar esportes e fazer as mesmas coisas que uma pessoa saudável, ele mergulhou em seu próprio mundo de fantasia e ficção científica. Ele colecionava velhos exemplares das revistas *Amazing* e *Astounding* e me apresentou à ficção científica. Comecei a ler o gênero e descobri que no nosso bairro vivia um ex-presidiário que se tornara fã de ficção científica quando estava atrás das grades. Ele morava em um pequeno apartamento construído em cima de uma garagem, onde me apresentou a John Carter e a todos aqueles textos maravilhosos de Burroughs. Quando eu estava com doze ou treze anos, já era experiente no campo da ficção científica.

Roddenberry pediu licença da força policial em 1956 e continuou escrevendo para a televisão. Vendeu vários pilotos na época. Mais tarde, ele escreveu um bom número de roteiros para um homem que se tornaria um dos seus grandes amigos, Sam Rolfe, da brilhante e revolucionária série de bangue-bangue *Paladino do Oeste*, protagonizada por Richard Boone. Várias ideias familiares em *Jornada nas estrelas* foram apresentadas no programa, inclusive um personagem chamado Robert April.* Roddenberry também ganhou um prêmio do Sindicato dos Roteiristas por seu episódio "Helen of Abajinian". É impossível estimar a importância de *Paladino do Oeste* nos pensamentos progressistas e em formação de Gene Roddenberry.

CHRISTOPHER KNOPF

Sam Rolfe foi realmente quem deu a primeira grande oportunidade a Gene, em *Paladino do Oeste*. Foi isso que fez as pessoas falarem: "Esse cara pode ir longe".

Na série, Boone interpreta Paladino, um culto *bon vivant* de San Francisco que sobrevive trabalhando como caçador de recompensas. Geralmente ele soluciona casos que descobria nos jornais com a ajuda do seu parceiro, Hey Boy, e enviando para os possíveis clientes seu icônico cartão de visitas ou mensagens por telégrafo. Em suas missões, o homem de preto é tão rápido com uma arma quanto em recitar Shakespeare ou Dickens. Mais importante, *Paladino do Oeste* tinha uma preocupação moral que não se via em outros

* No conceito original de Gene Roddenberry, o protagonista de *Jornada nas estrelas* seria o capitão Robert April, da nave estelar ss Yorktown. O personagem depois foi transformado no capitão Christopher Pike. (N. E.)

programas — um raro faroeste em que os índios norte-americanos não eram representados como vilões — e Paladino geralmente tomava o partido dos oprimidos, mesmo que eles não pudessem pagar seus exorbitantes honorários. Paladino tinha a paixão de Kirk, a inteligência de Spock e o coração de McCoy.

Doug Drexler
(artista cênico, *Jornada nas estrelas — Deep Space Nine*)

Paladino é Kirk, Spock e McCoy fundidos em um único personagem. Gene dividiu Paladino para criar aqueles três sujeitos. Olhe para Paladino, ele tem todos os elementos de Spock, sabe tudo. É um *bon vivant*, um humanista e um homem de ação — ele é tudo isso.

Dois dos meus episódios favoritos de *Paladino do Oeste* foram escritos por Roddenberry. Um intitulava-se "The Great Mojave Chase". Paladino está no hotel, lendo o jornal com um amigo que é coronel da cavalaria e está completamente bêbado. Ele está tagarelando sobre como acabou de concluir uma terrível missão e estava feliz por isso. O exército decidiu usar camelos em vez de cavalos. Isso é verdade. Roddenberry, tenho certeza, procurou nos livros e disse: "Ah, como posso colocar Paladino em um camelo?". E, enquanto o coronel reclama do cheiro do animal e basicamente fica de mau humor, Paladino lê o jornal e há uma narração em *off* sobre a grande corrida do Mojave. Ele tem a ideia de entrar na corrida, mas com o camelo. Ele sabe que pode vencer qualquer um. E, quando Paladino percebe isso, o coronel diz: "Quem quer uma daquelas coisas fedorentas?". E ele responde: "Não sei. Mas esse bicho pode ser seu melhor amigo". E Paladino não desiste da ideia e consegue o camelo. Isso é tão incomum e original. Tinha esse truque que deixava o programa especial.

E havia outro episódio em que Roddenberry exercitou seu amor por mulheres cortejadas por vários homens. Chamava-se "Maggie O'Bannion". Paladino é assaltado por bandoleiros que levam suas roupas, seu cavalo, tudo.

Ele encontra uma casa onde há uma mulher sozinha cuidando de uma fazenda. Ela o ajuda em troca de tarefas como cozinhar e limpar e se apaixona pelo herói, cozinhando pratos maravilhosos para conquistar seu coração. Ela é muito inteligente. Uma hora, segura a mão que ele usa para atirar e pergunta: "Como conseguiu um calo assim no dedão?". Há uma cena linda em que ele traz comida para ela e a mulher recusa. Então, ele começa a falar sobre Shelley e Shakespeare e pega um livro, de onde recita frases. É maravilhosa.

Depois, há uma cena que poderia estar em "A jaula". Paladino cavalga e a mulher o persegue. Ele para e espera por ela. Os dois discutem e, quando ela tenta estapeá-lo, ele a agarra e, antes que o telespectador perceba, eles não estão se pegando como Kirk faria, mas estão basicamente sentados embaixo de uma árvore com ela encostada nele. É um momento fofo. É tão *Jornada nas estrelas*.

No fim da série, duas mulheres dão adeus para Paladino e era quase como se ele dissesse: "Estou indo observar as estrelas". E, em vez de se teletransportar, ele vai embora cavalgando enquanto as duas mulheres o veem de longe. Uma delas fala: "Nunca vou encontrar um ajudante assim. Cozinhava, limpava e lutava. Fico arrepiada só de pensar". É o perfeito Roddenberry.

Gene Roddenberry

Paladino era o mais próximo que você podia ter de uma ficção científica. Richard Boone era um ator maravilhoso.

Deborah Arakelian
(assistente de Harve Bennett e Robert Sallin)

Sempre suspeitei que ele possuía uma queda por garotas armênias porque, quando o conheci, ele disse: "Quando eu era policial e trabalhava em

Hollywood, fui chamado para dar uma batida numa festa que perturbava os vizinhos". Então, ele e o parceiro apareceram e era uma festança armênia, com dançarinas do ventre, narguilés, tudo que você imaginar. E as pessoas falaram: "Ei, juntem-se a nós". O parceiro de Gene recusou, mas ele disse: "Estou dentro". Gene ficou e farreou a noite toda. Voltou para casa e, de acordo com ele mesmo, escreveu o primeiro roteiro da vida, "Helen of Abajinian", mais tarde vendido para *Paladino do Oeste*. Ele gostava de uma morena. Teria adorado as Kardashian.

Gene Roddenberry

Lembro-me do início da televisão, quando muitos de nós estávamos trabalhando como roteiristas em séries ruins como *Mr. District Attorney*. Nós sempre inseríamos em nossos roteiros a ideia de que não era ruim ser de outra cor ou ter outra crença. Lições de tolerância e coisas assim. Precisávamos fazer isso com cautela, a emissora não queria nenhuma pregação nas séries, mas acredito que essas lições surtiram efeito. Não acho que essas ideias eram exibidas todas as noites no Mississippi e em lugares do tipo nos Estados Unidos sem afetar a sociedade ou causar algum nível de amadurecimento das pessoas. Creio que a TV fez algum bem. Só acho vergonhoso que tínhamos de fazer essas coisas como se fôssemos sabotadores e sem o apoio dos estúdios e dos canais.

Joseph Stefano
(criador/produtor, *Quinta dimensão*)

Lidar com executivos de TV é como encarar um monstro de duas cabeças. Por um lado, querem audiência alta. Do outro, há pessoas que desejam proteger a mente e o coração dos espectadores. E ambas vêm da mesma fonte. Então, metade da emissora te diz para cortar isso ou aquilo, enquanto a outra metade manda você criar mais. Não acho que seja um grande problema, porque eles determinaram em qual momento deveria haver sexo e violência na TV. Tínhamos pouco sexo em *Quinta dimensão* e pouquíssima violência, tirando as cenas assustadoras. Não era como se mostrássemos oito pessoas sendo baleadas.

Robert H. Justman
(produtor associado, *Quinta dimensão*, *Jornada nas estrelas*)

Ao criar *Quinta dimensão*, o que a emissora queria não era necessariamente uma série inteligente de ficção científica. Ela queria números altos. A teoria dos executivos era de que a série devia ter um monstro por semana para ter audiência. Se você é uma pessoa inteligente e gosta de monstros, não era difícil manter uma série de ficção científica no ar. Mas se você é inteligente e *não* acha que deveria ter monstros o tempo todo para fazer uma série inteligente, isso era complicado.

Uma atitude parecida foi vista nos primeiros dias de *Jornada nas estrelas*, quando a emissora sugeriu que gostaria de abrir a primeira temporada com um episódio chamado "O sal da terra", porque havia um monstro. Sentimos que não era um bom episódio em comparação a outros que havíamos feito. Perdemos a batalha e "O sal da terra" foi exibido antes.

Gene Roddenberry

Nosso plano sempre foi apresentar um drama. Devido às dificuldades de pós-produção, nosso episódio de abertura, que incluía um monstro, era o único disponível para ir ao ar. Nosso conceito inteiro sempre foi de que a ficção científica é um gênero mais amplo e dramático do que é geralmente reconhecido pelo público.

Jerry Sohl

Naquela época havia um vácuo na televisão em relação a programas de ficção científica. Eu, Theodore Sturgeon, Richard Matheson e George Clayton Johnson nos juntamos e formamos uma empresa chamada The Green Hand [A mão verde]. A ideia era quebrar os paradigmas da TV ao fazer ficção científica *responsável* de verdade. Com certeza a mídia estava preparada para materiais melhores. Queríamos ter controle de qualidade e roteiros. Queríamos injetar algo novo nas séries, atualizar a mídia e mostrar o que se fazia em termos de ficção científica na época. Imaginávamos que pelo menos metade do horário nobre deveria ser dedicada à ficção científica e à fantasia. Oferecemos inúmeros cenários e nos encontramos com emissoras diferentes que diziam ter adorado os conceitos.

No fim, eles não quiseram nenhuma das séries que oferecíamos. Azar das emissoras, azar da Green Hand e azar dos telespectadores. A empresa foi dissolvida e nós quatro tomamos caminhos diferentes. A ironia é que a premissa de *todas* as nossas séries foram ao ar de uma maneira ou de outra.

Em 1963, Roddenberry teve seu primeiro piloto produzido pela MGM para a NBC. *O tenente* trazia diversos rostos conhecidos dos fãs de *Jornada nas estrelas*, indo do protagonista Gary Lockwood, no papel do segundo-tenente dos Fuzileiros Navais William Tiberius Rice, a Majel Barrett, Nichelle Nichols, Walter Koenig e, claro, Leonard Nimoy. Todos foram contratados por Joe D'Agosta, que se reuniria a Gene Roddenberry em *Jornada nas estrelas*. O personagem de Robert April (designado como o primeiro capitão da *Enterprise* na descrição original do conceito de Roddenberry para a série) também faria uma aparição no episódio final de *Jornada nas estrelas — A série animada.*

O tenente era um drama militar filmado em Camp Pendleton, perto de San Diego, graças à cooperação com os militares. Até retirarem o apoio algum tempo depois, quando Roddenberry discutiu com os oficiais encarregados e o pessoal da emissora, insistindo em produzir "To Set It Right", um episódio sobre preconceito racial no Exército estrelando um jovem Dennis Hopper.

Marc Cushman
(autor, *These Are the Voyages*)

A NBC não queria exibir o episódio, os Fuzileiros Navais, que tinham cooperado com a série, não queriam que fosse exibido, e o Pentágono até mesmo falou: "Se vocês exibirem esse episódio, não permitiremos que filmem mais em nossas bases. Não vamos ceder tanques, caminhões, soldados e uniformes de graça". Basicamente esses elementos eram tudo que fazia *O tenente* funcionar. Mesmo assim, Gene estava determinado a ir em frente. Foi para a Associação Nacional para o Progresso de Pessoas de Cor (NAACP) e os forçou a pressionar o canal a exibir o episódio. Uma semana depois de sua exibição, a NBC cancelou *O tenente*, o que comprova que a relação de Gene com o canal foi ruim desde o início.

John D. F. Black
(consultor executivo de roteiro/produtor associado, *Jornada nas estrelas*)

A emissora não gostava dele, ninguém gostava dele. Os roteiristas, em especial, não gostavam de Gene porque ele reescreveu o roteiro de todo mundo em *O tenente*, da mesma maneira que fez conosco em *Jornada nas estrelas*. Gene sentava na cadeira e olhava *através* do roteirista. Não sei se você já teve essa sensação, mas é bastante desconcertante e muitos dos ótimos roteiristas envolvidos no projeto sentiram isso.

Gene Roddenberry

Roteiristas que escrevem para telespectadores fazem as mesmas coisas que grandes escultores, pintores e compositores. Quando você diz para o mundo "Ei, é assim que vejo as coisas e essa é minha análise. É assim que vejo o mundo", você faz isso com extremo egoísmo — algo que o artista deve sempre fazer. Todos os roteiristas deveriam ser egoístas e dizer: "É assim que vejo isso" e, entredentes, deveriam completar: "Danem-se! Se querem uma série para vocês, façam vocês mesmos".

Depois do cancelamento de *O tenente* no fim da primeira temporada, a MGM, estúdio que trabalhava com Roddenberry, recusou sua ideia de uma nova série chamada *Jornada nas estrelas*. No entanto, os agentes dele na Ashley-Famous rapidamente encontraram um espaço na produtora Desilu Studios, que estava procurando por dramas mais provocadores depois de fazer um sucesso gigantesco com suas comédias. Comandado por Oscar Katz, ex-executivo da CBS, a Desilu assinou um contrato de três anos com Roddenberry. Após serem rejeitados pelo canal, que já estava desenvolvendo *Perdidos no espaço*, Roddenberry e a equipe da Desilu fecharam a exibição do piloto com a NBC. Assim, "A jaula" (originalmente intitulado "A coleção", que seria o nome do episódio duplo da primeira temporada que reaproveitaria material filmado para a estreia) finalmente nasceu.

Oscar Katz
(vice-presidente de programação, Desilu)

Se precisasse nomear as três pessoas responsáveis por transformar *Jornada nas estrelas* em realidade, elas seriam Gene Roddenberry, eu e um agente da Ashley chamado Alden Schwimmer. Eu tinha problemas em contratar pessoas criativas, convencê-las a me apresentar projetos. Schwimmer disse: "Vamos pegar dois sujeitos e fazer contratos genéricos com eles. Não vamos dizer que gostamos de tal projeto. Vamos chegar neles e dizer que gostaríamos que viessem trabalhar na Desilu e fazer do estúdio sua casa. Não precisam falar qual o projeto, faremos um contrato para três programas a serem determinados". Roddenberry era o sujeito que ele indicou.

Comecei a trabalhar na Desilu em abril de 1964 no desenvolvimento de programas. No primeiro ano, fiz três dos nossos quatro pilotos, o que significa que eu devia ter uns quinze ou vinte projetos em estágios iniciais de desenvolvimento, de onde quatro foram selecionados. Eles precisavam ser vendidos para um canal para ser financiados. Acho que todos os quatro foram em frente, mas era difícil atrair pessoas criativas. A Desilu tinha a reputação de cobrar alto pelas despesas gerais. No segundo ano, fiz cinco pilotos e três deles foram vendidos, o que é uma ótima média. Principalmente se considerarmos que dois deles foram *Missão: Impossível* e *Jornada nas estrelas*.

Gene Roddenberry

Antes de *Jornada nas estrelas*, eu havia escrito pilotos que foram produzidos por outras pessoas e nenhum deles foi vendido. Comecei a ver que criar um conceito de programa e escrever um roteiro não era suficiente. A história não é "contada" até estar em celuloide. Contar aquela história envolvia som, música, elenco, figurino, cenários e todas as coisas com as quais um produtor precisa se preocupar. Portanto, tornou-se óbvio para mim que, se quisesse que o filme refletisse exatamente o que senti quando escrevi o roteiro, eu precisaria produzi-lo também. É por isso que os roteiristas de TV tendem a virar produtores.

Oscar Katz

A produtora Desilu ganhava dinheiro de duas maneiras. A primeira, com as séries de sua propriedade, como *I Love Lucy* e *Os intocáveis*. A segunda era como estúdio de aluguel. Por exemplo, a Bing Crosby Productions filmava todos os seus projetos ali, assim como Danny Thomas e Sheldon Leonard. A Desilu possuía três terrenos e ganhava dinheiro só com a valorização do imóvel. Mas, naquela época, o número de séries que possuía começou a diminuir. Desi Arnaz era um sujeito ousado que um dia teve sete ou oito séries da Desilu no ar. Mas depois entrou em declínio e só tinha praticamente a série de Lucy e catorze ou quinze aluguéis.

Gene Roddenberry

Produzir para a televisão é como narrar uma história. A escolha do ator, das roupas certas, o tom e o ritmo são como descrever personagens de um livro. Embora o diretor tenha um papel importante nisso, ele normalmente chega uma semana antes para se preparar, filma por mais uma semana e depois parte para outra série. Ao contrário do produtor, ele nunca está por perto quando o roteiro começa a ser escrito e raramente aparece quando 7 mil metros de filme precisam ser cortados e recolados para dar sentido à sequência de cenas. Há desafios criativos imensos e altas doses de prazer em pegar todas essas coisas e transformá-las em algo que funciona.

Dorothy Fontana
(roteirista, editora de roteiros de *Jornada nas estrelas*)

Muitos de nós embarcamos em *Jornada nas estrelas* sem conhecimento ou experiência prévia com ficção científica. Tirando alguns escritores que realmente fizeram alguns roteiros de estilo semelhante, a maioria de nós era virgem no gênero, e acredito que essa foi uma das razões de *Jornada nas estrelas* ter se tornado uma série tão boa. Não estávamos tentando criar máquinas ou truques de ficção científica. Estávamos tentando contar histórias sobre pessoas.

Gene Roddenberry

Jornada nas estrelas nasceu muito lentamente, como todo mundo que estava comigo naquela época pode testemunhar. Eu estava exausto de escrever sobre o que considerava bobagens. Estava cansado de escrever para séries em que havia um tiroteio no fim e alguém era morto. Não considero isso "o fim" de nada. Eu assistia a uma série naqueles tempos e, quando subiam os créditos, me sentia como se houvesse desperdiçado tempo em algo sem sentido. *Jornada nas estrelas* foi estruturada para mudar isso.

Dorothy Fontana

A maioria dos vilões de *Jornada nas estrelas* tinha personalidade. Eles não eram necessariamente maus, tinham objetivos. E esses objetivos eram bons para eles. Em várias séries, eles eram apenas vilões e eram maus porque simplesmente eram maus. Acho que os espectadores responderam a isso, ao fato de que Kirk e Spock tinham adversários dignos, pessoas que pensavam, tinham sentimentos, pontos de vista e objetivos. Claro que sabíamos que nossos heróis sempre venceriam, exceto por aqueles poucos sujeitos de uniforme vermelho que perdiam uma grande quantidade de sangue. Mas os vilões eram pessoas terrivelmente originais e diferentes.

Gene Roddenberry

Naquela época, eu disse: "Meu Deus, a maior parte das obras de ficção científica é sobre engenhocas e não sobre pessoas. E todo o drama está no ser humano. Se tiver a oportunidade de escrever uma ficção científica, tentarei ser o mais preciso possível e escrever da mesma maneira que escreviam *Playhouse 90*". E funcionou. Apliquei as regras do drama ao texto da ficção científica. Havia muito espaço para isso na época em que *Jornada nas estrelas* surgiu. As histórias são sobre as pessoas e, se não são pessoas, elas precisam ter características humanas. Quando você escreve uma história, você impregna os personagens com traços de personalidade que qualquer um pode identificar.

Christopher Knopf

Sam Rolfe, que criou *Paladino do Oeste*, Gene, eu e alguns outros nos tornamos bons amigos no início dos anos 1960. Certo dia, Gene me chamou e disse: "Tenho dois ingressos para os melhores lugares do jogo do Dodgers". Então fomos para o estádio e, durante a partida, ele me falou da ideia de uma série sobre um dirigível que viajaria o mundo no fim dos anos 1800, pararia em vários locais exóticos e teria atores de diversas raças. Isso foi a semente de *Jornada nas estrelas*. Enquanto conversávamos, um dos jogadores do Dodgers tomou uma base e nenhum de nós viu. Bem, depois disso soube que Gene estava desenvolvendo *Jornada nas estrelas*, que tinha a premissa básica que ele havia me contado, porém ambientada no futuro.

Richard Arnold
(arquivista de *Jornada nas estrelas*)

Gene era um grande fã de *Robur, o conquistador do mundo*. Mas poucos sabem que, cinco anos antes, Gene havia apresentado a ideia de uma nova série chamada *Hawaii Passage*, que contava as aventuras de um cruzeiro e do capitão e seus oficiais. A diferença aqui era que Gene se referia ao navio como um dos personagens, algo nunca visto naquela época.

Gene Roddenberry

Eu trabalhava como roteirista freelancer havia doze anos e estava tendo atritos constantes com a censura na televisão, algo que era forte naquele tempo. Não se podia falar nada sobre o que realmente importava para você. Decidi que sairia da TV a menos que pudesse encontrar uma maneira de escrever sobre o que queria. Lembrei que, quando Jonathan Swift estava escrevendo *As viagens de Gulliver*, ele queria compor uma sátira sobre seus tempos e criou Lilliput como uma forma de fazer isso, para que pudesse falar sobre primeiros-ministros insanos e reis pilantras. Era uma coisa sensacional.

As pessoas podiam ler a história como um conto de fadas, uma aventura e, ao crescerem, reconheceriam o que Swift realmente queria dizer. Isso me fez perceber que se eu quisesse falar sobre sexo, religião, política, fazer comentários sobre o Vietnã e polêmicas do tipo e colocar tudo isso em planetas com pequenas criaturas verdes, as pessoas poderiam entender. Aparentemente, isso passou despercebido pelos censores, mas todos os adolescentes de catorze anos que nos assistiam sabiam exatamente sobre o que estávamos falando. O poder que você tem está em uma série como *Jornada nas estrelas*, que é considerada por várias pessoas uma aventura fútil de ação, sem importância, com nenhuma credibilidade e, ainda assim, assistida por muita gente. Tudo que você precisa fazer é esconder as ideias no meio de tudo isso.

Jonathan Larsen
(produtor executivo, MSNBC)

Mesmo sem apresentar um membro sequer da tripulação, *Jornada nas estrelas* nos diz tudo que precisamos saber sobre seu núcleo político. Se você aceitar a premissa de que os democratas são o grande governo e os republicanos são o pequeno governo, você também deveria reconhecer que a Federação dos Planetas Unidos é um governo tão grande quanto podemos imaginar. Onde está o livre comércio em *Jornada nas estrelas*? Pergunte para Harry Mudd. Pergunte para Cyrano Jones se ele se considera exageradamente fiscalizado pelo Tratado dos Pingos.

Dorothy Fontana

Gene me pediu para ler a primeira bíblia de *Jornada nas estrelas* em 1964. Era a primeira proposta, a apresentação da série. Eu li e disse: "Só tenho uma pergunta: quem vai interpretar o sr. Spock?". Ele deslizou uma foto de Leonard Nimoy por cima da mesa e, claro, eu conhecia Leonard, porque ele fez parte do elenco do primeiro roteiro que vendi, *The Tall Man*. Achei que a proposta tinha várias possibilidades e era certamente empolgante. Claro que você nunca sabe se algum estúdio comprará o programa, mas a ideia era certamente ótima. O capitão naquela época era Robert April [depois, James Winter], que depois virou Christopher Pike, e a nave se chamava *Yorktown*. O sr. Spock era basicamente o mesmo que apareceu no piloto "A jaula", e o médico era o dr. Boyce. Os outros personagens ainda não estavam tão detalhados. Ninguém estava fazendo algo semelhante a isso na televisão.

Gene Roddenberry

Leonard Nimoy foi o único ator que eu tinha em mente — havíamos trabalhado juntos alguns anos antes quando estava produzindo *O tenente*. Leonard foi um convidado especial e fiquei impressionado com suas maçãs do rosto salientes tipicamente eslavas e aquele rosto interessante. Pensei comigo mesmo: "Se um dia fizer essa ficção científica que tanto quero, ele seria um ótimo alienígena. E como essas maçãs do rosto poderiam cair bem com umas orelhas pontudas!". E, então, esqueci completamente o assunto até o dia em que estava detalhando os personagens de *Jornada nas estrelas*. Para escalar o sr. Spock, eu simplesmente telefonei para Leonard e ele veio. Foi isso.

Samuel A. Peeples
(roteirista, "Onde nenhum homem jamais esteve")

No início, o Spock como o conhecemos não existia. Ele era um demônio vermelho que não comia. Absorvia energia através de uma placa vermelha que tinha no estômago. Era assim que estava descrito no conceito original. Debati com Gene que ele deveria ser um personagem humanizado, porque estava certo de que aquela série deveria ser de pura ficção científica, sem elementos de fantasia.

Gene Roddenberry

Criar uma série é um processo de refinamento de ideias. Gostaria de dizer que todas as ideias que tenho são brilhantes, eternas e certas, mas não são. A gente evolui.

Com Spock, originalmente eu também pensei que havia poucas escolhas para encontrar alguém com estatura acima da média. Você pode brincar com as orelhas, os olhos e elementos do tipo, mas os atores costumam ter a mesma estatura. Então, pensei em transformar Spock em uma "pessoa pequena", o que pelo menos quebraria os moldes e o faria se destacar. Além disso, se encaixava na minha ideia de que o tamanho não deveria ser importante.

Samuel A. Peeples

Fui um dos primeiros a ler a proposta de série para *Jornada nas estrelas*. Gene Roddenberry e eu nos conhecíamos desde *Paladino do Oeste*. Ele estava tentando começar uma série de ficção científica e sabia que eu tinha uma das maiores coleções do gênero no mundo. Primeiramente lembro que ele pegou emprestado um exemplar de *Odd John*, de Olaf Stapledon. Então, durante a pesquisa para a série, perguntou se poderia ver minhas revistas e pegar umas ideias para a *Enterprise*. Gene passou o olho em todas as capas e foi assim que a *Enterprise* nasceu.

Gene Roddenberry

Em relação ao nome *Enterprise*, fui piloto de bombardeiros na Segunda Guerra Mundial. Era fascinado pela Marinha e, especialmente, pela história do *USS Enterprise* na Segunda Guerra, que mudou os rumos de todo o conflito a nosso favor. Sempre tive orgulho daquele porta-aviões e quis usar o seu nome.

Samuel A. Peeples

Gene e eu examinamos todas as minhas revistas e fotografamos algumas capas. Discutimos todos os elementos do que ele estava criando. Achei fascinante e divertido, porque ele iria tentar fazer o que eu considerava ser ficção científica de fato, embora não fosse comum em Hollywood. A maioria dos filmes do gênero eram peças de terror e produtos similares que remetiam aos dias do cinema mudo. Gene teve uma ideia, um plano, um sonho de fazer uma série genuína de ficção científica ao nível das grandes revistas do gênero.

George Clayton Johnson
(roteirista, "O sal da terra")

Uma influência na criação de *Jornada nas estrelas* foi a *Capitão Futuro*, uma revista barata que durou um número indeterminado de edições. Era sobre um sujeito chamado Capitão Futuro, que viajava em sua espaçonave e tinha um androide chamado Otho, um robô chamado Grag e um cérebro numa redoma de vidro chamado Simon Wright. Simon era o personagem do sr. Spock, e os demais personagens se espalharam em outros aspectos na tripulação de quatro pessoas que se transformou na *Enterprise*. Basicamente, cada número de *Capitão Futuro* é *Jornada nas estrelas*. Leia qualquer uma e você conseguirá perceber que uma descende da outra, meramente repaginada numa tela de vídeo. O ato de criação é mínimo.

Steve Jay Rubin
(escritor/jornalista)

Não acho que podemos falar da influência de *Planeta proibido* (1956) sem também citar o conceito da Marinha norte-americana no espaço sideral. Eu acredito que *Jornada nas estrelas* é obviamente um filme militar. Mesmo que estivessem em missão de paz, a nave tem poder de fogo. *Planeta proibido* apresentou uma tripulação de astronautas que estavam essencialmente em uma operação militar. Aqueles sujeitos estavam armados e tinham capacidade de responder ao fogo, então estão numa nave de guerra no século XXIII.

Gennifer Hutchison
(supervisora de produção, *Better Call Saul*)

Aquele filme é também dramático e histérico, o que combina com a primeira temporada da série original. Principalmente o primeiro piloto. Consigo ver a influência na ideia de exploração e do perigo de interferir em outras culturas, assim como no capitão teimoso que sabe o que é correto — e é um verdadeiro mulherengo ao mesmo tempo.

David Gerrold
(escritor; roteirista, episódio "Problemas aos pingos")

Eu tenho um palpite de que nunca serei capaz de provar que Gene Roddenberry estava assistindo ao *Planeta proibido* e disse: "Vamos fazer isso como uma série de TV". Alguém provavelmente disse: "Vamos fazer uma espaçonave no formato de um disco". E ele deve ter respondido: "Não, é muito óbvio, vai ficar *Planeta proibido* demais". Mas se você vir o filme, há um médico, um capitão e por aí vai. Mas não tenho problema com isso.

Steven Jay Rubin

Planeta proibido cede uma espécie de hierarquia militar à tripulação: há um capitão, um segundo em comando, um médico, há os homens "blaster". O conceito inteiro de um navio transportado para o espaço sideral começa intensamente com *Planeta proibido* e, para mim, é uma influência direta em *Jornada nas estrelas*. E há a utilização dos uniformes no filme. Claro que uniformes para homens espaciais não eram novidade, mas acho que havia uma aura militar entre a tripulação de *Planeta proibido* que, claro, existe em *Jornada nas estrelas*. Acrescente a isso o fato de a nave C-57D fazer parte dos Planetas Unidos, que é similar à Federação dos Planetas Unidos de *Jornada nas estrelas*.

Manny Coto
(produtor executivo, *Jornada nas estrelas — Enterprise*)

O que torna a série clássica tão especial é que existe um mundo, um mundo de ficção científica, ao contrário de *Perdidos no espaço*, que foi feito para você realmente acreditar que aquilo existia. Somente a terminologia naval é realista. Ao acrescentar esses pequenos detalhes, a hierarquia naval e os nomes das naves e tudo mais, Gene tornou a série mais pé no chão. Esse toque de realismo fazia o telespectador aceitá-la.

Doug Drexler

Outra coisa interessante é que Sam Rolfe, de *Paladino do Oeste*, fez *O agente da* UNCLE, e há vários elementos dessa série em *Jornada nas estrelas*. Por exemplo, Roddenberry ficou impressionado com o agente especial da UNCLE, que tem uma pistola que pode ser montada e transformada em um rifle. Foi um dos pontos altos da série e a arma recebia até cartas de fãs. Gene contratou o sujeito que construiu o objeto para fazer o rifle a laser de "A jaula". A química entre Kirk e Spock é mais ou menos como a de Illya e Napoleon Solo. Em meados dos anos 1960, a ideia de ter uma espiã russa na equipe era bem maluca.

Jose Trevino
(diretor, *Jornada nas estrelas — Voyager*)

Quando vi *Jornada nas estrelas* pela primeira vez, achei meio parecido com o livro *The Voyage of the Space Beagle*, de A. E. van Vogt. As similaridades eram tão grandes entre ambos. A *Space Beagle* é basicamente uma nave que viaja pelo espaço para encontrar raças diferentes. Até o capitão é parecido. Era uma série de contos reunidos em forma de romance e contados de diferentes pontos de vista. A narrativa mudava de um capítulo para outro. Não sei se Gene Roddenberry um dia chegou a ler.

Gene Roddenberry

Não consigo me lembrar de nenhum momento, durante o planejamento de *Jornada nas estrelas*, em que olhei para alguma outra série e disse: "Vou pegar isso emprestado". Por outro lado, claro, você tem essa coisa maravilhosa chamada cérebro que passa a vida armazenando informações e, de vez em quando, você diz:, "Isso é Heinlein, isso é tal coisa". Ou provavelmente o que mais deve acontecer é que seu cérebro, sendo essa coisa maravilhosa, pega pedaços e trechos de três ou quatro coisas e, então, combina tudo isso, criando algo novo que você precisa para uma série específica. A maioria dos escritores que são bons, ou pelo menos se *importam*, raramente pega emprestadas coisas específicas. Por outro lado, a maioria dos escritores escreve coisas que as pessoas podem ler e dizer: "Ah, esse trecho me lembra tal coisa. Aquele outro veio de tal lugar". Mas eles não escrevem tendo isso em mente.

Thomas Doherty

Existe algo profundo no núcleo da série, que é o trabalho em equipe, a aventura e a tolerância. É por isso que o programa faz uma analogia com a Segunda Guerra, mas no espaço. Tinha todos os valores do conflito, mas projetados em uma época diferente. Apesar de Kirk e alguns outros serem privilegiados, trata-se de uma equipe, e essa foi a grande mensagem do cinema da Segunda Guerra, que você está dando uma contribuição heroica apenas fazendo a sua parte; o oficial de comunicações, o navegador — eles celebram esses diferentes papéis, e *Jornada nas estrelas* é mais hierárquico que a Força Aérea, já que na última todo mundo é igual.

Gene Roddenberry

A nave era *paramilitar*. Não havia sistemas de punição. Ninguém era mandado para a prancha. Um sistema paramilitar existe pela eficiência, principalmente em momentos de emergência. Era um sistema que funcionava na base do respeito. Era um sistema de comando bem definido.

Herbert F. Solow
(executivo responsável pela produção, *Jornada nas estrelas*)

Gene era um roteirista jovem e ambicioso que teve uma ideia, que precisava de ajuda para desenvolvê-la e vendê-la. A história sobre minha recusa em sair do escritório de [Grant] Tinker, da NBC, até que ele contratasse o roteiro está absolutamente correta. E, então, precisei trabalhar com Gene no roteiro, porque não havia nenhuma maneira de um roteirista relativamente inexperiente em aviação escrever "A jaula", o piloto de noventa minutos criado por Gene. Ele precisava do que eu chamava de "produtor de roteiros", uma função que eu preenchi. Supervisionei a produção do piloto, atuando como produtor executivo, enquanto Gene produziu. Ele era um rapaz trabalhador que ajudei muito, tanto quanto ele me ajudou.

GENE RODDENBERRY

A Desilu foi o único estúdio que aceitaria o piloto. A razão foi porque eles não vendiam uma série havia cinco anos e estavam desesperados. Eles falaram: "Vamos até tentar a ideia maluca do Roddenberry!". Acho que teria sido mais fácil se estivéssemos em um estúdio maior, com mais departamentos de efeitos especiais e assim por diante, mas provavelmente teríamos lançado algo bem diferente.

MARC CUSHMAN

A Desilu entrou no jogo porque Lucille Ball e Desi Arnaz eram donos de *I Love Lucy*. Era a primeira vez na história que alguém era dono dos direitos de retransmissão de uma série. A CBS queria gravar ao vivo em Nova York e eles não queriam se mudar para Los Angeles, então disseram: "Pagamos a diferença para filmar a série em Los Angeles em película". Ninguém tinha feito um sitcom em película até então e é por isso que ainda parece moderna quando vista hoje em dia. Poderia ter sido até um filme, a imagem é límpida, ao contrário de *The Honeymooners*, em que notam-se os rostos esticados por causa do formato.

Então, eles falaram que pagariam a diferença, e o que a Desilu queria eram os direitos de retransmissão. A CBS concordou, afinal ninguém reprisava nada naquela época. Parece um negócio óbvio olhando hoje, mas não naqueles tempos. Por fim, a CBS comprou os direitos de volta de Lucy e Desi por 1 milhão de dólares, o que era uma alta soma naquela época. Lucy e Desi pegaram o dinheiro e compraram a RKO, transformaram-na na Desilu Studios e todo mundo começou a correr atrás deles para filmar outras sitcoms no mesmo estilo. A companhia cresceu, mas o casamento acabou e Lucy terminou controlando o estúdio sozinha, agora sem tantos seriados. Ela disse: "Precisamos ter mais séries no ar". E *Jornada nas estrelas* foi a série que ela aprovou, porque achou-a diferente.

Herbert F. Solow

Tenho a tendência de ser otimista em tudo. Se alguém nos falar que precisamos construir uma ponte daqui até Liverpool, eu diria que podemos fazê-la, iria descobrir quais eram os empecilhos e faria o melhor para sobrepujá-los. Se eu tivesse expressado qualquer dúvida ou mesmo conscientemente pensasse em ter alguma dúvida, aquele estúdio minúsculo não teria seguido em frente com esse tipo de série. Várias pessoas experientes tentaram me convencer a não comprar o projeto. "Você vai nos levar à falência, não pode fazer isso. A NBC não nos quer de forma alguma. E quem se importa com sujeitos voando no espaço?". Falaram que não seria possível produzir a série, que não teríamos dinheiro ou tempo suficiente. E, do ponto de vista da produção física, não conseguiríamos atrair os talentos necessários. Só havia uma maneira de seguir em frente: não ouvindo nada disso e sendo teimoso.

Marc Cushman

Lucy estava tentando fazer da maneira que Desi a ensinou. Foi ideia dele fazer *I Love Lucy* naquele estilo. Ele criou a fórmula e o modelo. Só que Desi não estava mais lá. Ele estava mergulhando na bebida, não saía mais de casa e foi basicamente se apagando. Então, ela se perguntava: "O que Desi faria?". Porque ela realmente o amava e respeitava. "Desi colocaria mais séries nossas no ar e não apenas as que estamos produzindo para outras empresas." Então esse foi o seu raciocínio em relação a *Jornada nas estrelas*. Ela sentiu que essa série, caso colasse, poderia ser reprisada por anos como *I Love Lucy*. E adivinhe? Ambas as séries jamais saíram do ar desde a estreia. O problema era que os bolsos de Lucy não eram fundos o suficiente.

Oscar Katz

Quando apresentamos a série para as emissoras, falamos que havia quatro tipos de histórias que representariam o conceito de *Jornada nas estrelas*. Primeiro, você tem que lembrar que a nave espacial tem cinco andares e quinhentas pessoas dentro dela. Uma das garotas é uma recruta na tripulação que se alistou porque tinha problemas em Boston com o namorado ou com os pais. Nossos dois protagonistas são os agentes catalisadores que a ajudam a encarar o problema e resolvê-lo. Você nunca mais a verá, porque essa moça é apenas mais um membro da tripulação. Eu disse: "Neste aspecto, o que você tem aqui é *Caravana*", uma série que tinha dois protagonistas em uma diligência que viajava pelo Oeste, embora nunca chegasse ao seu destino. Nesse seriado, se algum extra na carroça número 23 tinha um problema emocional, eram os dois heróis que precisavam resolvê-lo.

O segundo tipo de história é que você precisa se lembrar que os personagens estão longe de casa há cinco anos. Eles recebem uma mensagem da Terra sobre um planeta onde terráqueos trabalham como mineradores e há um problema de reivindicação de terreno. Eles precisam ir para o planeta como policiais. Neste aspecto, é *Gunsmoke*.

O terceiro é que eles vão para um planeta onde tudo parece a Terra e, subsequentemente, as pessoas nesse planeta parecem humanos e se desenvolveram como humanos, exceto que a Chicago e o Al Capone delas são no futuro; ou a guerra civil delas está prestes a eclodir. Estão à frente de nós ou atrás de nós. Então, são pessoas que parecem conosco e que estão passando ou passarão por coisas que passamos.

O quarto tipo é quando eles vão para um planeta onde as condições atmosféricas são diferentes das terrestres. Tudo é diferente. As pessoas não se parecem conosco, não se comportam como humanos. São animais ferozes ou algo parecido.

Quando fomos à NBC, levamos esses quatro tipos de história e eles escolheram a quarta opção. Fizeram isso porque sabiam que era a mais difícil de ser feita. Com a reputação da Desilu, eles queriam deixar tudo mais difícil, para que pudéssemos provar que éramos capazes. Tentei convencê-

-los do contrário, porque sabia que seria mais caro e, pior, sabia que não representava a totalidade da série. Mas não foram demovidos da ideia. Foi assim que "A jaula", o primeiro piloto, foi criado.

Em "A jaula", a espaçonave *Enterprise* chega ao planeta Talos IV para atender a um chamado de perigo. O capitão Christopher Pike é feito prisioneiro pelos telepatas talosianos, que desejam que ele copule com outra humana, chamada Vina, para que pudessem repovoar seu planeta quase sem vida. Para cumprir esse objetivo, eles usam suas habilidades mentais para jogar Pike entre uma fantasia e outra, tentando nublar sua noção de realidade. O sr. Spock, seu braço direito, e outros membros da tripulação trabalham juntos para libertá-lo e impedir os planos malignos dos talosianos.

Robert Butler
(diretor, "A jaula")

Gene tinha terminado de escrever "A jaula" e me pediu para ler. Lembro de ter achado o conceito incrível, mas que era ocultado pelo fato de aquele ser um roteiro de exibição. "A jaula" exibia elementos sólidos, corretos e fascinantes de ficção científica, exemplos e eventos um pouco obscuros. A história parecia meio distante e debati se as pessoas entenderiam. Naquele momento, percebi que Gene estava tão consumido pela trama que não era capaz de aceitar nenhuma objeção.

Robert H. Justman

Robert Butler estava preocupado com o ritmo de "A jaula". Ele achava lento, então adicionou pontos de exclamação em tudo. Eu não estava ciente disso, porque estava bem ocupado em deixar tudo preparado. Mas ele estava certo — a televisão é uma mídia feita de pontos de exclamação. Você não tem uma tela gigante, então precisa exagerar um pouco em termos dramáticos para que, quando os olhos famintos alcançarem o tubo de imagem, exista algo para reagir. Isso provavelmente aconteceu no primeiro piloto de *Jornada nas estrelas* e Bob foi inteligente ao reconhecer o problema.

Robert Butler

Considerei o título *Star Trek* pesado. Tentei convencer Gene a mudar para *Star Track* ("Caminho das estrelas"). Achei que soava mais leve e relaxado. Não era minha função, mas mesmo assim tentei convencê-lo. Acreditava nisso, mas agora está tudo bem, são águas passadas.

Gene Roddenberry

Quando chegou o momento de escolhermos o capitão Christopher Pike para "A jaula", consideramos diversos atores, inclusive Lloyd Bridges do seriado *Aventura submarina*. Lembro que Lloyd era um forte candidato até que o encontrei. Ele disse: "Gene, gosto de você e trabalhamos juntos antes, mas já vi ficção científica e não quero passar nem perto disso". Entendi o que ele quis dizer, porque ficção científica era sinônimo de "o monstro da semana". Tentei convencê-lo de que eu poderia fazer diferente, mas, naquela época, nem eu tinha certeza de que *faria* diferente.

Entre os atores cogitados para o papel de protagonista, então rebatizado de capitão Robert April, estavam Paul Mantee, Rod Taylor (*A máquina do tempo*), Robert Loggia, Sterling Hayden (*O grande golpe*), Warren Stevens (*Planeta proibido*), Rhodes Reason, Leslie Nielsen e

Jack Lord (*O satânico dr. No*). O último queria uma fatia muito grande da participação nos lucros para ser um candidato viável, mas acabou alcançando grande sucesso (e um contrato lucrativo) com *Havaí 5-0*.

Robert Butler

Se Jeff Hunter era um candidato sério ou se todos acreditavam nele no momento, eu não sei dizer. Quando chegam os minutos finais, você finalmente precisa pegar suas fichas e apostar em algo. É sempre assim. Em geral, ele era um sujeito amável, centrado e talvez decente e bonzinho demais. Um homem gentil. Não conhecia Jeff na intimidade, já que nossos contatos haviam sido estritamente profissionais. Eu achava que ele faria um bom herói e parecia perfeito para aquele papel. Lembro de pensar: "Meu Deus, ele é mesmo bonitão". E, infelizmente, essa era a opinião sobre ele naquela época. Quando alguém está tentando trazer realismo para uma situação irreal, contratar um ator tão bonito não é uma decisão sábia. Era preciso encontrar alguém mais natural e "real". Não lembro de ter dito essas coisas, mas essa continua sendo minha opinião.

Jeffrey Hunter, que foi por fim escalado para viver o capitão Pike, descreveu o piloto ao *Citizen News*, de Los Angeles, assim: "A ideia de *Jornada nas estrelas* é de nos depararmos com mundos pré-históricos, sociedades contemporâneas e civilizações muito mais desenvolvidas que a nossa. É um ótimo formato, porque os roteiristas têm liberdade — eles podem nos fazer pousar em um planeta infestado por monstros ou lidar com as relações humanas que envolvem o grande número de pessoas que vivem na gigantesca nave. A série possui um elenco fixo de cerca de meia dúzia de pessoas e um famoso ator convidado a cada semana. O que mais me intriga é que o programa é realmente baseado nas projeções do futuro da RAND Corporation. Tirando os personagens fictícios, será como olhar para o futuro e algumas das previsões certamente irão se tornar realidade. Com todas as estranhas cercanias do espaço sideral, o tema básico da série é uma abordagem filosófica da relação homem-mulher. Há ambos os sexos na tripulação. Na verdade, o primeiro-oficial é uma mulher".

Majel Barrett
(atriz, Número Um/enfermeira Christine Chapel)

Gene decidiu que escreveria algo para mim e o fez. Escreveu um papel chamado "Número Um" em "A jaula", a mulher que era a segunda no comando da *Enterprise*. Bem, nos acharam tão estranhos em *Jornada nas estrelas* com toda aquela conversa espacial que nos mandaram para o Culver Studios, que era um lugar deserto e velho. Não havia nada sendo filmado por lá.

Leonard Nimoy
(Ator, sr. Spock)

Quando terminei *O tenente*, Gene ligou para meu agente e marcamos uma reunião. Fui encontrar Gene na Desilu Studios e ele me disse que estava preparando um piloto de uma série de ficção científica que se chamaria *Jornada nas estrelas* e que desejava que eu interpretasse um personagem alienígena. Durante nossa conversa, ele me mostrou o estúdio, os cenários que estavam sendo montados e os croquis do figurino, além do departamento de criação de objetos cenográficos. Comecei a perceber que ele estava me vendendo a ideia de que era incomum para um ator estar em uma série assim.

Notei que tudo que precisava fazer era manter minha boca fechada e poderia terminar o dia com um bom emprego. Gene me disse que estava determinado a ter pelo menos um extraterreste proeminente na nave. Ele gostaria de ter mais, porém transformar atores humanos em formas alienígenas era muito caro para a televisão naquela época. Orelhas pontudas cor de pele, mais algumas mudanças nas sobrancelhas e um estilo de cabelo era tudo que poderia pagar, mas ele tinha certeza de que sua ideia do sr. Spock, se devidamente tratada e encenada, poderia criar uma impressão verossímil de que estávamos no século XXIII e que viagens interplanetárias eram um fato estabelecido.

MAJEL BARRETT

Você poderá notar, ao assistir a "A jaula", que o Spock de Leonard sorri, ou tem um sorrisinho no canto da boca de vez em quando. Minha personagem era a escolhida para passar uma aura de austeridade.

ROBERT BUTLER

Spock era um personagem atraente desde o começo. Gostava de pensar nele como um estrangeiro, mas não tão estrangeiro a ponto de ser inacessível e incômodo para o espectador. Poderíamos ir para o planeta dele sem causar nenhum desconforto emocional. Acho que essa foi a razão do sucesso do personagem. Leonard sempre foi reconhecido como um ator elegante.

GENE RODDENBERRY

Uma coisa que queria fazer era deixar Spock meio humano e meio vulcano. Queria que tivesse uma personalidade interessante. Queria que metade dele estivesse em conflito com a outra, a parte humana contra a alienígena. E mestiços tradicionalmente geram ótimos personagens.

Robert Butler

John Hoyt foi escolhido para viver o médico da nave, Philip Boyce, em "A jaula". Não tenho muito orgulho disso, mas, quando estava procurando o médico, sempre fui contra a escalação de DeForest Kelley, que era a pessoa que Gene queria. Como era muito jovem, achava que ele seria um fardo. Na época, lembro de pensar que ele era um tanto caipirão. Talvez eu achasse que sua juventude desafiava a realidade e, se conseguíssemos um veterano, isso traria uma boa dose de realismo para a tripulação principal. Lembro que Gene bateu o pé por DeForest até o fim, mas me apoiou e fomos com John Hoyt.

Majel Barrett

Susan Oliver interpretava uma escrava verde de Órion, mas eu precisava testar sua maquiagem, porque ela era uma atriz muito cara e eu já era contratada. Eu era barata, já que a verba para o meu papel era parca. A maquiagem que me botavam era sempre a mais verde possível, mas, mesmo assim, sempre que recebíamos de volta os copiões, nossas peles estavam cor-de-rosa. Isso continuou por três dias até que finalmente ligaram para o laboratório e disseram: "O que devemos fazer? Estamos tentando deixá-la *verde*". E eles responderam: "Vocês *querem* verde? Estávamos corrigindo as cores o tempo todo".

George Pappy
(diretor, *The Green Girl*)

Susan Oliver escreveu em sua autobiografia que "não foi fácil ser verde". Levava duas horas durante a manhã para aplicar a maquiagem e ela não podia sentar-se ou segurar nada para não apagar a tinta verde ou perder uma unha falsa. E notou uma mudança brusca no comportamento dos homens no set quando ela apareceu pela primeira vez como a escrava verde de Órion — eles "se afastaram e olharam" ou simplesmente olhavam para o outro lado. Ela escreveu que "Gene tinha tocado em algo tenebroso no inconsciente do homem" com a garota verde. O figurino, a maquiagem e o próprio comportamento de Susan como a garota de Órion estavam realmente forçando os limites da aceitação ou do que era considerado próprio para uma mulher atraente — e os homens no set reagiram a isso!

Majel Barrett

Enquanto a maquiagem estava sendo aplicada, nós fomos removidas de tudo e jogadas em Culver City. Repentinamente, havíamos terminado um teste e alguém gritou "Almoço!". Olhamos ao nosso redor e não havia nada, nenhum restaurante, nenhum serviço de bufê, nada. Precisávamos caminhar pelas ruas até a Washington Boulevard para encontrar um restaurante. Os carros buzinavam, paravam, freavam de forma brusca e coisas do tipo. Nós esperávamos por isso, já que, mesmo para os padrões hollywoodianos, nós parecíamos estranhas. Quando entramos no restaurante, a garçonete automaticamente olhou duas vezes para a gente, como se não acreditasse nos próprios olhos, e o elenco inteiro caiu em uma gargalhada histérica.

George Pappy

Gene Roddenberry procurou primeiramente Susan no Culver City Studios em algum momento de 1964 e realmente vendeu o papel da Vina. Ela deixou entender que o conhecia porque ele tinha roteiros escritos para outras séries em que ela havia trabalhado. Ele falou que era uma oportunidade de jogar cinco mulheres diferentes em um só papel, e em um novo piloto de TV de alto padrão. Era sabido que Gene tinha uma longa lista de potenciais atrizes para o papel, incluindo Barbara Eden e Yvonne Craig, mas suspeito que ele estava simplesmente mantendo a lista para fazer a emissora e os executivos dos estúdios felizes — ele realmente queria Susan, o que fazia todo o sentido, porque não é nenhum exagero dizer que ela era a estrela convidada "do momento" em 1964. Então, quem melhor para interpretar Vina? Além disso, a lista de Gene superestimou as habilidades de dança de Susan — ela não era uma dançarina formada e teve de trabalhar com um coreógrafo [Peggy Romans] por algumas semanas para aprender a dança da escrava de Órion, algo que, obviamente, ela fez com êxito.

As outras atrizes mencionadas em um ofício de elenco escrito por Gene Roddenberry em 14 de outubro de 1964 eram Yvette Mimieux (*A máquina do tempo*), Jill St. John (*007 — Os diamantes são eternos*), Ann-Margret e Carol Lawrence. Ele também tinha Lee Meriwether como uma sugestão para a Número Um, por fim interpretada por Majel Barrett, e Jill Ireland para o papel de Colt. Diálogos como "Não me deixe te machucar. Pegue o chicote... Me amanse" foram excluídos por insistência do Departamento de Normas e Práticas da NBC, que também advertiu Roddenberry de que "o movimento das dançarinas deve ser mantido dentro dos limites da decência".

A falecida Susan Oliver, que foi originalmente concebida como uma escrava de Órion vermelha, e não verde, relatou à revista *Starlog* que "houve muitos experimentos na maquiagem. Fred Phillips, chefe do Departamento de Maquiagem, não conseguia encontrar nenhuma base verde que aderisse à pele, então tentaram muitas coisas até conseguirem ajuda do pessoal de Nova York, que encontrou o que procuravam. Uma das coisas mais interessantes neste papel é que eu não era uma dançarina de verdade. O coreógrafo trabalhou comigo uma semana inteira, todos os dias, antes de começar a filmar. Havia muitas facetas neste papel, e a garota verde foi o mais desafiador".

George Pappy

Para ela, essa era apenas uma das inúmeras participações especiais que fazia pelo menos duas vezes por semana na televisão americana naqueles anos. Fiquei surpreso em descobrir que ela era uma ótima piloto, que foi noiva do lendário jogador de beisebol Sandy Coufax e, mesmo assim, morreu sozinha com apenas 58 anos devido a um câncer. Fiquei triste ao perceber que uma vida tão fantástica tinha sido completamente esquecida. Talvez um termo melhor seja "completamente despercebida", já que muitos, inclusive eu, nunca chegamos ao menos a conhecê-la.

Susan foi a uma convenção de *Jornada nas estrelas* em Nova York, em 1976. Um dos seus fãs, Hank Shiffman, disse que ela parecia alegre e surpresa pelo fenômeno relacionado ao seriado que aflorava naquela época. Possivelmente foi sua primeira evidência concreta de que seu compromisso de duas semanas no fim de 1964 seria seu legado cultural. E um legado bastante memorável.

Oliver falou sobre seu papel à multidão reunida na convenção Bi-Centennial-10, em Nova York, em uma de suas raras aparições públicas: "Acho que *Jornada nas estrelas* tornou-se esse sucesso porque fala sobre esperança, sonhos, magia, faz de conta e amor. Foi uma experiência muito feliz. Nenhum membro do elenco, inclusive eu, jamais imaginou o que *Jornada nas estrelas* se tornaria".

Felix Silla
(ator, talosiano em "A jaula")

Viajei para Hollywood em 1962 e filmei "A jaula" em 1964. Era novo na indústria. Para interpretar os talosianos, tivemos que usar umas cabeças imensas com veias aparentes. O problema era que, toda vez que íamos almoçar — um amigo e eu —, não conseguíamos conversar, porque não dava para escutar nada por causa da orelha abafada. Então, tínhamos de usar linguagem de sinais, embora não tivéssemos a menor ideia de como fazer aquilo. Terminávamos brincando ao tentar nos entender. Encontrei Gene Roddenberry, ele costumava vir ao set. Nunca conversamos muito, já que ninguém quer incomodar pessoas desse escalão. Elas são muito ocupadas, precisam cuidar de um bocado de negócios. Depois de cinquenta anos, nunca pensei que estaria falando sobre isso ou que as pessoas ainda se importariam.

O plano para a abertura de "A jaula" é detalhado visualmente por Roddenberry em seu roteiro, elevando a *Enterprise* ao Olimpo da história da ficção científica. "Obviamente não é um 'foguete' primitivo e, sim, uma verdadeira nave espacial, sugerindo arranjos únicos e capacidades emocionantes. Quando a CÂMERA DÁ UM ZOOM, enxergamos primeiramente as pequenas letras 'NCC 1701—U.S.S. ENTERPRISE'. Numa tentativa de surpreender o espectador com as dimensões reais da nave, as letras vão ficando maiores até ocupar a tela inteira. Então, ultrapassando até mesmo a ilusão anterior de tamanho, vemos uma pequena abertura acima das letras imensas e compreendemos que aquela é, na verdade, uma cabine de observação. A CÂMERA CONTINUA A APROXIMAÇÃO E ATRAVESSA A CABINE DE OBSERVAÇÃO PARA REVELAR a ponte de comando da *Enterprise*. E, ao enxergarmos a tripulação na sala de controle, a escala gigantesca da nave finalmente torna-se aparente."

Robert Butler

Quando o primeiro plano vai direto para a ponte de comando e vemos a tripulação nos controles e há a subsequente cena entre o doutor e Pike, é muito bom. Vimos essa cena trinta, sessenta, milhares de vezes, o herói nervosinho precisa se confessar ao mentor, mas, fosse quem fosse, o chamado estava ali. Havia dado certo e, apesar do ego do diretor, a coisa funcionava! Estava tudo bem.

A preocupação de Roddenberry com os detalhes sugeria até pensamentos premonitórios em torno do computador da nave em um período em que computadores eram máquinas operadas a cartão com furos e ocupavam salas inteiras. Num ofício de 24 de julho de 1964 para o designer de produção Pato Guzman, Roddenberry sugeriu: "Cada vez mais vejo a necessidade de mais máquinas eletrônicas computadorizadas na *U.S.S. Enterprise*, talvez na própria ponte. Poderá ser um aparelho de informação no qual April e a tripulação possam rapidamente extrair dados sobre o registro de outras naves espaciais, como planos de voo, informação sobre indivíduos, planetas e civilizações. Isso não deve apenas aumentar a velocidade de nossa narrativa, mas pode ser também visualmente interessante".

A informática é um tema que continuaria a fascinar Roddenberry. Em maio de 1967, ele escreveu: "Perdemos um pouco do encanto de como um cérebro computadorizado gigante opera a *Enterprise*. Sugiro que procuremos maneiras de voltar a isso, fazer mais uso dele".

O interesse de Gene pela tecnologia realista o levou a contratar seu primo, Harvey Lynn, que trabalhava na Rand Corporation como consultor de física. Ele ganhava cinquenta dólares por semana.

Matt Jeffries
(designer de produção, *Jornada nas estrelas*)

Já que eu era membro da Aviation Space Writers' Association, havia colecionado um vasto material sobre design aeronáutico publicado pela NASA e pela indústria de Defesa, que foi usado para que soubéssemos o que não fazer. Pregamos todo o material nas paredes e dissemos: "*Isso* não vamos usar". E também tudo que conseguimos encontrar de *Buck Rogers* e *Flash Gordon*. "*Isso* também não vamos fazer." As sugestões de Lynn incluíam um maser* na forma de arma de micro-ondas, algo que acabou se transformando nos phasers.

Howard A. Anderson
(presidente, Howard A. Anderson Company)

Nosso trabalho em *Jornada nas estrelas* começou um ano antes do primeiro piloto. Gene Roddenberry detalhou o conceito da série para nós e pediu, com a ajuda do designer da série, Matt Jeffries, para desenharmos um modelo da *Enterprise*. Uma das nossas tarefas mais difíceis para *Jornada nas estrelas* foi criar a impressão de que a *Enterprise* estava viajando no espaço a uma velocidade estupenda — mais rápido que a velocidade da luz. Outras séries espaciais tinham mostrado naves meio que vagando no espaço. Queríamos evitar esse clichê. A solução não veio de forma fácil nem rápida. Experimentamos dezenas de ideias antes de encontrar uma solução eficaz.

Rolland "Bud" Brooks
(diretor de supervisão de arte, *Jornada nas estrelas*)

Matt [Jeffries] tinha trabalhado para mim como designer de cenário e era um fanático por aviões. O interesse dele por aviação ia além de qualquer lógica. Eu ficava pensando: "Precisamos criar um bocado de coisas aqui", e lembrei de Matt. Não conseguia pensar em ninguém melhor para desenhar aquela nave.

* Dispositivo que produz ondas eletromagnéticas coerentes através da amplificação de emissão estimulada. (N. E.)

Howard A. Anderson

A espaçonave que imaginava era maior que um porta-aviões, tinha oito níveis independentes e transportava uma tripulação composta por mais de quatrocentas pessoas. O primeiro passo foi uma série de desenhos feitos por Jeffries. Quando Roddenberry aprovou o design final dele, passamos para a estapa seguinte: traduzir os desenhos em maquetes de dez centímetros feitas de compensado. Em seguida, construímos uma maquete de um metro em madeira sólida. A segunda maquete, claro, tinha mais detalhes que a primeira.

Matt Jeffries

Na primeira vez que tivemos uma análise, eu provavelmente tinha uma centena de esboços diferentes. Havia certos elementos de uns que gostávamos e certos elementos de outros que gostávamos. Então, jogamos o resto fora e começamos a encaixar as pessoas com os elementos mais atraentes.

Howard A. Anderson

Assim que uma maquete era aprovada por Roddenberry, nós ficávamos prontos para prosseguir com uma versão maior e mais detalhada. A última foi uma maquete de quatro metros feita de plástico que exigiu centenas de horas de trabalho. O diâmetro do domo — ou corpo principal — da nave era de três metros. As peças eram trabalhadas à mão na madeira. Os principais elementos do nosso projeto eram um céu espacial e o uso de uma impressora óptica Oxberry para fazer o espaço. Nós pintamos as estrelas negras num fundo branco de 70 cm × 90 cm e alcançamos um design adequado. Então fizemos uma série de quadros negros que poderíamos usar mais tarde na impressora óptica.

Doug Drexler

Jornada nas estrelas estreou um ano depois da Feira Mundial de Flushing Meadows, em Nova York. O programa falava sobre o mundo do amanhã e tinha muito a ver com a feira mundial. Olhamos para toda a tecnologia que temos hoje em dia e nem percebemos coisas que vimos primeiro em *Jornada nas estrelas* ou na feira mundial. Eu costumava dizer para Mike Okuda [designer gráfico de vários episódios de *Jornada nas estrelas*] que o ponto zero para a identidade do design da série foi a feira mundial de 1964, em Nova York, e acho que ele sempre acabava concordando comigo. E, então, certa noite fomos jantar com Matt [Jeffries] e levantei a bola da feira mundial e ele confessou: "Ah, sim! Eu e [minha mulher] Mariane fomos lá, nos divertimos horrores e saímos exaustos. E, quando voltei para casa, havia uma mensagem de um cara chamado Roddenberry". Então, chutei Mike por baixo da mesa. Era mesmo possível notar a influência da feira mundial em *Jornada nas estrelas*.

Rene Echevarria

Há um nível extraordinário de criatividade. Quem poderia ter imaginado uma espaçonave assim? Era tão original e única. Ela chamava a atenção logo de cara. Na minha cabeça, era quase como se estivesse vendo o lançamento do foguete para a Lua, que foi transmitido pela TV numa imagem toda granulada e difícil de ser compreendida.

Doug Drexler

Você ouviu o que Neil deGrasse Tyson falou sobre a *Enterprise* durante a Briga das Naves na Comic-Con? "Com o que aquela espaçonave se parecia na época do lançamento em comparação a tudo imaginado antes, como o disco voador de *O dia em que a Terra parou* e sua arma que não passava de um sujeito em trajes íntimos prateados? Quando você considera isso, a *Enterprise* é a mais chocante, linda, incrível e atraente espaçonave a ter agraciado a tela." Esse homem falou a verdade. Um monte de séries como *Além da imaginação* usava cenas de um velho foguete V-2 decolando e o exibia de frente para trás, fazendo-o desaparecer por trás de uma montanha. Eu fiquei embasbacado com a série. Meu cérebro explodiu.

Igualmente satisfeito com o trabalho de Matt Jeffries estava Gene Roddenberry, que expressou sua admiração por ele em um ofício de 9 de agosto de 1965: "Já falei para você pessoalmente da admiração pelo seu trabalho dedicado... Mais que isso, que eu estava muito satisfeito por sua criatividade incomum e flexibilidade em resolver problemas dentro do prazo, orçamento e necessidades dramáticas da série". Foi Roddenberry que também sugeriu que os elevadores turbo da nave fossem "para cima, para baixo e para os lados".

Após completar o trabalho em "A jaula", Roddenberry escreveu para Harvey Lynn, seu primo e consultor científico na Rand, enquanto filmava seu próximo piloto, "Police Story": "O piloto de *Jornada nas estrelas* me parece bom no estado presente, não lapidado, e os outros que viram parecem exultantes. Sentem que é um trabalho excelente e muito comercial sem sacrificar a qualidade. As cenas de corredores e as do elevador até a ponte funcionaram como eu esperava, dando uma sensação de estarmos em uma nave gigante e complexa. Com nossa maquete de três metros agora melhorada a ponto de poder ser iluminada por dentro, além de outros detalhes que foram acrescentados, as duas devem se combinar para transformar a *U.S.S. Enterprise* em algo real. Resumindo, estamos altamente otimistas". Lynn, que havia sugerido camas de diagnóstico na ala médica, também apontou que "quanto mais informação e dados eu adquiro sobre voos interestelares, mais vezes retorno ao ponto básico que você talvez queira incluir no roteiro, assim como no desenho da nave. Estou falando do ponto de que os voos deverão ser de longa duração (anos), a menos que encontremos uma nova dimensão ou coisa do tipo".

Gene Roddenberry

Os equipamentos de teletransporte da nave — que permitem que a tripulação seja "teletransportada" de um lugar para outro — na verdade vieram de uma necessidade da produção. Percebi que, com o tamanho gigantesco da nave que projetamos, primeiro eu estouraria o orçamento inteiro da série somente para pousar aquela coisa em um planeta. Em segundo lugar, levaríamos muito tempo para começar a história, então a ideia do teletransporte foi concebida para que pudéssemos entrar e sair de um planeta de forma fácil e rápida, de modo que a nossa trama pudesse começar logo na página dois.

Howard A. Anderson

Para o efeito do teletransporte, acrescentamos um outro elemento: um efeito de brilho na desmaterialização e rematerialização. Para obter esse efeito, usamos pó de alumínio que caía por um tubo de luz de alta intensidade. Isso era fotografado em um dos nossos estúdios na sede da avenida Fairfax. Além de fazer uma composição da figura a ser transportada, nós também fizemos uma composição idêntica das partículas de alumínio em queda. Usando as duas composições, nós dissolvemos a pessoa, deixando apenas o efeito do brilho, então lentamente dissolvemos o brilho para não deixar nada, a não ser o recinto vazio.

Robert Butler

Subsequentemente, após fazer o piloto e executá-lo da maneira que achávamos que deveria ser, ouvi que o pessoal da NBC disse: "Acreditamos nisso. Achamos que há uma série aqui, mas não a entendemos". Aparentemente, a emissora estava se sentindo exatamente como eu.

Na verdade, um memorando de 31 de julho de 1964 da emissora para a produção expressou a preocupação de que o piloto seria complexo demais para o público médio de TV: "Deve haver explicações suficientes sobre o planeta, seus habitantes, costumes e habilidades, para que a pessoa que não é fã de ficção científica possa compreender claramente a história". E, em segundo lugar: "Podemos fazer mais para estabelecer a nave no início, possivelmente algo que ajude também a estabelecer os personagens secundários um pouco melhor".

Gene Roddenberry

A razão da recusa deles era que o piloto era cerebral demais e não havia ação e aventura suficientes. "A jaula" não terminava com uma perseguição ou um soco no queixo, da maneira que todos os filmes de homem deveriam acabar. Não havia protagonistas femininas na época — mulheres naqueles tempos eram apenas figurinistas. Então, outra coisa que eles acharam errado em nosso filme era que Majel era uma mulher no papel de segundo-oficial no comando da nave. Tenho certeza de que é fácil para as mulheres falarem agora: "O sexismo daquela época era culpa dos homens", mas nos relatórios das sessões de teste, as mulheres na plateia reclamaram: "Quem ela pensa que é?". Elas odiaram a personagem. É difícil acreditar que já fomos uma sociedade totalmente sexista quando a comparamos com a que temos hoje em dia — uma sociedade em que todas as pessoas inteligentes aceitam a igualdade sexual. Fizemos progresso.

Majel Barrett

A NBC queria fazer algumas mudanças depois de ver "A jaula". Sentiram que minha posição como Número Um deveria ser cortada porque ninguém acreditaria que uma mulher poderia ser a segunda pessoa no comando da nave.

Gene Roddenberry

A Número Um foi criada originalmente para ter uma mente fria, calculista e computadorizada. Spock, no início, não era o personagem que se tornou. Era um oficial de ciências na *Enterprise*, mas era meio satânico. Ele até mesmo sorria e ficava bravo. Tinha uma curiosidade felina. Quando precisamos eliminar a personagem feminina Número Um — me falaram que eu poderia colocar uma mulher no papel de secretária ou de dona de casa, mas não numa posição de comando sobre os homens, mesmo numa espaçonave do século XXIII —, combinei os dois papéis em um. Spock virou o segundo em comando, ainda era um oficial de ciência, mas também possuía uma mente lógica que nunca demonstrava emoções.

Leonard Nimoy

Gene sentiu que o formato precisava do alienígena Spock, mesmo que o preço fosse a aceitação da desigualdade sexual dos anos 1960.

Gene Roddenberry

A ideia de descartar Spock se tornou um problema *dos grandes*. Senti que era uma das brigas que eu tinha de ganhar, então não faria a série a menos que deixássemos o personagem nela. Eles disseram: "Tudo bem, pode deixar. Mas pelo menos o mantenha em segundo plano, ok?". E, então, quando distribuíram os folhetos de marketing da série, eles cuidadosamente arredondaram as orelhas de Spock e o fizeram parecer humano para que não assustasse possíveis anunciantes. Seis a oito semanas depois de a série entrar no ar, claro, a reação do público a Spock foi muito forte. O novo vice-presidente da NBC chegou à Costa Oeste, me chamou e disse: "Qual é o seu problema? Você tem esse personagem incrível e o deixa em segundo plano?". Mostrei o folheto de marketing e falei para ele o que a NBC planejava fazer, e a única resposta dele foi: "Acho que vou vomitar".

Leonard Nimoy

Um novo piloto foi escrito e o sr. Spock tomou o lugar da Número Um, além de ter adquirido características da mente analítica da personagem. Assim nasceram a racionalidade e a ausência de emoção dos vulcanos.

Gene Roddenberry

Quando eles falaram inicialmente que queriam descartar Spock, foi um daqueles casos que você vai para casa à noite, bate sua cabeça contra a parede e diz: "Por que sou o único no mundo que acredita nisso?". Mas eu falei que não faria outro piloto sem Spock porque sentia que precisávamos dele por várias razões. Senti que não podia fazer uma série espacial sem pelo menos uma pessoa a bordo constantemente nos lembrando de que estávamos no espaço e em um mundo do futuro.

Tracy Torme
(consultor criativo, *Jornada nas estrelas — A nova geração*)

Gene me falou como a NBC queria tirar Spock da série original até que ele criou a ideia de um cigarro espacial que tinha fumaça verde, e a emissora adorou. Ele esperava que os executivos esquecessem Spock, o que aconteceu, de forma que ele nunca usou o cigarro, mas sentiu que havia salvado o personagem.

Gene Roddenberry

Tínhamos o que eles chamavam de um "conceito infantil" — um alienígena de orelhas pontudas. As pessoas naquela época não falavam sobre outras formas de vida em diferentes planetas. A ideia geral das pessoas racionais era de que o único lugar onde havia vida era o nosso planeta. Estaria tudo certo se aquele orelhudo, aquela "criatura boba", tivesse a maior arma a laser que já se viu ou a força de cem homens. Isso poderia ser empolgante. Mas sua única diferença dos outros era a sua perspectiva alienígena sobre a emoção e a lógica. E isso não animava nem um pouco os executivos do canal.

Margaret Bonanno
(escritora, *Star Trek: Burning Dreams*)

A ideia de *Burning Dreams* veio de Marco Palmieri, editor da Simon & Schuster, que me chamou do nada e me ofereceu para escrever o romance definitivo sobre Christopher Pike. Encarei o projeto como uma biografia, do começo ao fim, e era exatamente isso que Marco queria. Trocamos algumas ideias e, em algum momento — durante a conversa inicial ou depois de ele ter enviado o primeiro copião editado —, Marco sugeriu um tema ambientalista. Na verdade, ele fez uma referência ao filme *A costa do mosquito* e, então, veio a ideia da infância de Pike, assim como o que acontece com ele logo que retorna para Talos IV [no episódio "A coleção"]. Nesse meio-tempo, tentei pinçar momentos na carreira de Pike que mostrariam por que ele se tornou o mais jovem capitão da Federação e os mesclaria com elementos de vida pessoal que o tornavam mais humano.

Gene Roddenberry

A premissa "ridícula" de controle mental dos talosianos incomodou muitas pessoas, e a objeção, claro, ignorava o fato de que uma das ameaças mais sérias que encaramos em nosso mundo, hoje, é o controle mental — como aquele feito por Hitler ou aqueles exercidos por fanáticos religiosos em vários pontos do mundo, inclusive nos próprios Estados Unidos. O controle mental é um tema perigoso para ser discutido na TV, porque os yuppies podem acordar um dia, refletir um pouco e dizer: "Espera aí, a televisão pode ser a maior força de controle mental que existe". E podem começar a encarar a televisão de maneira diferente. A maioria dos executivos gostaria de evitar essa possibilidade.

Margaret Bonanno

Assistindo a "A jaula" e "A coleção" [o episódio duplo da primeira temporada que incorporou cenas do primeiro] repetidas vezes, percebi quanto da história dos personagens estava abaixo da superfície. Comecei a cavar. Era como se cada frase dos diálogos pudesse ser um gancho para algo. Havia também algo ousado em tomar um personagem que Gene

Roddenberry criou pessoalmente e, provavelmente, nunca mais passou por seus pensamentos assim que veio com a ideia de Kirk, e foi usado por outros escritores em vários livros e gibis. Embora Gene tenha pensado nele sempre nos moldes da ação e da aventura, esses outros autores queriam ser capazes de entrar na sua mente e perguntar: "O que faz esse homem ser assim?". O que foi realmente interessante é que eu enxergava o foco de Pike na perfeição, assim como na sua distância da tripulação, ao contrário de Kirk, que vai bem além dos limites de qualquer oficial de comando de verdade, algo que é parte do charme dele, mas também uma fraqueza em termos de credibilidade.

Eu sentia o mesmo que muitos fãs da série original sentiam por Pike: ele era um personagem interessante, que contava com a atuação competente de Jeffrey Hunter, mas, para o bem ou para o mal, não tinha nada a ver com Kirk. Muito foi escrito sobre como Pike era um "intelectual", ao contrário de Kirk, que era um "homem de ação". Mas não era tão simples. Sim, Pike tende a analisar mais uma situação em vez de atacá-la, mas uma pessoa não se torna capitão de uma espaçonave se fica meditando como Hamlet o tempo todo. Há também uma qualidade misteriosa em Pike, uma sugestão de algo em seu passado que os talosianos — como todos os bons interrogadores — tentariam explorar a fim de controlá-lo.

Oscar Katz

Quando eles rejeitaram "A jaula", perguntei para o pessoal da NBC: "Por que vocês estão recusando esse piloto?". E eles me responderam: "Não vamos conseguir vender nada nessa série. É muito diferente". Ao que retruquei: "Mas foram vocês que escolheram rodar isso. Eu lhes dei quatro opções". De forma que os homens do canal tiveram que, de certa forma, dar o braço a torcer: "Sabemos que foi nossa escolha e, por causa disso, vamos te dar o sinal verde para um segundo piloto na próxima temporada".

Herbert F. Solow

Conseguir um segundo piloto era algo tremendamente raro. Se um piloto não funcionava na primeira vez, as emissoras falavam: "Ah, esquece isso. Acabou". A televisão é diferente de qualquer outra indústria nesse sentido. Mas nós conseguimos o segundo piloto.

Stephen Kandel
(roteirista, episódio "As mulheres de Mudd")

Em geral, quando recusava um piloto, a NBC simplesmente abandonava o episódio. Só que, depois de muita discussão e debates, Gene conseguiu dinheiro para escrever três pilotos adicionais. "A jaula" era o exemplo do que a série poderia virar, e isso assustou o canal. Eles acharam que o público não entenderia nada.

Robert Butler

Gene pediu que eu dirigisse o segundo piloto, mas falei para ele que já tinha feito isso e não gostava de me repetir. Outra razão por não querer aceitar o convite foi porque ficção científica, em termos de direção, é como uma tarefa na qual você divide as rédeas com os efeitos especiais, a equipe de grafismo e todas aquelas pessoas responsáveis pelos truques de cena. É uma direção coletiva, e eu não tinha paciência para aquilo. Gosto de trabalhar em pilotos porque você está lidando com a formulação de um conceito e recebe poucas orientações, então acaba dirigindo mais. Quanto mais controle e liberdade tenho para dirigir, mais eu gosto. Preciso dizer que estávamos todos rezando e fazendo nosso melhor em "A jaula". O subsequente fenômeno foi maior do que eu imaginava, não que estivéssemos medindo algo na época.

Nada disso estava na equação. Você apenas arregaça as mangas e decide que diabo vai fazer, então dá o fora e nunca mais olha para trás.

Gene Roddenberry

Jeffrey Hunter decidiu que não queria interpretar Pike de novo. Eu tinha um imenso respeito por ele, e Hunter teria feito um grande capitão, mas sua família o convenceu de que a ficção científica estava aquém do seu talento.

Oscar Katz

Quando você assina um contrato para um piloto com um ator, você não pode amarrá-lo para sempre. Você geralmente consegue garanti-lo para a temporada seguinte, de forma que não tínhamos como segurar Jeffrey Hunter. Além disso, ele ou a mulher dele não gostou de "A jaula" e ele não quis fazer o segundo piloto. Eu já tinha construído os cenários — acho que aquele planeta de "A jaula" foi o maior da história de Hollywood. Tínhamos o interior da nave, a miniatura que seria o exterior da *Enterprise* e todo o resto. Tínhamos tudo e só precisávamos escrever um novo roteiro. Mas não tínhamos um ator principal.

O escritório de finanças negociou com Jeffrey Hunter e todos nós pensávamos que era a velha relação ator × emissora: não querem fazer o papel por isso e aquilo, o que é um truque para aumentar o cachê. Nós continuamos a aumentar o preço e ele continuou a dizer não. Um dia, eu perguntei: "Qual o problema do Jeffrey Hunter?". E me falaram que ele não faria por preço nenhum. E eu finalmente disse: "Digam ao Jeffrey Hunter para catar coquinhos. Diga que vamos fazer o piloto sem ele". E foi assim que William Shatner subiu a bordo, porque Hunter não quis pegar o papel.

Richard Arnold

Gene não teria concordado comigo neste ponto, mas eu achava o Jeffrey Hunter muito travado no papel, como se ele não conseguisse compreender o personagem. Li coisas que vão contra essa declaração, mas, na minha opinião, ele não era talhado para ser capitão. Provavelmente, a melhor coisa que aconteceu para a série foi a recusa dele. Ninguém sabia como Bill e Leonard funcionariam juntos, nem como De Kelley se encaixaria na série, mas tudo isso era o que *Jornada nas estrelas* precisava, mesmo que por acaso.

Naquela época, Jeffrey Hunter confessou ao *Milwaukee Journal*: "Pediram que eu pegasse o papel, mas se tivesse aceitado eu ficaria preso ao projeto por mais tempo do que desejaria. Tenho recebido várias propostas ao mesmo tempo e eles deveriam ter me procurado antes. Adoro fazer filmes e espero ficar bastante ocupado neles".

Ironicamente, Hunter e seus agentes, poucos anos depois, estavam batalhando pesado para ele conseguir o papel de Mike, o patriarca do clã Brady em *A família sol, lá, si, dó*, da Paramount, um papel que foi oferecido para Gene Hackman (que recusou) e acabou nas mãos de Robert Reed, transformado em um ícone da televisão por um papel que detestava.

Gene Roddenberry

Na época em que estávamos colocando *Jornada nas estrelas* no ar, a televisão estava cheia de anti-heróis. Eu tinha uma sensação de que o público gosta de heróis. Pessoas com objetivos claros, pessoas honestas e dedicadas, então decidi seguir em frente com papéis puramente heroicos, e deu certo. Meu modelo para Kirk era o capitão Horatio Hornblower das aventuras marítimas de C. S. Forester que sempre adorei. Tivemos sérios problemas para encontrar a pessoa certa, muitos atores recusaram e, mais tarde, claro, desejaram não ter feito aquilo. Mas a ficção científica naquela época tinha uma péssima reputação, e muitos atores sérios decidiam baseados no que viam na TV, um material tão ruim que nenhum deles queria ter seu nome ligado a nada daquilo. Shatner estava disponível, ele precisava de uma série, tinha a cabeça aberta para ficção científica e foi uma escolha maravilhosa, porque ele ajudou muito a série. Fiquei feliz em contratá-lo. Tinha visto os trabalhos anteriores dele e achava uma escolha excelente, sem dúvida alguma.

James Goldstone
(diretor, "Onde nenhum homem jamais esteve")

Acho que a escolha de Shatner veio em parte da emissora e em parte da Desilu e de Gene. Não sei se eu tinha direito à aprovação no meu contrato, embora fosse um parceiro criativo como diretor. Achei que ele poderia interpretar Kirk maravilhosamente. Gostei muito de Shatner e achava que ele dava um equilíbrio ótimo ao personagem de Spock.

William Shatner
(ator, James Tiberius Kirk)

Eles me mostraram o primeiro piloto e disseram: "Você gostaria de interpretar o papel? Aqui estão algumas linhas narrativas que planejamos seguir. Dá para ter uma boa ideia do tipo de produção que temos em mente. Gostaria de fazer?". E pensei que era um risco interessante para mim, como ator, porque eu já era fascinado por ficção científica. Gostei da produção, gostei das pessoas envolvidas com a produção, então topei o papel.

Porém, havia essa circunstância incomum em que outro autor já tinha interpretado o piloto. Então, conversei com Gene Roddenberry sobre os objetivos que esperávamos alcançar e um deles era criarmos tanto um drama sério como uma ficção científica. Sua reputação e habilidade, que eu conhecia de antemão, eram tão grandes que não achei que faria outro *Perdidos no espaço*. E eu era um ator caro demais para arriscarem me colocar em um projeto que passaria despercebido. Então, me senti confiante que *Jornada nas estrelas* manteria aqueles objetivos sérios pela maior parte da sua existência. E eu estava certo.

Robert H. Justman

Gene ficou muito feliz por ter conseguido Bill Shatner, que era bastante conceituado na indústria. Eu tinha trabalhado com Bill em *Quinta dimensão* e ele tinha uma boa reputação na indústria do entretenimento naquela época, bem antes do segundo piloto de *Jornada nas estrelas*. Ele era alguém que precisava ser reconhecido, e nós certamente entendemos que ele era um ator mais versátil que Jeffrey Hunter. Ele nos deu uma dimensão maior.

Shatner foi contratado por 10 mil dólares por episódio, o dobro do que Jeffrey Hunter recebeu pelo piloto original. Ao lado de Shatner estavam Leonard Nimoy, com 2,5 mil por episódio, Paul Fix como o dr. Piper, com 1.250, James Doohan no papel de Scotty levando 750, e George Takei ganhando míseros 375. O lendário dublê Hal Needham substituiu Gary Lockwood, que estava levando 5 mil por seus esforços.

Scott Mantz
(crítico de cinema, *Access Hollywood*)

Quando você revê "A jaula", Pike e Kirk eram muito diferentes. Vamos fingir que você é parte de um grupo de pesquisa e está vendo "A jaula".

Qual dos dois capitães você seguiria? Você assiste à cena em que seu capitão, seu herói, diz ao médico: "Não sei se quero ser capitão. Quero criar cavalos ou ser comerciante de escravos, qualquer coisa. Não quero mais ser capitão". E, então, você vê outro capitão fazendo piadas, jogando charme para as mulheres e percebe que ele *gosta* da função. Eu seguiria Kirk num piscar de olhos.

Pike era um capitão rígido. Não queria assumir aquele posto. Estava mais para Picard que para Kirk. Tinha mais as características do primeiro do que as do último. Gene deu sorte com Shatner. A performance dele como Kirk foi a razão de eu ter me tornado um fã de *Jornada nas estrelas*.

Robert H. Justman

A emissora parecia sentir que Jeff Hunter estava travado. Ele era uma boa pessoa e todo mundo gostava dele, mas não tinha o mesmo leque de emoções de Bill Shatner, que estudou atuação clássica. Ele tinha habilidades técnicas para fazer papéis diferentes e deu uma personalidade incrível ao capitão. Ele incorporou o que Gene tinha em mente, o herói imperfeito. Ou o herói que se considera imperfeito. O capitão Horatio Hornblower foi o modelo que lhe deram.

Scott Mantz

Jeffrey Hunter era um sujeito vistoso. Parecia um pouco com Elvis. Tinha uma aparência certinha, meio elitista, de rapaz que frequenta a igreja. Era uma figura de comando, mas não tinha paixão.

Ira Steven Behr
(produtor executivo, *Jornada nas estrelas — Deep Space Nine*)

Jeffrey Hunter fez um ótimo capitão em "A jaula". Lembro de pensar que Bill era um pouco teatral demais para ser capitão. E eu meio que gostava do inabalável Jeffrey Hunter. Outra coisa que preciso dizer sobre Hunter, que era diferente de Shatner, é que eu o tinha visto em *Rastros de ódio* [com John Wayne], perseguindo Fess Parker em *Têmpera de bravos*, da Disney, e em *O mais longo dos dias*. Então, ele era meio que "um astro do cinema", e havia uma aura de comando nele.

Margaret Bonnano

Como muitas pessoas, me pergunto como *Jornada nas estrelas* teria sido diferente caso a série tivesse se concentrado em Pike e não em Kirk. Não é um pensamento original, mas como um líder menos... precipitado do que Kirk, Pike teria interagido de forma diferente com sua tripulação, especialmente com Spock, e poderíamos ter tido menos brigas e mais diálogos inteligentes — mais ou menos o que tivemos nos filmes protagonizados pelo elenco da série original. Não é necessariamente uma coisa ruim, mas, considerando a situação da TV nos anos 1960, isso poderia ter matado a série em menos de três temporadas.

George Pappy

Não há dúvida de que a escalação de Kirk, a reestruturação do papel de Nimoy e todos os outros novos atores fizeram uma diferença crucial e garantiram que *Jornada nas estrelas* se tornasse o fenômeno eterno que vemos nos dias de hoje. Com toda a sinceridade, você consegue imaginar as pessoas assistindo durante décadas às reprises de *Jornada nas estrelas* com o elenco de "A jaula"? Eu não consigo.

Leonard Nimoy

A amplitude do estilo de atuação de Bill Shatner criou uma nova química entre o capitão e Spock. E isso foi bem diferente do primeiro piloto.

David Gerrold

Todos os filmes e episódios funcionam juntos porque Shatner segura todos eles. Spock só funciona quando ele tem alguém para incomodar. As cenas em que ele não tem Shatner para implicar não são interessantes. Se você vir as cenas em que Spock está com seus pais, perceberá como tudo é pesado. Mas Spock trabalhando ao lado de Kirk é pura magia e funciona muito bem. E as pessoas creditam isso a Nimoy e não a Shatner.

Ira Steven Behr

É engraçado, lembro da minha irmã me dizer, certa noite: "Observe Spock. Veja como ele faz tanto com tão pouco". Ela, na verdade, queria dar a entender que o grande ator da série era o Nimoy. Ela era minha irmã mais velha, então tudo que ela dizia era como a voz de Deus para mim.

Leonard Nimoy

Durante a série, tivemos uma falha — eu vejo como uma falha — em um episódio chamado "O primeiro comando". O personagem de Spock estava fazendo tanto sucesso que alguém disse: "Vamos fazer um episódio no qual Spock assume o comando de uma nave". Tínhamos uma nave auxiliar em que Spock estava no comando. Foi difícil para mim. Eu realmente gostava do personagem de Kirk para que eu pudesse confrontar ou analisar. A atuação de Kirk era energética e concentrada, e Spock conseguia seguir junto, fazer comentários e oferecer conselhos, fornecer um outro ponto de vista. Ser colocado na posição de levar a narrativa, virar o personagem central, foi muito difícil para mim. E vi isso como uma falha.

Scott Mantz

Muita coisa mudou na série a partir de "O ardil corbomite", o primeiro episódio regular que filmaram. Os uniformes, a maquiagem de Spock, alguns dos desenhos de cenário. Tudo, exceto uma coisa. Ato um, cena um, o segundo piloto, Shatner era Kirk desde o começo. Você vê a primeira metade da temporada de estreia e consegue notar que Nimoy está tentando encontrar Spock. Ele é inteligente e ama as mulheres. E, no fim de "O inimigo interior", em que fala "Oh, o impostor tinha algumas qualidades interessantes. O Spock da outra metade da temporada faria isso? Duvido muito. Mas Kirk foi Kirk desde aquela primeira cena na sala de recreação, jogando xadrez tridimensional. Até ele sair um pouco dos trilhos na terceira temporada, porque ele estava tentando compensar os roteiros fracos.

John D. F. Black

Havia um equilíbrio natural entre William Shatner e Leonard Nimoy. Não tinha como saber, de verdade, se eles se deram bem de cara ou não, porque eles tinham uma relação tranquila fora das câmeras e, diante delas, não havia nenhuma diferença notável. Você partia em vantagem em qualquer cena entre Shatner e Nimoy em que Shatner escolheria um lado e estaria certo, e Nimoy escolheria o lado lógico da situação e também estaria certo. A cena levava o conflito que podia acionar qualquer coisa dentro do assunto que estava sendo discutido. Não quero soar como um professor de roteiro discutindo a estrutura do texto, mas é a realidade. Sabemos que o conflito é o coração de qualquer cena e, quanto mais conflito você tem entre personagens, melhor é a cena.

George Takei
(ator, Hikaru Sulu)

A primeira vez que falei com Gene sobre *Jornada nas estrelas* foi para o segundo piloto. Era uma perspectiva emocionante, porque todas as outras oportunidades que tivera até então eram inconsequentes ou simplesmente ruins. Ali estava algo que não apenas era uma oportunidade positiva, mas também um avanço para um ator nipo-americano. Eu estava realmente empolgado com o papel, mas logo a realidade bateu, a luta toda pela sobrevivência da série e a luta para que meu personagem encontrasse um lugar sob os holofotes. O início do projeto e os rumos que ele tomou ao longo do tempo foram duas histórias completamente diferentes.

James Doohan
(ator, Montgomery "Scotty" Scott)

Duas semanas antes das filmagens do segundo piloto de *Jornada nas estrelas*, meu agente me mandou ler um papel de detetive da Scotland Yard para uma série chamada *A lei de Burke*, com Gene Barry. Preparei três sotaques ingleses para os produtores, que sorriram e disseram: "Muito bom, Jimmy, mas achamos que você parece muito com Gene Barry e isso poderia soar como nepotismo". Eu falei: "Bem, eu sou muito mais bonito que ele". Mas disse isso sorrindo e saí da sala. Dez dias depois, o diretor Jim Goldstone me chamou e pediu: "Jimmy, você poderia voltar aqui e fazer alguns dos seus sotaques para o pessoal de *Jornada nas estrelas*?". Eu não fazia ideia de quem eles eram, mas fiz o teste numa manhã de sábado. Entregaram-me um pedaço de papel — o papel do engenheiro ainda não havia sido escrito, então foram apenas algumas frases e eu mudava meu sotaque depois de um tempo, e terminei fazendo uns oito ou nove sotaques naquela leitura. No fim, Gene Roddenberry perguntou: "De qual você mais gosta?". Ao que respondi: "Para mim, se você quer um engenheiro, é melhor que seja escocês". Falei isso porque o único contato que eu já tivera com escoceses ocorrera por meio de um livro sobre todos os navios que eles tinham construído. E Gene bateu o martelo: "Bem, eu prefiro esse também".

Gene Roddenberry

Nunca tinha trabalhado com ele, mas o diretor James Goldstone trouxe James Doohan e perguntei se ele podia fazer um sotaque escocês. Ele fez mais ou menos uma hora e meia de sotaques e nos fez cair no chão de tanto que rimos. Então, nunca houve qualquer dúvida sobre Doohan.

James Doohan

Quando fiz aquele piloto, era apenas mais um trabalho para mim. Você tem de entender que eu já tinha feito 120 peças de teatro, 4 mil programas de rádio, 450 programas ao vivo na TV e eu era o que se podia chamar de um coadjuvante veterano. Meu professor, Sanford Meisner, a quem dou todos os créditos do mundo, somado com a minha capacidade de trabalhar duro, me falou: "Jimmy, você ainda vai levar uns vinte anos para virar um ator". E, depois de dezenove, comecei a entender o que ele me dissera, porque cheguei a ponto de começar a olhar para mim mesmo e pensar: "Nossa, não há nada que eu não possa fazer". Além disso, havia minha habilidade de recriar sotaques e sons diferentes; minhas cordas vocais podem fazer qualquer coisa que peço a elas. Para mim, é fascinante, e meu amigo Leslie Nielsen falou algo quando estávamos crescendo na carreira: "Seu canalha sortudo, você tem o dom natural". E, claro, talvez não tivesse antes. Talvez meu talento estivesse escondido em algum lugar, mas precisei trabalhar muito para descobri-lo.

James Goldstone

Lembro que houve diversos problemas com "A jaula". Um deles foi o orçamento caro e o outro era que demorava muito para filmar. A NBC não acreditava que uma série pudesse ser fabricada, para usar o termo certo, semanalmente. Um dos requisitos era que o segundo piloto fosse filmado, se não me engano, em oito dias, o que provaria a eles que uma série semanal poderia ser filmada em seis ou sete dias. Precisávamos do dia extra porque estávamos compondo o protótipo. A outra exigência era que a NBC queria algo que pudesse ser "comercial" e rivalizar com as séries policiais e de ação que estavam no ar. O conceito da nossa série não era apenas para o piloto, mas um exemplo de como poderíamos lidar com ela semanalmente.

Samuel A. Peeples

"A jaula", o primeiro piloto que Gene fez para a NBC, era mais fantasia que ficção científica. O canal estava, aparentemente, insatisfeito com o filme, então havia pedido um segundo piloto e queriam uma história. Gene me pediu para escrevê-la, e fiz isso imaginando que seria um desafio para mim, porque é fácil falar mal do conceito dos outros. Então, se alguém diz "O.k., vamos ver se você consegue fazer da sua maneira", você precisa provar que sabe o que está falando.

Gene e eu estávamos tentando evitar o clichê dos filmes espaciais. Estávamos ambos preocupados em fazer uma série para adultos.

James Goldstone

O conceito inteiro de Gene era de seguir a forma clássica de narrativa do teatro elisabetano, no século XIX, e dos livros clássicos. A convenção dos faroestes é que, se você pegar algo atual e colocar num cenário de western, as pessoas aceitarão essa convenção. Podíamos criar convenções que as pessoas aceitassem e, portanto, conseguiríamos contar histórias dramáticas que as pessoas aceitariam porque não estavam na realidade delas, mas projetadas um pouco mais à frente no tempo. No mesmo nível, os personagens e os conflitos dramáticos, tirando a ficção espacial, eram conflitos humanos de verdade.

Samuel A. Peeples

Como os últimos episódios da série provaram, havia um problema que nunca deveria ter existido: os monstros com olhos de inseto. Nós desencorajamos a ideia, pois acreditávamos que as coisas deveriam ser mantidas do modo mais real possível. Se uma pessoa era diferente fisicamente, então explique a razão para essa diferença. Numa atmosfera específica, ela poderia ter um pulmão maior. Se estivesse em um planeta com um sol extraordinariamente brilhante, ela poderia ter olhos diferentes. Nós estávamos tentando projetar a realidade contra um segundo plano irreconhecível. Em outras palavras, lidávamos com a realidade de acordo com o cenário ambiental que encontrávamos.

Três roteiros foram considerados para o segundo piloto: "As mulheres de Mudd", de Stephen Kandel, "A glória de Ômega", de Gene Roddenberry, e "Onde nenhum homem jamais esteve", de Samuel Peeples. Nas discussões entre a NBC e Herb Solow, da Desilu, ficou decidido ir com o último, porque, como Solow apontou em um memorando de 10 de junho de 1965, ele seria "um complemento melhor ao primeiro piloto e mostraria dois caminhos diferentes que a série poderia seguir".

No roteiro de Peeples, a *Enterprise* encontra uma "caixa-preta" com gravações de uma espaçonave há muito tempo desaparecida. O capitão James R. Kirk (a inicial do meio depois mudou para um T. quando o piloto foi para a TV) ordena que o gravador de registros seja teletransportado a bordo. A espaçonave se aproxima da barreira de energia nos limites da galáxia. Gary Mitchell e a psicóloga Elizabeth Dehner se ferem quando a nave cruza a barreira, mas, aos poucos, se transformam em criaturas divinas com habilidades poderosas. Kirk confronta o dilema de ter de matar seu melhor amigo ou deixá-lo destruir a *Enterprise*.

James Goldstone

Três roteiros foram escritos para o segundo piloto. Um grupo formado por executivos da NBC, da Desilu, Gene e eu lemos todos os três roteiros, discutimos com calma e decidimos seguir no que se tornou "Onde nenhum homem jamais esteve". Depois embarcamos na missão de polimento e reescrita em um nível conceitual e físico, porque precisávamos concluir a filmagem em oito dias. Aquele roteiro tinha o potencial de estabelecer os personagens em um nível humano. O único truque é a mutação, o prateado dos olhos de Gary Mitchell à medida que ele se torna mais divino. Funcionava porque era simples, ao contrário de chifres crescendo ou algo assim. Nosso conceito era de ficção científica humana, talvez cerebral, e certamente emocional.

A criação de uma identidade mais humana para a série foi um tema que Gene Roddenberry abraçou imediatamente de acordo com um ofício enviado ao roteirista Samuel Peeples: "Essa história tem o potencial de ser dramaticamente direta e empolgante, com um aumento nos perigos e ameaças ao nosso protagonista e sua nave, que levam a um conflito entre o capitão e o convidado especial, e ainda assim contendo temas significativos e pontos de vista que estão longe do comum. É uma história sobre como o poder absoluto corrompe de forma absoluta. Apesar de se tratar apenas de uma peça de ação melodramática, certamente oferece oportunidades esplêndidas".

Samuel A. Peeples

Éramos atraídos pelo tema da corrupção pelo poder se manifestando no indivíduo comum. Essa foi a premissa básica e precisávamos colocá-la em princípios científicos conhecidos, mas extrapolados. Naquele tempo, o cinturão de radioatividade ao redor da Terra havia sido descoberto, e minha premissa era de que as próprias galáxias poderiam ser separadas por esse tipo de barreira.

Gary Lockwood
(ator, Gary Mitchell)

Para falar a verdade, achei a ideia um pouco bizarra e meio vergonhosa, mas esperava que desse tudo certo, porque todo mundo estava empolgado com o episódio. Foi um trabalho difícil. Eu ensaiava e todo mundo se preparava, mas eu não conseguia ver os outros atores por causa das lentes de contato que faziam parte do meu figurino.

Elas não me cegaram nos primeiros dias, mas depois de um tempo meus olhos incharam e ficaram irritados. Então, colocar a lente por dois ou três minutos era uma agonia. Ensaiamos sem elas. Outro detalhe é que as pessoas sempre me acharam egocêntrico, então, quando tive a oportunidade de interpretar aquele papel, muita gente riu e disse: "Ele finalmente encontrou seu nicho". Isso se tornou uma piada entre meus amigos.

James Goldstone

Minha proposta era de que, quando Gary faz a primeira descoberta — assim que ele começa a aceitá-la, até apreciá-la —, ele sai do seu status humano para o divino, dentro de todos e quaisquer critérios que colocamos em tais divindades na nossa cultura judaico-cristã. Especificamente, sugeri que ele se tornasse um oráculo como Moisés ou até mesmo Cotton Mather.*

Propus que ele acrescentasse isso a sua estatura, sua maneira de usar as mãos e os braços, os olhos, fossem eles prateados ou normais, sua atitude aplicada ao roteiro, sem pensar em marcações de palco, talvez ações físicas ligadas ao diálogo. Não quis sugerir que ficasse tão estilizado a ponto de virar um símbolo, e não um ser humano. Sugeri que isso acontecesse em um

* Cotton Mather (1663-1728) foi um ministro protestante puritano de grande influência social e política na Nova Inglaterra. É muitas vezes lembrado por sua ligação com a caça às bruxas de Salém. (N. E.)

nível mais simbólico. O que poderia ser feito mudando o nível de articulação a ponto de não percebermos o momento em que a mudança acontece. Ele vai se tornando mais formal, depois mais carregado de significado, mais imperativo e, por fim, milagroso.

Gary Lockwood

Aquele personagem foi difícil de interpretar porque não havia nenhuma figura em quem eu pudesse me basear. Então, criei uma imagem mental e tentei suprir essa ausência. Tudo que tentei fazer foi evitar ao máximo atos mecânicos e não ser muito dramático. Fiz a mesma coisa em *2001: Uma odisseia no espaço*. Tentei interpretar o papel da forma mais tranquila e realista de que fui capaz para que ninguém dissesse que estava soando forçado. É assim que deve ser feito. Houve uma progressão natural para o personagem. Para fazer isso, é preciso pensar fora da caixa. Deixe-me contar uma coisa sobre atores americanos de que não gosto e não gostam de mim: é necessário colocar uma certa dose de inteligência em seu papel antes de mais nada, e, só depois, pode-se acrescentar a emoção. Antes de qualquer outra coisa é preciso tomar uma decisão intelectual. Com Gary Mitchell, a ideia era tentar alcançar o personagem e não deixá-lo confortável sob a minha pele. *Eu não sou* Gary Mitchell.

Sally Kellerman
(atriz, Dra. Elizabeth Dehner)

Eu não sabia nada de ficção científica. Não li nenhum dos escritores famosos, como Ray Bradbury, e participei de todos os episódios nos anos 1960. Tinha acabado de gravar *Kraft Theatre* com Gary Lockwood e, certa vez, estávamos filmando nossa cena e ele não lembrava de suas falas. Eu pensei:

"Que amador". Pouco depois, quando dou por mim, estou no piloto de *Jornada nas estrelas* com Gary Lockwood, O Amador. Porém, quando o vi ensaiar as cenas de luta, mudei totalmente a opinião que tinha dele. Eu estava quase desmaiando ali do lado de fora. Mas, enfim, não fazíamos a menor ideia do que era aquela série e aqueles uniformes horríveis com calças que não cabiam direito em ninguém.

Eu sempre interpretava a bêbada chata ou atacada e agora estava naquele uniforme e me perguntava que diabos era aquilo. Claro, Bill Shatner tem um ótimo senso de humor, então era divertido ficar perto dele. Leonard Nimoy tinha me dirigido anteriormente em uma peça na qual eu vivia me atrasando para os ensaios. Na última vez que fiz isso, ele disse: "Por favor, não entre". Fiz o que mandou e ele continuou: "Por que as pessoas talentosas são sempre as únicas que chegam atrasadas?". Claro que nem dei ouvidos ao sermão sobre o atraso, me fixando apenas na palavra *talentosas*.

Ano passado, alguém veio até mim e disse: "Você é a razão de o piloto ter sido vendido". E concordei: "Sempre achei que isso era verdade. Claro que foi por minha causa!".

Robert H. Justman

Na função de assistente de direção de um programa de TV, você sabe quanto tempo demora para preparar uma cena. O montante de trabalho que te deixam para fazer vai ser somado ao montante de tempo que você tem para executá-lo, então trabalhamos muito no segundo piloto, com James Goldstone na direção. E, no último dia de produção, quando estávamos com 24 horas de atraso, fizemos o trabalho de dois dias em um.

Foi nesse dia que Lucy veio ao estúdio, porque supostamente deveríamos estar fazendo uma festa de encerramento. Mas ainda estávamos filmando, então, entre as preparações de cena, ela me ajudava e ao Herb Solow a varrer o estúdio. Acho que ela fez isso apenas para causar uma boa impressão, porque queria ver a festa acontecer. Mas trabalhamos arduamente e não teríamos conseguido finalizar tudo em um tempo tão curto caso Jimmy Goldstone e eu não tivéssemos trabalhado juntos em *Quinta dimensão*.

James Goldstone

Fiquei muito feliz com o episódio. Do ponto de vista de um diretor — ou deste diretor —, você tem certos alvos e problemas que precisam ser superados em qualquer filme, seja um longa de 20 milhões de dólares ou um episódio de série de TV. Um diretor mede seu sucesso de duas maneiras. Obviamente, como qualquer pessoa, você mede se o programa é ou não um sucesso comercial, mas também o mede em termos de obstáculos superados. Os obstáculos eram temporais, orçamentários, mas também conceituais. Fiquei muito orgulhoso do trabalho que nós fomos capazes de fazer. Quando falo nós, não estou sendo generoso. Foi um trabalho de colaboração, como aconteceu na gravação de todos os pilotos, executados principalmente por Gene; Bobby Justman e os atores principais que, mais tarde, se tornariam as estrelas principais. Tudo foi planejado nos mínimos detalhes e Bobby e eu sabíamos que, se não corrêssemos de um set para outro até certa hora, estaríamos encrencados.

Robert H. Justman

Havia um método em nossa loucura. Sempre sabia quais cenas Jimmy havia planejado para cobrir o trabalho que precisávamos fazer naquele dia, então ele me passava a lista de marcações e as arrumava de uma maneira que não nos faria perder tempo. Então, se apontássemos a câmera e a iluminação naquela direção na maior parte do tempo, filmaríamos tudo que precisávamos naquele dia e naquela direção antes de mudar e filmar o outro ângulo.

No primeiro dia da fotografia principal, Gene Roddenberry recebeu um telegrama de Robert Butler, diretor do piloto original, que dizia: "Boa sorte hoje. Novamente, espero que tudo corra bem e a série seja vendida". Oscar Katz e Herb Solow foram mais diretos no telegrama que chegou ao estúdio 15 da Desilu, em Culver City naquele dia: "Faça-nos um favor e acerte dessa vez".

George Takei

Aquele primeiro dia de produção nos estúdios da Desilu em Culver City, e não nos de Hollywood, desperta em mim o mesmo tipo de lembrança que o primeiro longa-metragem de *Jornada nas estrelas*. Filmar o piloto foi empolgante, participativo e um pouco assustador porque havia uma imensa esperança investida nele.

E, como ator, você tem essa necessidade de criar esse mundo e torná-lo normal diante da existência daquele personagem. Era bem diferente de uma, digamos, série policial em que todos os cenários são familiares e você pode cair diretamente no personagem. No caso de *Jornada nas estrelas*, foi preciso criar um ambiente inteiro, e isso era empolgante e assustador.

Sabia que era uma oportunidade de ouro para mim quando fui contratado para interpretar Sulu. Nunca pensei que ele se tornaria um modelo de vida, mas era um esforço pioneiro, já que papéis fixos para atores asiáticos ou de descendência asiática em séries sempre eram de servos, bufões ou vilões. Foi um avanço.

Gary Lockwood

Acho que "Onde nenhum homem jamais esteve" é eficaz porque vendeu a série. É preciso ter em mente que o piloto de *Jornada nas estrelas* foi feito com um orçamento bem limitado. Acho que houve uma briga entre a emissora e Roddenberry sobre a criação do segundo piloto, então havia muita pressão sobre ele. Eles vieram com a ideia de dois personagens com uma percepção extrassensorial, algo de que gostei. Acho que quiseram compensar o fato de não terem a oportunidade de criar muitos efeitos especiais ao inserir dois personagens interessantes. E isso ajudou a vender a série. Foi uma boa decisão criativa da parte de Roddenberry.

Gene Roddenberry

Quando se trata de ficção científica, você tem sorte se 75 por cento do seu piloto for crível, já que está criando tudo novo. Foi bastante útil ter feito um piloto, ganhado a chance de assisti-lo com calma e, então, fazer um segundo, que foi muito melhor porque tivemos a oportunidade de observar como os uniformes, os aparelhos e todo o resto funcionavam na tela. E esse segundo piloto parecia ter conceitos melhores e humanos que se tornavam deuses. Só que eles eram deuses bons, deuses que diziam: "Zap! Você foi punido!", meio como os sujeitos que você via nas séries matinais do domingo. O fator mais decisivo na venda do segundo piloto foi o fato de ele terminar com uma briga de proporções épicas, na qual o vilão sofre uma morte dolorosa. Então, assim que colocamos *Jornada nas estrelas* no ar, começamos a injetar um pouco das nossas ideias, as ideias que os fãs tinham celebrado.

Lukas Kendall
(editor, *Film Score Monthly*)

Gene Roddenberry orientou seus compositores a não fazerem uma música espacial com "bips e bups" no estilo *Planeta proibido*. Ele queria que a trilha enfatizasse o drama atemporal humano, não o ambiente estranho do futuro.

Foi um salto conceitual para a música de ficção científica — deixar o cenário falar por si mesmo e permitir que a trilha se concentrasse na narrativa. Seus produtores, principalmente Bob Justman, fizeram um ótimo trabalho ao escolherem os compositores certos, aqueles que foram genuinamente inspirados pelo que tinham assistido. A maioria das trilhas de TV dos anos 1960 era monótona e repetitiva, sempre feita pelos mesmos compositores — mas a música de *Jornada nas estrelas* se destaca pela qualidade.

Alexander Courage
(compositor, *Jornada nas estrelas*)

Wilbur Hatch fez a música para a série radiofônica de Lucy chamada *My Favorite Husband*. Quando o programa virou *I Love Lucy*, ele continuou no posto. Quando Lucille Ball comprou a Desilu, ele virou o chefe do Departamento Musical. Então, quando *Jornada nas estrelas* apareceu no radar, Wilbur sugeriu meu nome para Gene Roddenberry e eu entreguei um tema. Roddenberry gostou, e foi isso. Ele disse: "Não quero nenhuma música espacial. Quero música de aventura".

Lukas Kendall

O tema de *Jornada nas estrelas* tem duas partes. A fanfarra de abertura "Espaço, a fronteira final" resume a franquia inteira em apenas oito notas, retratando a nobreza exploratória da missão de *Jornada nas estrelas*. É uma conquista extraordinária, reconhecida mundialmente. Poucos temas de TV alcançaram esse tipo de reconhecimento — talvez os de *Além da imaginação*, *Missão: Impossível* e *Os Simpsons*. A segunda parte, o vocal feminino por cima da batida jazzística, é meio o que o nome *Peanuts* é para Charlie Brown. Hoje todo mundo sabe o que é *Peanuts*, porém o nome não era utilizado nos quadrinhos. (O nome foi forçado, contra a vontade de Charles Schulz, criador dos personagens, que odiava a palavra, pelo distribuidor das tirinhas.) Para mim, acontece o mesmo com a segunda metade do tema de *Jornada nas estrelas*: o trecho é meio fraco e não funciona, mas, mesmo assim, será para sempre um sinônimo de *Jornada nas estrelas*.

Em 6 de março de 1966, Gene Roddenberry enviou um telegrama para o ator Bill Shatner, que estava hospedado no hotel Richmond, em Madri. Dizia apenas: "Querido Bill. Boas notícias. Fomos escolhidos hoje. Embarcaremos em uma jornada de cinco anos. Saudações, Gene Roddenberry".

ESTAS FORAM AS VIAGENS

"Algumas vezes, a dor pode guiar um homem com mais intensidade que o prazer."

O ano de 1966 foi um período sem precedentes de domínio de fenômenos culturais pop na mídia, plantando as sementes do que desabrocharia décadas mais tarde. Havia os Beatles, terminando seus anos como o Quarteto Fantástico e se preparando para virar algo mais... substancial. James Bond lançou a febre do superespião que dominou aquela década (e perdura até hoje). A novela gótica da ABC, *Sombras da noite*, foi lançada e estava prestes a revolucionar o gênero com a apresentação do vampiro Barnabas Collins. No horário nobre, Adam West e Burt Ward se tornaram a Dupla Dinâmica, Batman e Robin. E, em 8 de setembro de 1966, *Jornada nas estrelas* fez sua estreia "em cores vivas" na NBC.

Naquela época, era uma série que, mesmo que atraísse a atenção do público em termos de elenco e criatividade, lutava contra os números. Sofria para ficar dentro do orçamento e do tempo de produção, para criar efeitos visuais nunca antes tentados na TV e para sobreviver às brigas entre Gene Roddenberry e a emissora, que estavam unidos para criar um produto de primeira, mas divididos em como isso seria alcançado. E, acima de tudo, a série sofria para encontrar um público.

Tudo isso empalidecia perto da luta principal: fornecer roteiros de alta qualidade que eram a chave para o potencial de *Jornada nas estrelas* em oferecer episódios que se diferenciassem de tudo que havia na televisão. Foi um desafio que assolou a série até o fim de sua carreira na emissora.

Oscar Katz
(vice-presidente de programação, Desilu)

O segredo do sucesso da série era a atenção aos detalhes. Até aquele ponto, a ficção científica na televisão eram séries que imitavam o estilo de Irwin Allen. Já o conceito de Gene era ficção científica no verdadeiro sentido do termo. Era sobre como as coisas poderiam ser no futuro, não apenas a proporção do conceito, da nave e dos problemas encarados pelos protagonistas. Era sobre os mínimos detalhes. E Gene era obcecado por detalhes.

Uma das primeiras decisões que Gene tomou para evitar que a série parecesse ultrapassada foi cortar as costeletas de todos os homens, até dos extras. Eles precisaram se barbear para não refletir a moda vigente em meados dos anos 1960. Isso foi uma fonte de consternação para vários protagonistas, que tentaram evitar o corte de suas costeletas para representar humanos do século XXIII. Em 10 de junho de 1966, Roddenberry enviou um memorando para Shatner: "Caro Bill. Você está trapaceando. Procure Freddie". Freddie, claro, era Freddie Phillips, o chefe de maquiagem e cabelo que estava esperando no trailer com uma navalha na mão para tosar as costeletas quadradas de Shatner. Como Roddenberry ressaltou em um ofício de 20 de maio de 1966: "A medida é obrigatória para todos os atores de nossa série".

A atenção de Roddenberry aos detalhes alcançava cada metro quadrado da *Enterprise*. Ele escreveu um memorando para Matt Jeffries em 24 de maio de 1966: "Muito satisfeito com seus cenários da *Enterprise*, Matt. Contudo, logo mais vamos receber dois roteiros que exigem mais ambientes da nave. Me refiro especificamente à necessidade de uma 'sala de engenharia' ou 'casa das máquinas'; devemos definitivamente pensar em termos de criar a ilusão de um ambiente de tamanho considerável. Temos uma nave gigantesca e definitivamente sinto que os espectadores ficarão decepcionados se não os levarmos vez ou outra para cenários que passem uma sensação de vastidão. Talvez parte da tarefa possa ser dividida com a Anderson Company, deixando que criem o espaço extra com o uso de uma pintura ótica".

Em outro ofício, Roddenberry disse para Jeffries: "Tenho certeza de que você já pensou nisso, mas acho que deveríamos ser precisos em termos de quais instrumentos médicos podemos mostrar na maca e, então, rotulamos cada um deles para que o telespectador possa ler facilmente e saber o que aquelas bugigangas estão fazendo".

Roddenberry até mesmo se intrometeu no visual do quarto de Kirk: "Sugiro uma decoração mais interessante no quarto do capitão e, possivelmente, em outros lugares. Podem ser escudos primitivos de formatos estranhos, maças, tecidos e coisas do tipo coletados em expedições a planetas diferentes, usados como uma decoração colorida para a parede. Poderíamos também usar o que pareceriam peles de animais retiradas de criaturas estranhas?".

Gene Roddenberry
(criador, produtor executivo, *Jornada nas estrelas*)

Eu não queria apenas roteiristas de ficção científica, porque muitos dos que entrevistei só falavam de objetos, ciência e nada de pessoas. Metade dos roteiristas que trabalharam conosco tinha um entendimento que ia de médio a razoável sobre o estilo, pois eu queria que minha série fosse sobre pessoas, e não objetos. Quando olham para trás, a primeira coisa que vem à cabeça das pessoas são os personagens.

John D. F. Black
(consultor executivo de roteiro, produtor associado, *Jornada nas estrelas*)

Entrei para a série uns dois meses antes de filmarmos qualquer coisa. Harlan Ellison e eu tínhamos ganhado um prêmio no Sindicato dos Roteiristas e estávamos comemorando e procurando um ao outro para poder nos parabenizar. Quando cheguei perto de Harlan, Gene Roddenberry estava ali em pé. Harlan e eu já havíamos conversado com ele uma vez, separadamente, para falar sobre sua nova série, *Jornadas nas estrelas*. Gene disse: "Vou dar uma festa na minha casa para os vencedores. Vocês precisam vir".

Então, fomos para a casa de Roddenberry para uma festa tranquila e tediosa, mas tinha muita gente lá e muito uísque. Na festa, ao encontrar meu agente, descobri que eu tinha um contrato com *Jornada nas estrelas*. Gene me levou para um canto e me perguntou se eu gostaria de trabalhar na série como consultor executivo de roteiro e produtor associado. Foi a primeira oferta desse tipo que recebi na vida, então disse: "Qual sua proposta?". E ele falou: "Tenho seis roteiristas já contratados e sua função seria trabalhar com eles e aprender o que quiser sobre produção". Eu me afastei, conversei com meu agente e aceitei o emprego.

Não consigo me lembrar especificamente quais roteiristas faziam parte da equipe, mas entrei no trabalho com o maior respeito possível por eles. Insisti, como qualquer roteirista de credibilidade faria, para que eu pudesse dar oportunidade a jovens escritores que tinham ótimas histórias. Lá estava eu conversando com Theodore Sturgeon, Ray Bradbury, esses tipos de pesos-pesados. E foi um desafio incrível. Eu não estava falando com nenhum Edgar Allan Poe, mas, naquele momento da vida, eu já sabia que Theodore Sturgeon era o escritor mais compilado da língua inglesa, o que é bem assustador. E agora sou "Johnny, o Urso Negro Espacial" nos livros dele. Também estou em um dos livros de Harlan Ellison como John D. F. Black. Então, essa foi minha apresentação a *Jornada nas estrelas*.

JOSEPH SARGENT
(DIRETOR, "O ARDIL CORBOMITE")

Meu episódio foi o primeiro que filmaram, e Leonard Nimoy estava infeliz porque seu personagem não tinha emoções. Ele disse: "Como posso interpretar um personagem *sem* emoções? Não sei como fazer. Vou passar a série inteira fazendo a mesma coisa". Concordei com ele e trabalhamos muito para acrescentar um pouco de contexto emocional, mas Gene bateu o pé: "De jeito nenhum. A natureza da maior contribuição desse personagem é que ele não é terráqueo. Como um vulcano, ele é intelecto acima da emoção". Leonard estava prestes a desistir, porque não sabia como iria fazer o personagem.

LEONARD NIMOY
(ATOR, SR. SPOCK)

Spock *não* é um personagem sem emoções; ele é um vulcano que aprendeu a *controlar* suas emoções e, nesse caso em particular, a interpretação é ainda mais difícil, porque ele é metade humano e precisa controlar esse lado. Acredite em mim, doze horas por dia e cinco dias por semana controlando as próprias emoções podem causar um efeito estranho sobre a pessoa. Lembro de estar em uma reunião com uns dois roteiristas e, repentinamente, me vi chorando sem a menor razão. As emoções apenas tinham de sair de alguma maneira, alguma hora. Então, eu recebia de bom grado qualquer oportunidade que tinha de fazer cenas em que Spock tivesse algum alívio emocional.

Embora tivesse sido sugerido em algum lugar que a NBC estava relutante em aceitar o aspecto multicultural da tripulação da *Enterprise*, isso está longe de ser verdade. Na verdade, a NBC encorajou a escalação de atores não caucasianos. Em uma carta para Gene Roddenberry enviada pelo vice-presidente da emissora, Mort Werner, em 17 de agosto de 1966, o executivo ressalta o interesse do canal em apoiar a diversidade e apresentar "um reflexo razoável da sociedade contemporânea", citando séries como *Os destemidos*, *O agente da UNCLE* e *Alma de aço* como indicadores de elenco de vanguarda. "Apesar de termos feito um progresso notável, podemos fazer melhor e peço sua cooperação e ajuda."

Nichelle Nichols
(atriz, Nyota Uhura)

Tentei colocar em Uhura as qualidades que admiro e procuro para mim mesma. Disciplina, uma atitude otimista em relação à vida e um alto nível de exigência. Ela é a chefe de toda a comunicação daquela nave, então não está ali apenas apertando botões. Para ela ou qualquer um naquela posição de responsabilidade, sinto que teria de ter força, dignidade e um comando de autoridade parecido com o de Spock.

John D. F. Black

Em certos aspectos, Uhura era uma personagem complicada. Nichelle era linda de tirar o fôlego, uma atriz com uma excelente técnica, mas limitada a falar "Saudações, capitão". Podíamos abrir o leque um pouco, mas não muito. George Takei, que chegou e virou o oficial do leme, tinha aquela voz grave maravilhosa que poucas pessoas sabiam que ele tinha, embora a ouvissem o tempo todo. Aquela voz reforçava sua posição, pois, quando o capitão falava qualquer coisa para George e ele dizia: "Sim, capitão", os espectadores sabiam que ele estava fazendo o melhor e seria o suficiente. Já Scotty lidou com muita repetição, porque as máquinas precisavam parar um certo número de vezes, mas James Doohan nunca perdeu a caracterização que trouxe desde o primeiro dia. O dialeto ficou no lugar, assim como a quantidade de sorrisos que tinha permissão de dar. Ele era um ator muito talentoso.

Grace Lee Whitney
(atriz, Yeoman Janice Rand)

Rand tinha muita força e coragem. Acho que a personalidade dela poderia ter sido mais explorada. Rand aparecia nos créditos junto com McCoy no início. Ela seria a principal personagem feminina. Todas as fotos publicitárias do começo eram com Bill e Leonard comigo no meio. O lance sobre essa indústria é que você quer sobreviver a todo custo, não importa o que façam com você. Tirar Rand da série a transformou numa oprimida e os fãs a apoiaram todo esse tempo. Sinto-me enganada.

Eu deveria ter feito treze episódios de *Jornada nas estrelas*. Não participava de todos eles, mas fui contratada para todos. Fiz sete em que tinha papel de destaque e, depois, fiz duas ou três participações para cumprir o contrato. Participei de nove entre treze episódios. Lembro de "A consciência do rei", quando apenas andei e entreguei uma prancheta para Bill Shatner. Dei uma piscadinha para ele e saí de cena. Não teve diálogo. Eu sabia naquela época que tinha sido demitida. Isso aconteceu por várias razões. A principal foi que eles me falaram que queriam que o capitão Kirk tivesse mais amigas e sentiram que Kirk e Rand estavam ficando muito próximos, e eles não queriam isso. Eles iam cortar Scotty também, mas decidiram mantê-lo. Havia até uma cláusula no contrato de Leonard dizendo que, se as orelhas não funcionassem, eles poderiam se livrar dele.

Gene Roddenberry

O erro que cometi com Rand, e do qual me arrependi muitas vezes, foi quando a emissora me pediu: "Temos discutido e achamos que você deveria ter uma mulher nova todas as semanas e não uma fixa". Eu dera tantos nãos para a emissora que pensei que deveria dizer sim dessa vez. Mas, olhando para trás, eu teria mantido Rand na série e lamento se não o fiz. Sei que foi uma grande decepção para Grace Lee Whitney, assim como foi para Majel ser a segunda em comando na nave e precisar sair. Mas a produção não é uma ciência exata e às vezes cometemos erros.

John D. F. Black

DeForest Kelley era um ator experiente. Tinha feito personagens juvenis até protagonistas, e lá estava ele em *Jornada nas estrelas*, com todo aquele treinamento. Ele tinha o personagem nas mãos, embora tenha ficado um pouco mais sério depois de cinco ou seis episódios. O conflito criado entre Spock e ele era elétrico. Até os figurantes que corriam de um lado para o outro com suas pequenas armas de raios gostavam dos personagens e da série. Acho que foi relevante para os telespectadores. Provocava reações emocionais no público.

Deforest Kelley
(ator, Dr. Leonard "Bones" McCoy)

O personagem, claro, foi criado por Roddenberry, e havia um guia que detalhava cada um dos personagens. Mas lembro de ter tido longas discussões com Gene sobre McCoy. Uma das coisas com as quais concordamos foi que ele deveria ser uma espécie de H. L. Mencken futurista. Então, fui para a biblioteca, li sobre ele e tentei levar um pouco mais dos textos sobre Mencken para a caracterização de McCoy.

O personagem começou a tomar forma depois de seis ou sete episódios. É sempre difícil entrar num set de filmagens e cair diretamente no personagem — com exceção do capitão, claro. A atitude dele não é tão complicada quanto a de Spock ou McCoy, mas foi assim que o personagem começou. Ele era visto ocasionalmente num suéter acima do seu tamanho ou coisas do tipo. Ele era o tipo menos militar de todos; era descrito dessa forma no guia. Mas nunca chegamos a essa parte da vestimenta.

Esse foi o começo do personagem. Além da sua inteligência sarcástica, tentei injetar o máximo possível de simpatia e um sentido de generosidade. Bill e Leonard, sendo os grandes atores que são, geravam uma certa química que combinava entre nós. Tudo se encaixou e cada um de nós, no início de *Jornada nas estrelas*, tinha um sentimento de união e tentava fazer a melhor série possível. Éramos generosos uns com os outros na discussão dos personagens. Eu poderia dizer ao Bill: "Não acho que essa frase é minha. Acho que é sua. Soa mais como as palavras de um capitão". Ou poderíamos sugerir outra frase que parecia mais apropriada que a escrita pelos roteiristas e, com a permissão do produtor, eles podiam colocar a cena no ar. Era uma espécie de esforço de equipe.

Nichelle Nichols

No primeiro dia de filmagens, tive um acidente de carro no caminho para o estúdio. Fui parar no hospital e o médico deu alguns pontos nos meus lábios e joelhos. Ele me deu uma injeção e uns comprimidos para controlar o inchaço e a dor. E me informou que o remédio perderia o efeito por volta das três ou quatro da tarde. Mais tarde, eu estava fazendo minha última cena do dia. Estava em pé do lado do meu painel de comunicações e o capitão Kirk estava na sua cadeira, e o diretor Joe Sargent disse: "Bem, vamos terminar essa tomada e fechar o dia. Fomos muito bem". Enquanto estou esperando ali, lembro de alguém perguntar: "Sabe o que quero dizer, Nichelle? Nichelle? Ai meu Deus!". E tudo que lembro é de Bill Shatner pulando na minha direção para me pegar, porque eu tinha desmaiado e estava caindo na direção dele. O capitão Kirk veio em meu resgate! Meu primeiro dia de filmagens foi quase minha ruína.

DeForest Kelley

Todos nós fazíamos sugestões em relação aos nossos personagens o tempo todo. Quanto mais você incorpora um personagem, mais confortável fica no papel. Todas as sugestões que você passa para o criador serão aceitas. Ele sabe que você está começando a pegar o jeito. A situação Spock-McCoy foi algo que começou em um pequeno momento. Foi apenas uma frase que ele jogou sobre mim e eu, em troca, respondi de uma maneira diferente. Ninguém pensou muito sobre isso na época. Mas quando chegou às telas, criou uma comoção. Então começaram a fazer mais daquilo. Tivemos boa participação no desenvolvimento dos personagens, mas Gene Roddenberry nos detalhou todos eles no início e tentou nos manter no caminho certo.

Joseph Pevney
(diretor, "Cidade à beira da eternidade")

Eu amei os personagens. Gene estava constantemente tentando dar um aspecto universal a eles, porque será assim na teoria do futuro no qual estaremos viajando a outros planetas. Haverá todos os tipos de coisas no espaço. Algumas não serão humanoides, mas tudo bem. Ele era bem convincente sobre isso. Então, ele queria mais nacionalidades na série. Tinha um oriental, uma negra, depois um russo... Os anos 1960 estavam fervendo, era o começo das lutas pelos direitos civis. Na segunda temporada, Gene falou: "Vamos colocar um russo aqui". Que choque foi isso!

Steven Jay Rubin
(escritor, *The James Bond Films: A Behind-the-Scenes History*)

Qualquer que fosse a influência de *Planeta proibido*, *Jornada nas estrelas* era uma série dos anos 1960 com certa diversidade no elenco. Você tinha o russo; o sr. Sulu, que era japonês; e a oficial de comunicações africana. Um grupo bastante internacional. *Planeta proibido* era muito branco, mas era algo típico dos anos 1950, então provavelmente essa característica também era típica da Marinha daquela época. Assim que a Marinha começou a mudar, as séries espaciais também mudaram.

Thomas Doherty
(professor de Estudos Americanos, Universidade Brandeis)

Acho que o multiculturalismo da Segunda Guerra está lá: o italiano, o cara judeu, o sujeito do Texas e o rapaz da fazenda — e mais tarde fica mais amplo com o asiático e o hispânico. Isso funciona como a *Enterprise* sendo um B-17 no espaço.

James Goldstone
(diretor, "Onde nenhum homem jamais esteve")

Logo depois que fizemos o segundo piloto, tivemos a ideia de ter uma tripulação multicultural. Estávamos fazendo isso em um período em que a violência racial nos Estados Unidos estava desenfreada e dizíamos que, no futuro, esse tipo de coisa não seria um problema, que teríamos superado isso.

Marc Daniels
(diretor, "O sal da terra")

Foi fácil perceber que os personagens eram bem delineados desde o início. Havia alguns erros a serem acertados nos personagens secundários, mas os principais — Kirk, Spock e McCoy — eram excelentes. Com tantos personagens, foi difícil dar tarefas a cada um deles. Havia um belo contraste entre o grupo, porque você não tinha as mesmas situações quando colocava dois deles frente a frente.

Robert H. Justman
(produtor associado, *Jornada nas estrelas*)

Todos acrescentaram algo aos seus personagens. Por exemplo, quando Nimoy fez isso com o sr. Spock, Gene viu certas coisas na atuação que poderia aproveitar e expandir, e assim fizemos. Quando estamos fazendo um filme, precisamos aprender ao longo do caminho e não necessariamente ficar presos ao conceito original. O filme tem vida própria e, se você tentar mudá-lo na direção que queria originalmente, o resultado pode ser esquisito. Precisa aprender a tirar vantagem do que está ali, talvez criar uma nova forma. É um problema interessante. Você precisa ter um bom conceito para os personagens para entregar algo para os atores trabalharem.

Gene Roddenberry

O protagonismo de Kirk, Spock e McCoy era bastante aproveitado. Além disso, a ficção científica não estava na moda naquele tempo e estávamos fazendo muitas coisas que sabíamos que as pessoas podiam não entender. Não havia fluxo de consciência. Nos romances, o fluxo de consciência ocorre dentro da cabeça do personagem e você consegue ler o que ele está pensando. Você não tem isso na televisão. E pensei que se pegasse uma pessoa perfeita e dividisse em três partes, eu poderia ter a parte corajosa e administrativa que seria o capitão, a parte lógica que é o oficial de ciências, e a parte humanista com o médico. Então, quando algo surgisse, o capitão poderia dizer: "Não sei, companheiros. Acho que devemos fazer assim". E Spock retrucaria: "Mas o lógico seria...". E o médico falaria: "Sim, mas a atitude mais humana é...". E eu poderia fazer os três se manifestarem sem precisar do fluxo de consciência. E funcionou.

Dorothy Fontana
(editora de roteiro, *Jornada nas estrelas*)

Havia um bom sentimento de equipe. Gene reuniu um time muito bom, entre elenco, equipe técnica e funcionários, todos unidos pela sensação de estar em uma boa série e de querer fazer mais por ela. Na verdade, acho que nunca encontrei um espírito de equipe assim em outra série em que trabalhei, embora sempre tenha tido bons relacionamentos com outras equipes. Mas aquela união intensa de todos, do topo da cadeia até a pessoa menos importante da produção, estava presente.

John D. F. Black

A série era importante para muitas pessoas. Bill Shatner tinha acabado de fazer o piloto de *Alexandre, o Grande* para a TV. Era bom, mas não foi um sucesso. Na primeira noite de filmagens, saí do escritório e o encontrei encostado no meu carro. Ele tinha um olhar de extrema inocência no rosto. Eu disse: "Como está, Billy?", e ele respondeu: "Bem". Percebi que havia alguma coisa. Ele olhou para mim e disse: "Isso é importante demais para nós". E eu respondi: "Sim, temos um sucesso". É isso que você fala para todo mundo quando está no meio do furacão e não sabe o que vai acontecer em seguida, principalmente para atores que são bastante vulneráveis. E ele disse: "Espero que sim". E se afastou. O sentimento que tinha era de que estávamos fazendo o melhor que podíamos e dando nosso máximo.

Em 4 de maio de 1965, Gene Roddenberry escreveu a Shatner para expressar o quão feliz estava com o desenvolvimento da série ao mesmo tempo em que prenunciava futuras dificuldades com seu astro. "Você deve saber como estou satisfeito que nossa parceria em *Jornada nas estrelas* parece estar funcionando. Recordando nossa conversa e apontando nessa direção, eu já estou com três roteiros em produção que enfatizam o capitão no papel dominante central com uma forte personalidade temperada com uma dose de cordialidade pessoal. Essas três histórias, cada uma com cenários e situações diferentes, estão sendo escritas para combinar a credibilidade com os grandes riscos e estabelecer firmemente o homem. Embora possa adivinhar ao ver suas interpretações, seria muito valioso neste momento inicial ter seus comentários, sugestões e pontos de vista. Podemos marcar um almoço para logo? Estou entusiasmado e feliz com a perspectiva de trabalharmos juntos, principalmente em um projeto com tanto potencial e desafios."

Jerry Sohl
(roteirista, "A síndrome do paraíso")

Gene Roddenberry sabia que eu era um escritor de ficção científica. Então, ele me ligou um dia e me perguntou se queria passar no estúdio. Encontrei Gene em 1965 e ele disse: "Tenho uma ideia para uma série de televisão que as emissoras devem comprar e queria conversar sobre a possibilidade de histórias. Você estaria disponível? Estou procurando outros autores do gênero, como A. E. van Vogt, Ray Bradbury, Fredric Brown". Ele os encontrava ali e meio que sugava todas as ideias durante o almoço. Todos nós fizemos o melhor que podíamos, sugerindo ideias. Esperávamos que não virasse algo como *Science Fiction Theatre*, de Truman Bradley. Queríamos algo melhor que isso. Ele nos falou que seria algo bom, mas ninguém deu muita bola.

Conversei com alguns escritores depois disso e eles disseram: "Bem, o que ele fez? Gene Roddenberry só fez *O tenente* e foi um policial. O que entende de ficção científica? Vai ser uma bela merda". Então, concordamos que seria uma merda, mas trabalharíamos nela de qualquer maneira. Mas não foi bem isso que aconteceu e acabamos nos tornando amigos.

Harlan Ellison
(escritor; roteirista, "Cidade à beira da eternidade")

No início, eu estava otimista com *Jornada nas estrelas*. Eu era vice-presidente da Science Fiction Writers of America e fui eu quem organizou o braço da instituição na Costa Oeste. Mostrei o piloto pela primeira vez à comunidade de ficção científica. Eu disse: "Esta é nossa chance de termos ficção científica de boa qualidade na TV. Está sendo produzida por pessoas que parecem saber o que estão fazendo e elas nos querem". Foi assim que Roddenberry veio a contratar Ted Sturgeon e os outros, por causa da *minha* mediação. Todo mundo leva crédito por isso, mas aquelas pessoas eram minhas amigas e *eu* as levei para a série.

John D. F. Black

Na minha perspectiva, *Jornada nas estrelas* sempre se esforçou para pegar as coisas que as pessoas entendem, que são reais no presente, e *mudá-las*. O que acontece se alguém incendeia seu prédio? É a mesma coisa de um monstro atacar o prédio. Então, usavam o monstro. O paralelo era claro. Você não podia fazer um bocado de coisas na TV daquela época, mas também havia muito espaço para o que podia fazer, mas ninguém estava notando. Então, quando uma série como *Jornada nas estrelas* surgiu, tinha uma vantagem maravilhosa. Não havia um roteirista conhecido que não quisesse trabalhar na série. Estávamos procurando as mentes mais afiadas em termos de ficção científica para contratar, porque estávamos fazendo algo novo. Mas nosso dilema era, antes de mais nada, que todas as plantas que mostrávamos precisavam ser feitas. Toda arma ou aparelho precisava ser inventado. Como diabos uma planta seria em Rigel 9? Os cristais de dilítio eram uma pedra que meu filho tinha levado para casa. Tinha um brilho cristalizado, me apaixonei pelo seu aspecto e levei para o escritório. Alguém me perguntou o que era e eu disse: "É um cristal de dilítio". Não sabia o que era aquilo, mas virou a fonte de energia da *Enterprise*.

Estávamos criando *tudo*. Conceber uma ideia era uma coisa, transpô-la para um filme é outra. Todo custo é relativo numa série. E eu não era tão familiarizado assim com ficção científica. Tinha lido um bocado, mas ficção científica é como jogar tênis sem rede. Você podia fazer o que queria, e, se você olhar para um segmento que escrevi, "Tempo de nudez", verá que apenas peguei a embriaguez e removi os cambaleios e os palavrões inerentes a ela.

Adrian Spies
(roteirista, "Miri")

Naqueles dias, Gene dizia aos escritores que procurava que a série, "na verdade, é uma antologia. É a chance de você escrever sobre qualquer coisa que quiser". Eu não sabia sobre o que ele estava falando. Mas éramos dois profissionais e fizemos a história de "Miri" juntos. Ele tinha boas ideias. Eu fui até Gene e ofereci um argumento no qual um bando de garotos em um lugar eram permanentemente jovens, só que, na verdade, eles já eram idosos. Lembro que ele disse: "Você precisa desenvolver uma linguagem para essas pessoas". Ao que retruquei: "Que diabos você está falando?". E ele explicou: "Os garotos falam de forma diferente". Naquela conversa, ele criou a palavra *grups* para *grown-ups* [adultos]. Gostei de imediato. É um exemplo de produtor criativo em ação.

John D. F. Black

Não havia limites para o que podíamos fazer. Podíamos ter vilões visíveis e invisíveis. Podíamos mudar algum personagem simplesmente porque havia uma diferença de oxigênio na atmosfera. Mergulhamos na série sem uma única ponta de restrição na nossa teatralidade. Podíamos ter feito Édipo ou qualquer coisa, embora os censores não permitissem que fizéssemos a história de Édipo. Nem permitiriam nenhuma história de orientação sexual. Uma exceção foi "As mulheres de Mudd", que basicamente era sobre prostituição, algo que estava nos jornais todos os dias. Não estávamos promovendo nem criticando. Tudo que estávamos dizendo era que acontece aqui e acontece também no espaço sideral. E os censores deixaram passar.

Norman Spinrad
(escritor; roteirista, "Máquina da destruição")

Achei genial o que Roddenberry fez. A antologia estava morta na televisão e ele criou um formato que poderia ter histórias independentes todas as semanas. Tudo que você tinha eram aquelas pessoas numa espaçonave que poderiam ir a qualquer planeta que desejassem. Era um conceito genial, porque literalmente os deixava fazer o que quisessem.

John D. F. Black

Os escritórios de *Jornada nas estrelas* na Desilu Studios ficavam exatamente embaixo da sala de *Missão: Impossível*, que estava entrando em produção no mesmo período. No fim do dia, nos reuníamos e conversávamos. Todo mundo estava indo à loucura. Como assim vocês estão fazendo uma série de ficção científica? Como assim vocês estão fazendo *Missão: Impossível*? Nós falávamos sobre os problemas nas tramas o tempo todo, então não tem como dizer quem criou o que naquela época. Era uma insanidade. E era muito trabalho, mais do que eu já fizera em toda a minha vida, e em pouco tempo. Eram doze a dezoito horas de trabalho por dia. Consigo me lembrar de muitas noites vagando no set de madrugada, tentando solucionar a logística das histórias.

Robert H. Justman

Para montar um episódio de *Jornada nas estrelas*, apenas imagine o processo mais incrivelmente difícil de que for capaz e multiplique por dois. A gestação é muito, muito difícil. Precisávamos satisfazer *diversos* mestres. Não sei nem por onde começar. Adicione isso às limitações de tempo — você nunca tinha tempo suficiente para escrever os episódios da maneira correta, muito menos para produzi-los. O mundo das séries televisivas é uma arte arcana. Na essência, você não pode fazer nada de uma maneira real. Você só pode fazer o melhor que puder. Há um tempo finito e você precisa dormir algumas horas durante a noite, então precisa conseguir entregar o trabalho dentro dessas limitações. Não é fácil. A recompensa, aqui e acolá, era talvez entregar uma série que tocasse as pessoas, as fizesse pensar e mudar sua vida. Havia um sentimento de que estávamos todos juntos no mesmo barco, fazendo algo diferente. Não apenas diferente, mas importante. Era esse o sentimento.

Herbert F. Solow

Havia mais liberdade na televisão e havia mais roteiristas agressivos dispostos a desafiar a autoridade dos censores da emissora; ver até onde podiam ir. *Isso* era Gene.

Robert H. Justman

Tudo que podíamos fazer era para a série. Esqueça outras preocupações. Era um novo seriado e, por causa disso, o Departamento de Programação da emissora estava compreensivelmente nervoso com a possibilidade de conseguirmos ou não fazer tudo aquilo e quais assuntos podíamos tratar. Por sorte, a série era alegórica por natureza, então o conteúdo escapava dos olhos da emissora. Eles interpretavam o conteúdo no sentido literal. Só que as alegorias normalmente não são sobre o que está na sua frente, mas sobre o que não está. Quando você está fazendo uma série para uma emissora, não tem apenas que lidar com os departamentos de programação e desenvolvimento, mas também com o que a NBC chamava de Departamento de Padrões de Transmissão — em resumo, os censores. A programação poderia aceitar uma história que esse departamento fosse contra. Era difícil satisfazer os três chefes, dois deles sendo da emissora e um deles sendo o nosso.

Marc Cushman
(escritor, *These Are the Voyages*)

O relacionamento entre Roddenberry e a NBC era péssimo. É como um casamento ruim — duas pessoas que não ficam bem juntas, e, se o relacionamento não possui o menor futuro, não significa que uma delas seja má pessoa. A questão era apenas que Gene Roddenberry não conseguia viver dentro do sistema da emissora. Seu relacionamento com a NBC azedou desde *O tenente*, antes mesmo de *Jornada nas estrelas* entrar no ar. A única razão de a emissora ter aceitado fazer a série foi Herb Solow, que havia trabalhado no canal. E o fato de que eles queriam fazer negócios com Lucille Ball, que era a garota de ouro da CBS. Eles precisavam de uma série de ficção científica (nunca antes haviam incluído uma em sua programação), e a ABC estava se dando bem com *Viagem ao fundo do mar*. A CBS estava indo bem com *Perdidos no espaço*. Os dois programas tinham entrado no ar um ano antes.

Então, a NBC comprou a série por três razões: para atrair um novo público, para fazer negócios com Lucille Ball e porque gostavam de Herb Solow. Eles só não queriam fazer negócios com Roddenberry, e, assim que a série entrou no ar, a relação ficou cada vez pior. As tramas faziam menções ao Vietnã, ao racismo, ao sexo, a prostitutas espaciais, a sujeitos que eram meio brancos e meio negros, e coisas assim. A emissora começou a reclamar: "Estamos recebendo várias cartas. Muita gente está se sentindo ofendida".

Herbert F. Solow

Por anos, Gene havia pintado os executivos da NBC como pessoas malignas, ricas e diabólicas que estavam sempre tramando contra ele. E não era bem assim. A NBC investiu uma fortuna na série, era muito paciente e aguentou muita merda de Gene e de outras pessoas. E o canal sempre esteve disposto a nos ajudar a colocar a série no ar. Eles fizeram dois pilotos e, durante todos aqueles anos, ninguém mencionou a NBC de uma maneira decente.

Marc Cushman

Nos discursos que ele fazia durante os anos em que *Jornada nas estrelas* ficou no ar, Gene falava mal da emissora na frente do público ou em entrevistas para a imprensa. Você não pode fazer isso a menos que tenha um sucesso nas mãos, mas até mesmo *The Smothers Brothers*, que era uma série campeã de audiência na época, podia ser cancelada pela CBS porque seus produtores estavam constantemente falando mal da emissora na imprensa. Naquele tempo, não se podia fazer isso.

Gene Roddenberry

Lembro de uma vez quando eu era roteirista freelancer e fui enviado para um lugar e eles falaram: "Temos uma série chamada *Riverboat*. Gostaria de escrever para ela?". O pagamento era bom e era uma aventura no Mississippi dos anos 1850, então apresentei uma história e eles responderam: "Bacana. Você tem um contrato. Ah, só uma coisa: nenhum negro". No Mississippi dos anos 1860? Entramos numa discussão e perdi o contrato. Isso é obviamente falso. É mentir para crianças e adultos, e acho que coisas assim são imorais. Essas imoralidades são o principal motivo das minhas brigas com as emissoras.

Dentro dos limites do sistema comercial deles, em que a televisão existe só para vender produtos, eles provavelmente fazem isso bem. Eu, por outro lado, estou esperando que o sistema mude para que, quando fizermos uma série, o apelo seja apenas o espectador. Se os espectadores não assistirem, então tudo bem, eu errei e estou disposto a admitir minha culpa; esse sistema estranho nunca mira o espectador, você passa por diversos comitês, agências e vice-presidentes que tomam as decisões que contrariam a maioria de nós, dramaturgos.

Robert H. Justman

A NBC queria o máximo possível de episódios com "planetas". Claro que isso era complicado de produzir. Eles, como qualquer um, queriam ver mais do dinheiro que investiram. Quanto mais coisas você espremesse em um episódio, quanto mais ação tivesse, mais felizes eles ficavam. O objetivo deles era alcançar bons números. De certa maneira, acho que também era nosso objetivo, mas estávamos mais preocupados com o conteúdo. A emissora também se preocupava com conteúdo, mas com aquele tipo de conteúdo que, na cabeça deles, atrairia telespectadores.

Tracy Torme
(consultor criativo, *Jornada nas Estrelas — A nova geração*)

Gene e eu dirigíamos carrinhos de golfe pelos galpões da Paramount. Íamos de um lado a outro do estúdio, dirigindo por um bocado de tempo. Ele acenava para as pessoas que conhecia, cumprimentava o pessoal da segurança e usava esse tempo para conversar comigo sobre várias coisas; assuntos pessoais, profissionais, ótimas histórias sobre a série, sobre Shatner, Majel, sua ex-mulher, seu divórcio e os relacionamentos com as mulheres.

Ele disse que um dia eu estaria produzindo uma série só minha e falou de coisas que eu precisava saber sobre como trabalhar com executivos de TV, como quando eles entregavam os pedidos mais estúpidos do mundo e eu teria de optar por baixar a cabeça e dizer: "Isso é interessante". E esperar que nunca mais tocassem no assunto.

Jerry Sohl

Por volta de setembro de 1966, quando a série já estava no ar, ficou óbvio que Gene Roddenberry tinha feito uma coisa boa ao incluir mais lições de moral na maioria dos episódios e colocado as crianças no caminho certo. Não apenas isso, ele fez o programa ser divertido. Não acho que nada foi amaciado, porque a série tinha episódios com coisas bem picantes. No geral, acho que foi, no seu tempo, a melhor coisa que existiu em termos de ficção científica na telinha. Só a ideia de ir aonde nenhum homem jamais foi já é excelente por si só.

John D. F. Black

Em relação aos roteiros, Gene estava trabalhando a partir da posição de que ele havia criado o programa, então todos eram dele. A abordagem de Gene era de que ele estava no controle da série e tratava os roteiros dessa maneira. Mas sabia que, se quisesse contratar escritores de peso, eles não iriam querer que ninguém estragasse o material. Eles querem que o conceito seja deles. A única razão de pegarem a grana da televisão, que era pouca e mais curta do que o que pagavam pelos contos literários, era para que pudessem escrever o próprio material sem interferência. Podíamos dar todas as opiniões que quiséssemos, mas não podíamos meter nossas canetas no material deles. Gene aceitou, e o chefão do estúdio também concordou. E foi assim que aceitei o acordo.

Essa é a realidade. Quando as histórias chegavam na quinta ou na sexta-feira, eu as lia, fazia minhas anotações, preparava mais cópias e Gene as levaria para casa no fim de semana. E, em vez de pedidos, ele voltava na segunda com tudo reescrito. Deus sabe o quanto reescrevia. E, na minha opinião, o resultado nunca era melhor. Em alguns casos, ele chegou perto do padrão que a série estava tendo, porque os personagens ainda estavam em evolução. Mas Gene nunca foi o roteirista que Harlan Ellison, Jerry Sohl ou Teddy Sturgeon eram. Quanto a isso não há a menor dúvida. Poucas pessoas chegam a atingir esse nível. Mas Gene não conseguia manter as mãos longe dos roteiros. Deus sabe o que ele teria feito com "Ser ou não ser, eis a questão", mas havia algo totalmente certo: o que estava no roteiro e o que foi filmado não teria sido "Ser ou não ser, eis a questão".

Robert H. Justman

Estávamos fazendo um programa original e os escritores conhecidos de ficção científica vieram com todos os tipos de conceitos maravilhosos e premissas incríveis. Mas o fato de ter uma premissa maravilhosa não significa nada quando você entrega um roteiro de TV. Não significa que é dramaturgia de verdade. Eles não escreveram nada que pudesse ser fotografado ou construído. O que você aceita no mundo da prosa não é necessariamente aceito na dramaturgia para a TV.

Gene Roddenberry

Durante o primeiro ano, escrevi ou reescrevi os textos de todo mundo, até mesmo dos meus melhores amigos, porque eu tinha uma ideia na cabeça de algo que ainda não tinha sido feito e queria realizá-la. Assim que tivéssemos episódios suficientes, então os roteiristas poderiam ver aonde estávamos indo, mas eu estava realmente moldando os roteiristas para escrever o que eu queria que escrevessem. Perdi um monte de amigos escritores, porque escritores não gostam de ver seus textos reescritos, mas a coisa toda estava na minha cabeça e eu não podia dizer: "Escreva as falas do sr. Spock como se você estivesse escrevendo as falas de fulano", porque nunca houve alguém como o sr. Spock antes. Então, eu reescrevia e perdi muitas amizades.

John D. F. Black

Depois de Gene terminar de reescrever, eu pegava o roteiro de volta, tentava satisfazê-lo e deixar o conteúdo o mais próximo possível da versão entregue pelo autor. O roteirista viria e teríamos uma reunião sobre a trama, discutiríamos mudanças, ele iria embora e, geralmente, eu pediria que ele desse um polimento... se tivesse tempo. O dilema em *Jornada nas estrelas* era que, em um primeiro momento, parecia fácil para um roteirista escrever no contexto da espaçonave, mas isso logo tornou-se impossível. Inúmeras alterações eram feitas em muitas coisas diferentes. Eram alterações discretas, mas necessárias.

Os roteiristas, creio eu, merecem o crédito por tudo de bom que fizeram... Enquanto eu estava lá, pelo menos. Qualquer defeito que possa ser achado no material é responsabilidade minha e de Gene. Os textos que recebíamos eram, na maioria, brilhantes. Não consigo me lembrar de perguntar para um roteirista "Por que isso está acontecendo?" sem que ele me explicasse. Sempre havia um motivo.

Robert H. Justman

Muitos roteiristas ficavam com o ego ferido e não posso dizer que os culpo. Ninguém quer ser reescrito, porque você investe muito do seu cérebro e das suas emoções naquilo que escreve. Você acredita que fez o certo ou não teria escrito daquela maneira. Mas Harry Truman costumava dizer: "Se você não aguenta o calor, saia da cozinha". Não adianta dizer que vai trabalhar em certo emprego se você não está disposto a aceitar as regras que vêm com ele e suas restrições. As pessoas não gostam de reescrever porque vai dar trabalho. Todo mundo adoraria receber um roteiro pronto para filmar, mas não é necessariamente como as coisas acontecem.

John D. F. Black

Quando escrevi "Tempo de nudez", entreguei meu primeiro tratamento e dei uma cópia para Gene. "Aqui estou, trabalhando na série. E se alguém conhece essa série além de Gene, esse alguém sou eu." Então, Gene trouxe um roteiro reescrito. Não consegui lidar com isso. Não era algo que conseguia engolir. Uma pergunta não saía da minha mente e eu a fiz para Gene: "Se eu não conheço a série, que diabos estou fazendo aqui?". Perguntei a ele qual era o problema do texto. Ele me falou e eu respondi: "O.k., vou reescrever". E reescrevi a partir do meu original — então ele reescreveu meu segundo tratamento. Então, ninguém conseguia colocar os próprios textos no ar.

Robert H. Justman

Acho que sou parcial. Acredito que Gene Roddenberry é um gênio. Não apenas por ter criado *Jornada nas estrelas*. Eu o conheço há anos, desde que falou que faria coisas incríveis. Ele é um pensador original. Suas origens são humildes, mas ele é um homem que se educou sozinho e descobriu que a mente é um terreno fértil. Ele possui uma mente fantástica. Você não pula numa piscina sem produzir ondas.

Diana Muldaur
(atriz, "Retorno ao amanhã")

Várias pessoas tentam diminuir a genialidade de Gene para ganhar mais importância, e sempre falei para elas não esquecerem do gênio que ele era, porque nenhum de nós estaria aqui se não fosse por ele. É a verdade, gostem ou não. Ele criou a série. Não há nenhuma dúvida na minha cabeça sobre a genialidade de Roddenberry.

John D. F. Black

Gene tinha a impressão de que ninguém gostava dele. Quando ele criava uma ideia, eu diria que havia oitenta por cento de chance de que estivesse certo. Ele acertava em relação aos personagens, à combinação entre espaço sideral e universos internos, sobre um bocado de coisas. E não gosto de falar isso. Eu era uma das pessoas que não gostava dele.

Rod Roddenberry
(filho de Gene Roddenberry)

Meu pai colheu todos os créditos e algumas pessoas foram subestimadas. Não estou falando de Nimoy ou Shatner, mas a importância das contribuições de outros são subestimadas e acho que isso os magoa. Foi um esforço coletivo. Muitas pessoas transformaram *Jornada nas estrelas* no que ela é. Sim, meu pai trouxe a ideia para a mesa, montou a equipe e cometeu erros ao longo do caminho. Ele merece os créditos, mas sinto muito por aqueles que acham que não foram ouvidos ou reconhecidos. Acho que eles deveriam ser... mas também acho que eles deveriam parar de bater no meu pai, porra!

John D. F. Black

Sempre dei valor ao peso da minha palavra e, se falasse para alguém que teria permissão para reescrever o próprio trabalho e ninguém tocaria nele, então eu o estaria enganando e isso nos deixaria com uma péssima relação de trabalho. Eu estava ali porque sabia conversar com os roteiristas. Havia um respeito mútuo. A integridade importava e eu não suportava ver a qualidade do trabalho cair a ponto de o diálogo não ter mais aquela ousadia. Gene usaria a palavra "rápido" pelo menos uma vez por página. "Precisamos ir mais rápido ao ponto." Eu estava observando muito material bom ser desperdiçado e não consegui suportar. Bati de frente com um executivo do estúdio e disse: "Não posso continuar aqui se minha palavra não vale nada". Ele respondeu: "A série é de Gene". Então perguntei: "Você gostaria de receber minha carta de demissão ou prefere me demitir?". E ele respondeu que não fazia diferença. Não havia *outra* alternativa. Então, saí da série.

Steven W. Carabatsos
(consultor de roteiro, *Jornada nas estrelas*)

Cheguei à série como consultor de roteiro por volta de quinze semanas depois da saída de John Black. A série ainda não tinha entrado no ar. Quando cheguei, havia seis episódios prontos. Tenho certeza de que hoje em dia é ainda mais frenético, porque os riscos são maiores. Mas, naquela época, durante o ano de consolidação de uma série, todo mundo estava experimentando e preocupado se seria um sucesso, assim como que tipo de série gostaria de fazer.

Robert H. Justman

Durante o processo, Gene estava exausto, assim como eu. Nós dois quase não sobrevivemos à primeira temporada por causa do excesso de trabalho. Estávamos no limite de nossa perspicácia. Eu estava tão cansado que vim arrastado para casa certa noite. Minha mulher ligou para Gene e disse: "Chega, vou levá-lo para casa". Tente trabalhar por seis meses, sete dias por semana e dormir apenas uma média de três ou quatro horas por noite, com uma pressão enorme. Eventualmente, algo precisaria ceder. Aconteceu de ser eu naquela noite. E Gene era o próximo. Éramos um caso perdido. Como consequência disso, Gene Coon veio trabalhar na série. Gene

Roddenberry não conseguia fazer mais aquilo sozinho. Ele era excelente, escreveu cenas maravilhosas, mas pagou o preço.

Quando Gene Roddenberry saiu numa licença tão necessária, enviou um memorando junto com o roteiro completo de "A coleção, partes I & II", que reaproveitava o piloto original "A jaula" como parte da inspiração de um episódio duplo. Roddenberry escreveu para Bob Justman, brincando: "Como sinal dos meus vastos e sinceros agradecimentos a você, deixo umas cinquenta páginas de pura genialidade, enquanto tiro férias no deserto. Leia e chore, como fez Alexandre ao vislumbrar as glórias do Egito".

Em 8 de agosto de 1966, um mês antes de a série estrear, *Jornada nas estrelas* passou por um abalo sísmico, quando Gene L. Coon foi contratado como produtor. Seria Coon que definiria criativamente a série nos meses seguintes.

Nascido Eugene Lee Coon em 7 de janeiro de 1924, em Beatrice, Nebraska, ele estudou em escolas públicas de seu estado natal e da Califórnia. Em 1942, alistou-se nos Fuzileiros Navais, onde passou quatro anos. Durante esse tempo, foi alocado em bases no Pacífico e no Oriente. Participou da ocupação inicial do Japão, depois foi enviado à China, supostamente para ajudar a repatriar os japoneses, mas terminou editando e publicando um pequeno jornal. Por oito meses, permaneceu no norte da China e, então, retornou aos Estados Unidos, onde tornou-se radiojornalista, membro da National Association of Radio News Editors e roteirista freelancer.

Ele escreveu os livros *Meanwhile Back at the Front* e *The Short End*, ambos sobre a Guerra da Coreia. Os roteiros para cinema e televisão vieram em seguida, em 1957, quando escreveu os roteiros de *A prisioneira do Kremlin* e *O soldo do diabo*. Em 1964, escreveu o *remake* de Don Siegel para *Assassinos*, protagonizado por Lee Marvin e Ronald Reagan, em seu último trabalho no cinema. Enquanto isso, escreveu roteiros para séries de TV como *Caravana, Bonanza, Paladino do Oeste, Couro cru, Alcoa Premiere,*

The Eleventh Hour, Hotel de Paree, Riverboat, Suspense, General Electric Theater, Mr. Lucky, Peter Gunn e muitas outras.

Mort Zarcoff
(produtor, roteirista)

Na Universal, tínhamos a oportunidade de criar novos projetos. Desenvolvíamos novos conceitos, ideias, transformávamos tudo aquilo em roteiros e, esperávamos, criaríamos pequenas unidades que produziriam as séries. A fagulha de tudo isso foi Gene.

Lester Colodny
(roteirista, produtor)

Eles tinham uma série em preparação chamada *A Marinha de McHale*. E Jennings Lang, que era o vice-presidente do canal, amou a ideia, mas o roteiro não funcionava. A versão original era de um drama de uma hora, e era terrível. Jennings perguntou: "Como fazemos isso funcionar?". Eu trouxe Gene e fiz um contrato com ele para dois pilotos. Coon pegou uma série dramática e a transformou em uma comédia de meia hora. E assim começaram a filmar o piloto.

Mort Zarcoff

Ele era uma fonte incrível de energia criativa. Todos nós trabalhávamos e escrevíamos roteiros, mas a diferença era pequena. A maioria de nós entregava uma certa quantidade de páginas por dia, mas Gene se trancava no escritório e as páginas não paravam de sair. Reescrevemos um pouco delas, mas ele sentava na frente daquela máquina de escrever e batia aquelas páginas sem parar. Elas eram, sem dúvida, algumas das mais inteligentes e bem construídas que tinha lido em um bom tempo.

Lester Colodny

Jennings Lang me disse: "Somos donos de todos esses filmes de Frankenstein. Como fazemos uma série disso?". Gene e eu começamos a assistir aos filmes e, quanto mais víamos, mais caíamos no chão de tanto rir. Virei para ele e disse: "Isso não daria a série mais engraçada do mundo?". Então, colocamos nossa cabeça para funcionar e saímos com o conceito de *Os monstros*. Levamos a ideia para Jennings Lang e ele disse: "Você está maluco". Mais tarde, o chefe do estúdio, Lew Wasserman, informou: "Vendemos sua série maluca. Não a entendemos, mas a vendemos".

Eles a deram para outras pessoas e elas a transformaram em uma série para crianças. Nossa versão era muito engraçada e moderna. Estávamos fazendo uma sátira de *The Donna Reed Show*, mas com monstros, porque queríamos fazer algo bem adulto. Os primeiros dois roteiros eram comédias irônicas, mas *Os monstros* nunca saiu dessa forma.

Mort Zarcoff

Durante esse tempo, eles chamavam Gene para consertar qualquer coisa. Onde houvesse algo errado, eles chamariam Gene Coon. Ele era capaz de consertar qualquer roteiro ou piloto. Era um curinga. Foi isso que ele trouxe para *Jornada nas estrelas*.

Gene L. Coon era progressista de diversas maneiras, desde sua atitude geral em relação à vida até a contratação de Ande Richardson

— uma jovem afro-americana que era amiga de Malcom X, Martin Luther King Jr. e Maulana Karenga — como sua secretária e assistente. Ela tinha sido contratada uns dois anos antes para servir como "secretária do andar" na Desilu antes de começar a trabalhar para Coon em *Jornada nas estrelas*.

Ande Richardson
(assistente de Gene L. Coon)

A Desilu percebeu que não tinha funcionários negros, apenas atores negros que iam e vinham, mas nenhum negro trabalhava fixo nos estúdios, apenas faxineiros. Então, ligaram para a Urban League e pediram para enviar umas duas pessoas. Fui uma delas e me entrevistaram para o cargo de secretária, algo que eu não era e nunca fui. De qualquer maneira, trabalhei em todos os departamentos do estúdio, inclusive na recepção de entrada da rua Gower.

Então, Gene Coon chegou e me chamou para trabalhar com ele. Depois, certo dia, ele me perguntou se eu gostaria de trabalhar *para* ele e deixar o outro emprego. Levei um tempo para decidir, porque eu tinha trabalhado com Malcom, Karenga e todas aquelas pessoas. E trabalhar para um branco chamado Coon não era o que estava planejando. Mas demos um jeito e Gene ganhou meu coração.

David Gerrold
(roteirista, "Problemas aos pingos")

Se você olhar para os episódios dos quais Roddenberry foi responsável no início, mais ou menos todos os dez primeiros, não há muito do propósito nobre de *Jornada nas estrelas* neles. Há diversos tropeços nas tentativas de descobrir o que era a série e, mesmo assim, fizeram alguns ótimos episódios. Como ninguém sabia o que era *Jornada nas estrelas*, eles continuavam a inventar. Você vê coisas como "O estranho Charlie", "O inimigo interior", mas também havia várias cópias — "O primeiro comando" era "O voo do Fênix", "O equilíbrio do terror" era "A raposa do mar"—, e eles ainda não sabiam de verdade o que poderiam fazer com a série.

Quando Gene L. Coon subiu a bordo na segunda metade da primeira temporada, começamos a ter coisas como A Primeira Diretriz e um bocado de detalhes que mais tarde seriam identificados como partes nobres de *Jornada nas estrelas*. Gene L. Coon criou a imagem nobre que todo mundo credita a Roddenberry.

Jackie Coon Fernandez
(viúva de Gene L. Coon)

A ficção científica não foi exatamente uma escolha dele. Era o gênero em que trabalhava, mas ele não se via como escritor de ficção científica. *Jornada nas estrelas* era apenas outro drama pelo qual Gene se interessava. Outro pensamento, outro caminho, outra forma de olhar para uma situação de um ângulo diferente. Ele caiu por acaso nesse gênero.

Gene Roddenberry

Eu não tinha outra escolha. A única maneira que tinha para trazer pessoas como Gene Coon para produzir — eu precisava de um produtor, mais mãos para ajudar — era me tornando produtor executivo. Na verdade, um supervisor de produção. Hoje em dia, seria diferente. Ninguém reclamaria de ter uma série complexa com dois, três ou quatro produtores e um supervisor acima deles. Naquela época, ninguém tinha feito isso, mas eu precisava de mais pessoas de qualquer forma. Estava trabalhando de doze a catorze horas por dia e eu simplesmente não podia mais fazer isso. Todo mundo na nossa equipe ficou esgotado e foi parar no hospital pelo menos uma vez naqueles três anos. Estávamos fazendo metade de um filme de ficção científica por semana. Imagine o tamanho do fardo. Longas de ficção científica exigiam cerca de vinte semanas para serem feitos. Estávamos fazendo um toda semana.

Lester Colodny

Gene Coon poderia trabalhar em vários projetos ao mesmo tempo porque ele aprendeu sozinho algo chamado "escrita automática". Ele tinha uma coisa maluca de auto-hipnose e estava convencido de que poderia entrar num estado de quase desincorporação. Assim que estava preparado para escrever, depois de ter pensado na história e no que escreveria, ele entrava na sala, colocava um jazz no som e sentava na frente da máquina de escrever. Os dedos dele voavam como nunca tinha visto na minha vida. Ele entrava em um determinado estado mental e só se focava em uma única coisa: o roteiro. Era o processo mais incrível que alguém poderia testemunhar na vida.

Ande Richardson

Eu costumava procurar um dos médicos mais antiéticos que existia. Podia comprar baldes de anfetamina dele. Então, eu os levava para Gene. Ele me fazia ficar com alguns comprimidos e partia para escrever. Eu passava a noite dançando.

Jackie Coon Fernandez

Seu estilo de escrever era ir para a cama com uma ideia na cabeça e ao acordar tudo estava pronto. Do nada. Ele dormia profundamente e despertava renovado. Depois seus dedos iam para a máquina de escrever. Ele nunca pensava.

John Furia Jr.
(roteirista/produtor/ex-presidente do Sindicato dos Roteiristas dos Estados Unidos)

Gene era um escritor muito prolífico. Escreveu livros e roteiros de televisão em todos os gêneros. Muitos escritores prolíficos tendem a ser desleixados, simplórios e não muito bons. Gene não era nada disso. Ele apenas era um escritor muito rápido. Ele se importava muito com a escrita. Gostava de muitas coisas. Gostava de conversar, escrever. Vários roteiristas escrevem na defensiva e odeiam o processo. Eu preciso dizer que tenho uma relação de amor e ódio com a escrita. Odeio o processo, mas amo quando termino. Mas Gene realmente saboreava o ato de escrever.

Jackie Coon Fernandez

Nunca o ouvi reclamar de ter de escrever. Seria inimaginável para Gene fazer outra coisa além disso.

Dorothy Fontana

Ele tinha uma delicadeza na escrita que era realmente notável. Havia uma sutileza notável nos relacionamentos descritos nos textos. Sua secretária era uma jovem negra que curtia a filosofia de Malcom X e explicava a Gene essas coisas. Um belo dia Gene disse que queria algum dia ouvir um discurso de Malcolm X. Então, eles começaram a ter conversas sobre o movimento negro e tudo que ele envolvia, a filosofia de vida e a determinação da comunidade negra em ter mais igualdade. Gene sempre teve a mente aberta e era um homem justo. Sempre gostei disso nele, porque transparecia em seu texto e o fazia ser um escritor melhor.

Ande Richardson

Gene quis ir para a mesquita e eu disse: "Desculpa, cara, mas você não pode ir. Nenhum branco tem permissão". O pai de Gene era membro da Klan e ele era o oposto disso. Lembre-se, ele foi correspondente de guerra. Ele teve de voltar para a Segunda Guerra Mundial e, depois, para a Coreia. Não gostava da guerra e era aberto a todas as opiniões. Ele simplesmente era um *bom* homem.

Enquanto trabalhávamos lá, Gene não compartilhou sua opinião sobre *Jornada nas estrelas*. Eu recebia o roteiro e ele se aproximava e perguntava: "E aí, como está?". E eu responderia: "O segundo bloco precisa de mudanças" ou algo assim. Eu já estava mais do que acostumado a ler e analisar os roteiros. Ele só dava uma olhada e os organizava. Então, falávamos tanto sobre *Jornada nas estrelas* quanto sobre o mundo, sobre política, sobre o que estava acontecendo. E, depois, eu via tudo aquilo em *Jornada nas estrelas*. Olha, eu trabalhei com Martin Luther King Jr. e Malcom X, e trabalhar com Gene foi o mesmo que trabalhar com eles.

Lester Colodny

Gene estava sempre comentando sobre algo que escreveu. Tudo tinha uma mensagem. Ele sempre estava antenado. Sabe de quantos anos atrás estamos falando? Gene estava ciente da camada de ozônio e do desmatamento das florestas. Se você analisar os episódios que ele fez, vários tinham uma mensagem subliminar pertinente à nossa cultura. Tudo que ele escrevia — ele conseguia escrever as comédias mais engraçadas — tinha um ponto de vista sociológico relativo ao bem-estar da humanidade. Ele era dedicado a esse ponto. De todas as pessoas que conheci na minha vida, eu diria que ele foi uma das mais francas. Não havia agendas ocultas. Não havia babaquice.

Jackie Coon Fernandez

Gene era uma espécie de Huckleberry Finn adulto. Era uma ótima qualidade, porque todo mundo sabia onde estava se metendo e não precisava ficar provando o talento o tempo todo. A personalidade de Gene Roddenberry, embora fosse um homem de fala mansa, era muito expansiva, maior que qualquer outra coisa. A personalidade de Gene Coon era o oposto. Era introspectivo e ficava contente em deixar os outros brilharem — Roddenberry, eu ou qualquer um que o quisesse. Ele deixaria isso acontecer e ficaria na dele.

David Gerrold

Não havia *atuação*. Preciso compará-lo com Gene Roddenberry neste caso. Roddenberry sempre estava interpretando o maioral e as pessoas ficavam encantadas porque entravam em seu escritório querendo ver o maioral — e claro que ele assumia esse papel. Gene L. Coon era apenas Gene L. Coon.

Era alguém muito acessível, direto e despretensioso. Ele tinha uma atitude muito prática em relação ao fato de estarmos fazendo uma série de TV. Isso era muito animador, porque *Jornada nas estrelas* se transformou em uma religião. As pessoas discutem a série e há um significado nela. Com Gene Coon, antes de mais nada, havia o entendimento de que estávamos fazendo televisão. Boa televisão. Não estávamos em uma missão divina, mas sim tentando divertir os espectadores.

ANDE RICHARDSON

Havia certas pessoas que possuíam meu respeito e Gene Roddenberry não era uma delas. Quer dizer, ele foi no meu casamento e fui ao dele e na festa de casamento de Majel depois que eles se casaram no Japão. Éramos todos amigos, mas Gene Coon morava no meu coração. Malcom, Martin e Gene Coon eram as pessoas que eu prezava, admirava e por quem tinha respeito por sua integridade. Mas Gene Roddenberry era um sexista e manipulador que desprezava as mulheres. Eu não tinha apreço por ele. Ele era engraçado naquele jeito dele, mas sem substância. Integridade zero... bem, não totalmente, mas ele era raso. Não tinha substância. Tendo convivido com aqueles três homens, não hesito em colocá-los juntos e dizer que Roddenberry não chegava nem perto deles. Claro, ele pode ter sido o Grande Pássaro, mas não era uma grande pessoa.

Ele fazia com que as mulheres que saíam dos provadores na sala de Bill Theiss passassem por seu escritório para que pudesse secá-las. Ele era muito sexista. Lembro de Roddenberry me falando algo e eu pensava: "Por que ele está me contando isso?". Eram coisas pessoais dele para as quais eu não dava a mínima. Ele não respeitava a privacidade das pessoas. Lembro de ver Nichelle no escritório dele e aí percebi: "Ah, ele está pegando Nichelle". Mas ele arrumou um apartamento para Majel perto do estúdio para dar uma rapidinha matinal. Não sei por que ele precisava ser tão devasso, indo atrás de qualquer mulher. Ele voltou do Japão com Majel e me disse: "Sabe, Ande, você pode tirar da frente e colocar atrás, mas não pode sair de trás e ir para a frente. Majel pegou uma infecção dos infernos". De novo, pensei: por que diabos ele estava me contando aquilo? Mas ele era assim: um sujeito completamente maluco.

Robert H. Justman

Gene Coon estruturou vários episódios, mas não o conceito. O conceito era de Gene, e isso nunca mudou. Coon reescreveu episódios enquanto estava na produção. Escreveu algum material original e era um *workaholic*. Ele ia até os limites e era maravilhoso. Mas o conceito da série tinha sido estabelecido no início da primeira temporada. Gene Roddenberry estruturou a série como queria, então Gene Coon fez o melhor — e o melhor dele era realmente impressionante — para que o programa fizesse jus ao conceito.

William Shatner
(ator, James Tiberius Kirk)

Na minha opinião, Gene Coon deu uma injeção de vida em *Jornada nas estrelas*, mais do que qualquer outra pessoa. Os instintos de Gene Roddenberry para criar um material original não têm paralelos. Não há dúvida quanto a isso. Ele organizou, contratou as pessoas, o conceito era dele e foi colocado em prática por ele. Mas, depois de treze episódios, outras pessoas assumiram o barco. Gene Coon ficou um ano e definiu o teor da série. Gene Roddenberry passou para o segundo plano enquanto outras pessoas assumiam um papel mais ativo no programa.

Robert H. Justman

Gene Coon envolvia-se quase que totalmente com a trama e o roteiro. Ele participava da escolha do elenco, mas não era responsável pela edição da série ou a trilha sonora. Eu fiz tudo isso, assim como cuidei dos objetos cenográficos, do figurino e de todas as outras tranqueiras. Sinceramente, Gene Roddenberry teria morrido se não tivesse contratado Gene Coon ou outra pessoa para fazer esse trabalho. Coon foi um achado brilhante; não poderia encontrar pessoa melhor. O problema é que a série o exauriu e, por isso, ele saiu na metade da segunda temporada.

Harve Bennett
(produtor executivo, *Jornada nas estrelas II — A ira de Khan*")

Gene Roddenberry foi o Douglas MacArthur dessa campanha específica, o George Patton. E Gene Coon foi o Omar Bradley.

Glen A. Larson
(produtor, *O rei dos ladrões*, *Battlestar Galactica*, *Buck Rogers*)

Entrei na televisão trabalhando com Gene Coon. Acho que ele era o espírito e a alma da série. Não acho que ela teria ido naquela direção ou teria sua enorme credibilidade se não fosse por Coon. Gene tinha uma boa noção de drama, além de conceitos sólidos.

David Gerrold

Quando Gene L. Coon chegou, uma das coisas que aconteceram é que eles já sabiam o que podiam fazer e ele se concentraria nessas áreas. Os episódios que ele fez eram mais seguros, mas não tão aventurescos quanto os primeiros. Os personagens já estavam estabelecidos, então Coon permitiu que eles se relacionassem. Quando ele assumiu, os personagens ganharam maior nitidez e ficaram mais enxutos. E se tornaram Kirk, Spock e McCoy. Antes disso, havia uma indefinição, porque Roddenberry não sabia sobre quem era a série ou do que tratava. Depois que Gene Coon assumiu, decidiu que seria sobre Kirk, Spock e McCoy, e os outros personagens seriam um acessório. Virou uma fórmula de sucesso.

Dorothy Fontana

Os textos de Gene Coon influenciaram os roteiristas que chegaram e estavam estruturando suas próprias histórias. Dava para sentir o fluxo de tudo que estava acontecendo. Outra coisa que ocorreu foi que o humor entre os personagens tornou-se mais desenvolvido, especificamente a relação entre Spock e McCoy, que se tornou mais engraçada, progredindo a ponto de se tornar uma amizade, ainda que guiada por pequenos insultos e tiradas. Entretanto, as bravatas verbais eram sempre divertidas. Ficou engraçado criar aqueles diálogos quando começamos a pegar essa fórmula. Acho que Coon abriu caminho para isso.

Steven W. Carabatsos

Gene Roddenberry trabalhou duro. Preciso dar um bocado de crédito ao homem, porque ele ralou muito. Mas ele assumiu o posto de produtor executivo e Gene L. Coon veio como produtor de linha, para garantir que os roteiros estivessem prontos para filmar e supervisionar os aspectos físicos da série. Era a ele que eu me reportava quando cheguei para trabalhar.

David Gerrold

Roddenberry sempre levou o programa a sério demais e mais parecia um pastor de igreja evangélica. Acho que Roddenberry queria ser um pregador e não conseguiu. Todo mundo discutia com ele e Gene dizia: "Vocês não estão entendendo. No futuro, as pessoas trabalham em conjunto", mas, na verdade, o que ele escrevia eram sermões.

Robert H. Justman

Não demorou muito para a personalidade de Gene Coon me surpreender, porque, após alguns dias, e especialmente depois de ler o primeiro texto que ele escreveu para nós, eu fiquei empolgado. Primeiro porque nenhum dos roteiristas estava aproveitando o conceito de *Jornada nas estrelas*, mas Gene Coon sim. Não demorou muito para ele pegar o jeito, e eu sabia que era bom, porque li o roteiro e percebi, ao escrever minhas anotações nele, que eu estava superanimado. Ele entendia os personagens que os atores estavam interpretando e seguiu em frente. Quanto mais trabalhava com Gene, mais gostava dele, como alguém que queria as mesmas coisas que eu e Gene Roddenberry procurávamos, e também por ser um camarada agradável.

David Gerrold

Nos roteiros de Gene L. Coon, as pessoas interagiam de uma forma totalmente diferente e não discursavam, embora fosse meio obrigatório um pouco de pregação no fim do roteiro, quando o capitão explica algo — já que ele era a figura paternal. Os personagens de Gene L. Coon faziam piadas entre eles. Acho que é por isso que os fãs gostaram tanto da série. Enquanto nossos personagens estavam no meio de uma aventura, eles tiravam sarro uns dos outros, algo que demonstrava afeto. Ninguém nunca duvidou se Spock e McCoy se gostavam, e isso aconteceu ao mostrarmos os personagens se alfinetando o tempo todo. Acho que muito disso se deve a Gene L. Coon.

Ande Richardson

Gene colocava comentários em seus roteiros e, então, acrescentava uma piada para que pudéssemos rir. E isso mantinha um equilíbrio. Ele fazia você rir e aprender ao mesmo tempo. Se eles estão rindo, estão respirando e aprendendo. Eles podem ouvir, escutar, assimilar. Isso tudo foi Gene. Ele misturava os gêneros de forma bonita.

Robert H. Justman

Um dia, eu fiquei embasbacado ao vê-lo escrevendo um roteiro. Ele martelava as teclas da máquina de escrever e produzia o que pareciam resmas de material. Na minha opinião, ele foi a única pessoa a escrever para *Jornada nas estrelas* e entregar algo superior ao que estávamos procurando. Suas cenas eram altamente propícias à dramatização, e ele tinha montes e montes de ideias. Era alguém que espalhava felicidade por onde passava graças à qualidade do seu trabalho.

Steven W. Carabatsos

Como mencionei, alguns roteiros podiam ser filmados de imediato, mas outros exigiam um substancial processo de reescrita, algo que Gene Coon e eu fazíamos. Foi uma época empolgante para mim, porque eu era um garoto e aquela era uma grande oportunidade. Também lembro de ficar impressionado com o fato de Roddenberry estar alistando uma tropa de escritores de ficção científica. Todos eles vieram trabalhar com animação e um sentimento de entusiasmo para fazer os tipos de histórias que *eles* queriam fazer. Meu problema é que eu não tinha a mesma origem; não sentia que tinha o mesmo tipo de preparo para a missão.

Robert H. Justman

A principal função de Gene Coon e Gene Roddenberry não era escrever novos episódios, apesar de fazerem isso. O trabalho deles era lidar com os roteiristas disponíveis e tirar algo proveitoso deles, algo que dificilmente acontecia, pois era uma série difícil de escrever. Era preciso entender e se interessar não apenas pelo mundo da ficção científica, mas pelo futuro previsto por Gene. Era uma missão difícil. Ele era tão habilidoso e entusiasmado que ficava datilografando com um cigarro nos lábios, a fumaça dançando na frente do seu nariz, e testando hipóteses. Uma riqueza de ideias que nunca parou de me deixar feliz.

James Doohan

O bacana em Gene Roddenberry era que ele reconhecia Gene Coon. Trabalhei com Jackie Gleason antes que fosse alçado para a fama e o que me fascina é como ele reconhecia a genialidade de Art Carney. Ele reconhecia um talento de verdade quando o via, porque também era talentoso. E agrupar pessoas assim também era um talento de Gene.

Dorothy Fontana

Depois de Steven, virei a consultora de roteiro. Lidava com roteiros o tempo todo e tinha minhas opiniões sobre eles. Eu apenas nunca as expressava por escrito, embora conversasse em segredo com Gene e Gene Coon sobre os episódios que estavam fazendo. Eu me envolvi na série primeiramente como roteirista, depois tive minhas reuniões com os dois. Senti que poderia fazer o mesmo trabalho [de consultora de roteiro] e Gene também, então me deixaram assumir.

Nas mãos capacitadas do quarteto fantástico de *Jornada nas estrelas* da época — Coon, Roddenberry, Fontana e Justman —, os roteiros começaram a melhorar ao longo da primeira temporada, concentrando-se intensamente na interação dos personagens, aumentando os comentários sociais e pavimentando o caminho para os mais memoráveis aspectos do conceito, tais como a Primeira Diretriz de Não Interferência e a introdução dos klingons como os principais antagonistas dos nossos heróis. Ao mesmo tempo, a audiência, embora inicialmente alta, não era consistente ou significativa o suficiente para garantir a continuidade da produção. Havia rumores de que a NBC considerava o cancelamento e, no desespero, Roddenberry procurou Harlan Ellison em busca de ajuda.

Numa época antes de a relação azedar entre eles por causa das mudanças de Gene no roteiro de Ellison para "Cidade à beira da eternidade", o lendário escritor escreveu uma carta em 1º de dezembro de 1966 à Organização de Escritores de Ficção Científica dos EUA dizendo, em parte, que "o cancelamento de *Jornada nas estrelas* seria trágico, parecendo demonstrar que a ficção científica de verdade não conseguia atrair uma audiência em massa. Precisamos de cartas! Suas e nossas, e de qualquer fã de ficção científica e seriados de TV que pudermos alcançar em nossas publicações e contatos pessoais".

O pedido se espalhou, ajudado em grande parte por uma comunidade de fãs que tinha aguardado uma série genuína de ficção científica na TV e encontrou isso em *Jornada nas estrelas*. Como observado acima, o cancelamento nunca foi algo certo, mas estava ficando óbvio que a série tinha conquistado muitas pessoas — mesmo que não fossem as famílias pesquisadas pelo índice Nielsen.

Bjo & John Trimble

(ESCRITORES, *ON THE GOOD SHIP ENTERPRISE*)

Quando a primeira pista de um cancelamento percorreu os corredores da Desilu, Harlan Ellison entrou em ação com um pedido aos escritores de ficção científica para ajudarem a salvar a série. Em boa parte do tempo, Harlan se dirigiu às pessoas cujos interesses giravam em vender roteiros para *Jornada nas estrelas*. Os fãs souberam do plano e também mandaram cartas. Foi uma comoção suficiente para convencer a NBC de que alguém lá fora, naquela terra desolada, assistia à *Jornada nas estrelas*. A emissora renovou a série e todo mundo respirou aliviado.

Devra Langsam

(ESCRITORA; REDATORA DE *SPOCKANALIA*, O PRIMEIRO FANZINE DEDICADO A *JORNADA NAS ESTRELAS*)

Durante a primeira temporada, minha prima Debra Langsam fez protestos na frente da NBC e distribuiu panfletos com o cabeçalho "Salvem *Jornada nas estrelas*" em Manhattan. Ela ouviu pessoas dizendo que o "dr." Spock era comunista. Elas estavam um pouco confusas. Então, distribuímos panfletos e broches, e a NBC continuava a mandar as secretárias fazer relatórios sobre os protestos. "Eles ainda estão lá; há quatro deles, ainda estão protestando." Era um pequeno número de manifestantes, mas continuamos a distribuição de panfletos e escrevemos cartas, e não petições. Petições não surtiam efeito. Apesar de darem mais trabalho, as cartas funcionavam melhor. Eles nos respondiam com o que chamávamos de "Muito obrigado, mas, por favor, morram". Sabe como é, o velho "Sua opinião foi registrada e arquivada". Mas eles ficaram surpresos por haver tanto interesse na série e acabaram dizendo: "Tudo bem, vamos mantê-la no ar". Mas foi muito esforço. Não sei se fizemos tanta diferença no fim, ou se eles perceberam que aquilo lhes renderia mais grana, porém estávamos na luta.

Preciso dizer que Roddenberry encorajou o grupo, enviando brindes para nos apoiar. Eles mandavam trechos de filme de verdade que foram cortados. A gente ficava louco. "Olhe só, fotos do Spock, e em película de verdade!". Eram presentes de agradecimento, e havia o fato de que a emissora estava meio que reagindo aos protestos. As pessoas começaram a se encontrar e se reunir cada vez mais.

Jacqueline Lichtenberg
(fundadora, *Star Trek* Welcommittee)

Naquela época, a atitude da maior parte do público norte-americano em relação a *Jornada nas estrelas* era de rejeição total à ficção científica, como se fosse algo completamente fora da realidade. Estar por dentro da realidade era a prova de fogo para um trabalho ser confiável. Os leitores de ficção científica não eram respeitados e a literatura era vista pelos professores de Letras como prejudicial ao desenvolvimento do bom gosto do estudante. O mesmo pode ser dito sobre a TV (e também o rádio). Os roteiristas, produtores e o público concordavam que "aquilo" não fazia sentido. Claro que séries policiais, faroestes e outros gêneros eram admirados mesmo contendo mais fantasia que qualquer história de ficção científica.

O primeiro corte nessa atitude veio quando a série televisiva *Meu marciano favorito* alcançou o auge. Há uma verdade básica por trás disso que perdura até hoje. A comédia consegue tocar em pontos filosóficos sérios e profundos que o drama não consegue. Contraponha a popularidade de *I Love Lucy* com o movimento feminista e você verá a conexão. Lucy atacou a tirania dos "maridos" usando a comédia pastelão. Pode ter se tornado popular porque zombava do amargo ressentimento subconsciente de uma geração de mulheres. Da mesma forma, *Meu marciano favorito* apresentou ao horário nobre a ideia infantil de "um visitante de outro planeta" parecido com o Doctor [*Doctor Who*], uma comédia infantil no horário nobre.

Então, *Meu marciano favorito* permitiu que as crianças que cresceram com *Johnny Jupiter* rissem no horário nobre, e *Jornada nas estrelas* levou o mesmo conceito para os adultos que assistiam à *Caravana*.

Elyse Rosenstein
(organizadora das primeiras convenções de *Jornada nas estrelas*)

A comunidade de fãs de ficção científica existia desde 1939. Era silenciosa e não possuía publicações. Você só sabia de algum encontro se conhecesse alguém que fosse. Era tudo no boca a boca. Por natureza, os fãs de ficção científica são inteligentes e geralmente envolvidos, ou pelo menos interessados, em ciência. São solitários por natureza, não são normalmente sociáveis, mas falam bastante quando é apropriado, são muito devotados ao gênero. Havia revistas de fãs nas quais as pessoas discutiam pequenos detalhes infinitamente, mas sempre de forma inteligente. Não era algo como "Bem, acho que deveria ser *assim*!" ou "Por que não fizeram *isso*?". O lance de *Jornada nas estrelas* era sua inteligência e otimismo. Não era o velho clichê do "Vamos ver se podemos matar os alienígenas". Isso atraía muita gente. Roddenberry era muito alto-astral, e isso refletia em um produto com sentido. Por que nós necessariamente precisamos matar todos os alienígenas que encontramos?

Devra Langsam

A ficção científica era concentrada nos homens, ou controlada por eles. Havia poucas mulheres envolvidas, mas na grande maioria eram esposas de fãs. Então, quando *Jornada nas estrelas* começou, tinha um componente feminino imenso, algo que acredito que as emissoras nunca compreenderam. Havia três sujeitos atraentes como heróis e os canais não esperavam que as mulheres reagissem com um "Uau!"? Mas os executivos persistiram na ideia de que os fãs de *Jornada nas estrelas* eram garotos de dezesseis anos com espinhas no rosto e 87 broches na camiseta. Nós tentamos dizer isso a eles, mas nunca nos ouviram. Várias pessoas vieram para a comunidade por causa de *Jornada nas estrelas*, muitas delas mulheres, e os fãs da velha guarda começaram a sentir como se estivessem perdendo o controle sobre o próprio passatempo. Olha, tenho certeza de que deve ter parecido uma invasão, assim como quando *Guerra nas estrelas* foi lançado e muitos mudaram de *Jornada nas estrelas* para *Guerra nas estrelas*.

E havia o problema de que a maioria dos fãs mais velhos de ficção científica eram... menos que perfeitos em relação à socialização. Então, se eles viam uma garota e se aproximavam dela, havia uma dificuldade em socializar, e isso os incomodava imensamente, porque eles pensavam: "Se essa garota está aqui, é porque deve estar interessada em ficção científica e em mim". Não estou sendo muito delicada falando isso, mas era uma questão de "Quero conversar sobre Asimov e você nunca ouviu falar de Asimov, então por que está tentando dominar tudo? Como você tem aos montes por aí!". Quer dizer, tivemos cerca de 4 mil pessoas presentes na Worldcon, em 1967, e, então, Elyse Rosenstein e eu decidimos fazer nossa própria convenção, que atraiu bem mais gente. Então, os fãs de ficção científica se sentiram ofuscados e havia uma certa hostilidade.

Bjo Trimble

Uma amiga próxima, Luise Petty, se voluntariou para organizar um "Desfile de Moda Futurista" na Tricon 2, a Convenção Mundial de Ficção Científica de 1966, realizada em Cleveland. Luise me convidou e contatamos fãs de todo o país para conseguir figurinos baseados em ficção científica. Depois de escolher os melhores, entramos em contato com outros fãs para costurar e modelar as roupas num desfile especial durante a Tricon.

Parece que uma nova série de ficção científica seria lançada e alguns roteiristas sugeriram aos produtores que seria elegante mostrar o piloto a um grande número de fãs do gênero. E que lugar seria melhor que uma convenção? Surgiu então uma ideia ainda melhor: por que não pegar alguns dos figurinos dos episódios já prontos e vestir umas modelos com eles? Eles entraram em contato com o comitê da convenção, em Cleveland, e alguém veio com uma ideia ainda mais estilosa: coloquem esses figurinos no Desfile de Moda Futurista! Todos os detalhes foram acertados. Gene Roddenberry contratou algumas modelos de Cleveland e trouxe os figurinos para a convenção. Havia um sério problema: ninguém me falou que um desfile cuidadosamente coordenado e ainda mais cuidadosamente cronometrado estava sendo aumentado com a inclusão de três figurinos que nem eu, nem Luise havíamos visto! Um membro do comitê da convenção pensou em pedir para o produtor conversar comigo. E foi assim que conheci Gene Roddenberry.

Depois de encontrá-lo, falei que precisava ver os figurinos. Não sabia nem sobre qual série ele estava falando — algo chamado *Jornada nas estrelas*, que estrearia naquele ano e que ele *dizia* ser uma ficção científica das boas. Tivemos várias temporadas de outras séries que supostamente deveriam ser boas, mas não foram, então eu tinha minhas dúvidas. E me ressentia pelo fato de o meu desfile de moda ter virado um golpe de publicidade para alguma série estúpida de televisão. Mas Roddenberry fez as modelos desfilarem para mim. Concordei em colocá-las no desfile e, com um pedido sutil do produtor, aceitei até mesmo mencionar *Jornada nas estrelas*. Há um tipo de charme irlandês que dizem encantar até os pássaros para saírem das árvores. Gene possuía esse dom. Todo mundo gostou dos figurinos de *Jornada nas estrelas* e certamente — como era a intenção — eles geraram uma grande curiosidade em relação à série.

Yvonne Craig
(atriz, "Castigo dos deuses")

Nunca roubei nada de um set, mas em *Jornada nas estrelas* me arrependo de não ter dito "Posso ficar com meu figurino?", porque foi feito por uma mulher que trabalhou no Folies Bergère. Ela o desenhou como uma ponte e nunca se movia. Era realmente confortável e maravilhoso. Havia muitas mulheres que queriam se vestir como Marta [personagem de "Castigo dos deuses", da terceira temporada]. Vi alguém na pista de dança certa vez com aquele figurino e fui falar com ela. Mas não era ela, mas ele. Um cabeleireiro que fez um lindo trabalho. Até a peruca estava lá, e ele mesmo fez aquela roupa. Ficou lindo, e ele era maravilhoso.

Jacqueline Lichtenberg

A primeira vez que ouvi falar de *Jornada nas estrelas* foi bem antes da estreia na Worldcon, porque eu conhecia algumas pessoas da comunidade. Sabia que seria uma série de *ficção científica de verdade*. Mas não "entendia" a coisa toda em volta de Spock. Apenas escrevi uma carta implorando para que deixassem no ar até que pudesse vê-la. Naquela época, séries canceladas ficavam inacessíveis. Não existia Netflix nem Amazon Prime.

Na primeira temporada, *Jornada nas estrelas* teve uma sequência notável de episódios enquanto os roteiristas continuaram tentando descobrir a série e explorar a riqueza dos personagens. Entre

aqueles episódios que acabaram definindo a série como um clássico da televisão estavam "O inimigo interior", no qual Kirk é dividido em versões "boa" e "má" de si mesmo e descobre que uma não consegue sobreviver sem a outra; "Semente do espaço", que serviu de apresentação do super-homem genético Khan Noonien Singh, um personagem que retornaria nos longas-metragens *Jornada nas estrelas II: A ira de Khan* (1982) e *Além da escuridão: Star Trek* (2013); "Um gosto de Armagedom", uma das primeiras alegorias do Vietnã mostradas na TV; "Este lado do paraíso", que revelou aos telespectadores uma das primeiras visões do lado humano de Spock; "Demônio da escuridão" e sua história não tão óbvia sobre o perigo de julgar pela aparência; e "Cidade à beira da eternidade", a comovente história de viagem no tempo na qual Kirk precisa decidir se quer sacrificar o universo pelo amor de uma mulher.

RICARDO MONTALBAN
(ATOR, KHAN NOONIEN SINGH)

Como ator, pensei que seria bastante divertido interpretar o papel. Khan não era o personagem superficial de sempre. Ele precisava ter uma dimensão diferente. Isso me atraiu imensamente. Quando me enviaram o roteiro, achei um personagem fascinante e adorei fazê-lo.

Khan era um personagem maior que a vida. Precisava ser interpretado dessa forma. Ele era extremamente poderoso em termos mentais e físicos, com enorme senso de orgulho, mas não era totalmente vilanesco. Tinha boas qualidades. Enxerguei uma nobreza nele que, infelizmente, foi corroída pela ambição e pela sede de poder. Enxerguei isso no personagem e interpretei de acordo. Ele foi muito bem recebido na época e fiquei encantado. Então, esqueci dele e parti para a próxima... até o segundo filme de *Jornada nas estrelas*.

Dorothy Fontana

Gene Coon reescreveu "Um gosto de Armagedom". Alguns dos seus acréscimos tinham muito a ver com a personalidade de Kirk. Foi Gene que escreveu o discurso no fim, que o homem tem a reputação de ser um matador, mas que você acorda todas as manhãs e diz "não vou matar hoje". Foi uma daquelas coisas que ajudaram a identificar Kirk de maneira mais sólida.

David Gerrold

Eu escolheria "Demônio da escuridão" como o melhor episódio escrito por Gene L. Coon, porque captou a alma do que era *Jornada nas estrelas*. Existia uma ameaça, mas assim que você compreende o que é a criatura e as razões de fazer o que faz, ela deixa de ser uma ameaça. Terminamos aprendendo mais sobre o comportamento apropriado em nossa vida e sobre como sermos altruístas, tolerantes e compreensivos.

Harlan Ellison

A ideia de "Cidade" veio da imagem da Cidade à Beira da Eternidade, que era uma imagem de duas cidades, como estava no roteiro. A Cidade à Beira da Eternidade é a cidade neste planeta. No meu roteiro, ela *não* era um donut gigante; era uma cidade. Era uma cidade à margem do tempo e onde todos os ventos temporais se encontravam. Essa foi minha ideia original. Então, você vai para o outro lado e há uma outra cidade que também está à beira da eternidade, mas é Nova York durante a Grande Depressão. Uma é reflexo da outra. Naquela época, tudo que me preocupava era contar uma história de amor. Minha ideia era dizer que há um tipo de amor tão forte que você sacrificaria sua nave, sua tripulação, seus amigos, sua mãe, todo o tempo e tudo na defesa desse grande amor.

A história era sobre isso. Tudo que Gene Roddenberry queria que eu acrescentasse me afastava do tema. O roteiro não termina igual ao episódio que foi ao ar. Kirk tenta salvar seu amor. No instante final, ele diz: "Foda-se. Não me importo com o que vai acontecer com a nave, o futuro e tudo mais. Não posso deixá-la morrer. Eu a amo". E ele parte em busca dela. Spock, que é frio e lógico, o detém. Então, ela é atingida pelo caminhão.

O final visto na TV, em que ele fecha os olhos e a deixa ser atingida pelo caminhão, é uma porcaria total. Destruiu o tema central que tentei desenvolver. Destruiu a arte; destruiu o drama; destruiu a tragédia humana que havia nele.

Joseph Pevney

"Cidade à beira da eternidade" foi exibido mais para o fim da primeira temporada. Harlan estava bastante feliz de ver sua história em *Jornada nas estrelas*. Ele estava no set me agradecendo. Foi ótimo que Gene tenha reescrito, porque Harlan não tinha a menor noção de dramaturgia. Tinha uma ótima noção de realismo, o que está bem claro no episódio — todo o material sobre 1930 foi bem documentado. Foi um episódio bem concebido e bem escrito, mas os momentos dramáticos do roteiro original erravam feio.

Herbert F. Solow

Ganhamos muito com Theodore Sturgeon, George Johnson, Harlan Ellison e Gene Coon, que, sem sombra de dúvida, foi a mente por trás do que *Jornada nas estrelas* é hoje, não apenas inventando e desenvolvendo os klingons e sua cultura, mas Gene produziu e estava no comando de todos os roteiros dos episódios a partir do número sete até a metade da segunda temporada. Foi Gene [Roddenberry] que concordou em trazer esses escritores de ficção científica e não os roteiristas de TV disponíveis, que eram bons, mas não eram versados em ficção científica, fantasia ou criaturas alienígenas fascinantes.

Poderíamos ter trazido roteiristas de séries de terror, mas acho que teríamos saído do ar no primeiro ano. Na primeira temporada, construímos, digamos assim, uma subcultura fascinante de vida alienígena. Usamos roteiristas que tinham trabalhado para Rod Serling em *Além da imaginação*, porque queríamos capturar aquele sentimento. E fizemos isso, os telespectadores se apaixonaram e *Jornada nas estrelas* tornou-se o que é hoje.

Não tínhamos um desfile de monstros, não tínhamos vilões perversos nos episódios. Acho que fazíamos histórias introspectivas. Escrevíamos sobre pessoas. Acho que fomos justos com a vida extraterrestre — só porque você é um alienígena, não significa que seja malvado. Mostramos ditadores benevolentes, fomos imparciais, e acho que foi isso que o público captou e gostou em todos esses anos. Mas, devo dizer, não era o que tínhamos em mente quando começamos. Era uma série de aventura no espaço sideral e a NBC achava que poderia ser uma série bem-sucedida de ação. A RCA achava que poderia vender mais aparelhos de TV em cores. E nós sentimos que podíamos tornar a Desilu importante novamente como fornecedora de televisão de boa qualidade.

Jim Rugg
(chefe de efeitos especiais, *Jornada nas estrelas*)

A primeira temporada de *Jornada nas estrelas* foi o ano mais empolgante que tive nesta indústria. Tudo era novidade, estávamos experimentando e ninguém sabia aonde estávamos indo. Tivemos alguns desvios, de vez em quando ficamos perdidos e outras vezes vencíamos... Foi a única série, antes ou depois, na qual os técnicos em efeitos receberam cartas de fãs.

Scott Mantz
(crítico de cinema, *Access Hollywood*)

Pense nisto: nos anos 1960, ninguém sabia o que era *Jornada nas estrelas*. Era uma série cara. É fácil perder isso de vista hoje em dia. Todas as vezes que faziam algum efeito visual, ele nunca tinha sido feito antes. Compare o visual da primeira temporada de *Jornada nas estrelas* com *Perdidos no espaço*. Jerry Finnerman [diretor de fotografia] era um gênio. Aquilo era arte. Adoro como "O estranho Charlie" faz um tripulante desaparecer só por diversão, Kirk entra em cena, a luz é lançada sobre seus olhos, e ele diz: "Vá para seus aposentos antes que eu leve você à força". É brilhante. Você vê um episódio como "Metamorfose", da segunda temporada, com o céu púrpura quando eles vão para a casa de Cochrane e vemos as nuvens lá em cima. Isso nunca havia sido feito antes. E eles desligaram todos os ventiladores e disseram: "Ninguém se mexa". Então as nuvens pareceriam imóveis. A fotografia daquele episódio com seus tons de púrpura e rosa é linda. Quando [o diretor de fotografia] Al Francis assumiu na metade da terceira temporada, a série ficou iluminada demais.

Gerald Finnerman
(diretor de fotografia, *Jornada nas estrelas*)

Senti que o piloto parecia um pouco exuberante demais. Discutimos um visual para a série que eles queriam, mas não conseguiam. Era uma questão de iluminação. Não queríamos que parecessem apenas pessoas em um cenário. Claro que queríamos mostrar o cenário, mas eles não queriam que parecesse cheio, como em um musical. Os pilotos eram ricos. Trouxe minha equipe de câmeras da Warner Bros. e começamos *Jornada nas estrelas*. Era uma série muito ambiciosa. Dei uma olhada em todos os cenários e eram enormes. Eram grandes cicloramas e perguntei aos produtores: "Não seria bacana se cada planeta tivesse uma atmosfera diferente? Quem pode dizer que o Planeta 17 não é púrpura, laranja ou magenta?". E eles realmente gostaram da ideia.

Doug Drexler
(supervisor de efeitos, *Defiance*)

Eu assisti à primeira temporada inteira em preto e branco, algo que falo para as pessoas o tempo todo. Tente ver a série original sem as cores e você vai ficar impressionado. E, depois, assista a um episódio de *Enterprise* sem as cores. É embaçado. Naquela época, a maioria das pessoas tinha aparelhos preto e branco. Os diretores de fotografia então filmavam tanto para aparelhos preto e branco quanto para coloridos. Eles precisavam saber que a imagem pareceria boa nos dois formatos. Então, o uso de sombras, o contraste e a qualidade gráfica eram bem importantes. Se você assistir aos episódios da série clássica, eles ficam bem tanto em cores quanto em preto e branco. Ninguém mais os assiste em preto e branco. Não consigo imaginar por que alguém faria isso, mas você deveria, caso se interesse por cinema ou televisão.

Gerald Finnerman

A emissora dizia: "Não use cores nas pessoas". Havia uma sequência, acredito que no primeiro episódio, em que entrávamos em alerta vermelho, e era maravilhoso. Essa cena me deu a oportunidade de tentar algo diferente. Estávamos na ponte de comando da *Enterprise*, sob ataque, e, ao entrar em alerta vermelho, tirei toda a luz branca e liguei a vermelha. Havia uma contraluz branca de uma fonte do laboratório e armei a vermelha no fundo e processei. Foi bastante eficaz e todo mundo adorou. Então me empolguei para usar mais e mais cores. Posso ter exagerado na possibilidade, mas era extremamente divertido. Eu vejo os episódios hoje em dia e eles ainda parecem incríveis.

Gene Roddenberry

Jornada nas estrelas era considerada uma fantasia boba, porque o homem não havia pisado na Lua ainda. Meu pai saía de casa para se desculpar com os vizinhos. Ele dizia, "Eu sei que o garoto está se metendo em algo tolo, mas ele vai se recuperar e escrever um bom faroeste americano".

No fim da temporada, *Jornada nas estrelas* ganhou o Hugo Award de melhor série dramática. Gene Roddenberry logo enviou um telegrama para Mort Werner, da NBC: "O Hugo Award foi concedido a *Jornada nas estrelas* pelo Piloto duplo #1 (internamente chamado de 'O envelope'). 'A coleção' ganhou de *Viagem fantástica* e *Fahrenheit 451*, de Ray Bradbury. Espero que você também esteja satisfeito. É tarde demais para fazermos uso de chamadas nos comerciais de *Jornada nas estrelas* nos próximos dias?". Pelo visto era tarde demais, pois esses materiais promocionais nunca foram criados.

BRIGA DE FAMÍLIA

"Certo dia, nossa mente se tornou tão poderosa
que ousamos nos imaginar como deuses."

A chegada de Gene L. Coon em meados da primeira temporada de *Jornada nas estrelas* colocou a série num curso estável em termos criativos, com os melhores episódios ainda não exibidos. Ao mesmo tempo, as sementes do descontentamento que foram plantadas no primeiro ano começaram a enraizar. Quando a produção da segunda temporada teve início, as ondas de choque estavam realmente começando a reverberar.

Quando *Jornada nas estrelas* foi lançada, o conceito era de que William Shatner seria o astro da série no papel do capitão James T. Kirk. Como prega a "bíblia" dos seriados: "As histórias devem ser construídas em torno do personagem central. O problema básico deve ser dele e ele deve dominar os eventos e encontrar sua solução. Uma atenção considerável deve ser dada para estabelecer e examinar constantemente sua personalidade por inteiro, concedendo-lhe um leque amplo de pontos fortes, pontos fracos e idiossincrasias — e a soma disso deve repercutir, deve atrair o público e convidá-lo a se identificar".

A intenção parece bem clara. Mas assim que os episódios começaram a ser exibidos, o público logo abraçou o personagem de Spock, com a imprensa seguindo o mesmo caminho. Quando esse personagem secundário ganhou popularidade, o oficial de ciências vulcano ameaçou eclipsar o capitão. Talvez por ego ou pelo mero fato de um ator reconhecer sua posição e tentar maximizar o próprio potencial, Nimoy e seus agentes apareceram com uma lista de exigências — criativas e financeiras — que resultou na real possibilidade de substituir o personagem. Na verdade, o ator Lawrence Montaigne, que tinha interpretado um oficial romulano em "O equilíbrio do terror", na primeira temporada, e o vulcano Stonn em "Tempo de loucura", na segunda, foi contratado no início de abril de 1967.

Lawrence Montaigne
(ator, "Tempo de loucura")

Leonard queria mais dinheiro e eles negociaram com meu agente para substituí-lo por outro personagem, que não era Spock, mas possuía as mesmas origens. Então, Leonard voltou atrás e meu agente me informou: "Você está fora". Eu estava trabalhando tanto naquela época que não me importei. A ideia de entrar na série era interessante. Eles me ofereceram um contrato bem atraente. Não era tanto quanto Leonard estava ganhando, mas era um trabalho estável e eu não precisaria fazer testes para os papéis. Sou um daqueles atores que tiveram três oportunidades em séries de TV, mas nenhuma vingou, para o bem ou para o mal. Então, eu não estava com raiva nem nada do tipo.

MARC CUSHMAN
(AUTOR, *THESE ARE THE VOYAGES*)

Eles quase não tiveram Spock para a segunda temporada de *Jornada nas estrelas*. As cartas dos fãs eram tão intensas no primeiro ano que a emissora recebia sacos e mais sacos delas todos os dias. O agente de Nimoy disse: "Ele só está ganhando 250 dólares por semana e precisa de um aumento". Mas a Desilu perdia dinheiro com a série e o conselho de diretores estava pensando em cancelamento, mesmo com o desejo da NBC de continuar. A série estava falindo o estúdio. Então, eles responderam: "Não podemos dar um aumento". E o agente declarou: "Ele não vai se apresentar para o trabalho". Gene Coon retornou das férias em 1º de abril e havia um ofício de Gene Roddenberry que dizia: "Caro Gene: Isso não é piada de 1º de abril. Parece que iremos em frente sem o sr. Spock. Contratamos outro ator e ele fará um vulcano diferente na série". Tudo ficou por um fio e, ironicamente, quem acabou com o impasse foi quem não queria Spock no início: a NBC. "Vocês não vão fazer essa série sem aquele cara. Paguem o que for preciso para mantê-lo."

LAWRENCE MONTAIGNE

Logo depois, eles me chamaram e me pediram para interpretar o personagem Stonn em "Tempo de loucura". Enviaram o roteiro para meu agente e ele me disse: "Acho que precisamos discutir isso". Então fui ao escritório dele e só havia uma página de diálogo para o personagem. Não explicava que o foco estava nele e que era *o cara*. Mas olhei para aquelas cinco falas e disse: "Não vou fazer isso". Meu agente me acalmou: "Não se preocupe, vamos pedir uma soma ridícula de dinheiro e créditos de astro. Eles não vão nem considerar". Então, meu agente me liga e informa: "Tenho boas e más notícias. Eles aceitaram o acordo". E eu estava preso. Fui em frente e fiz o trabalho, que foi fácil. Só precisei ficar em pé e parecer ameaçador. Mas a parte divertida é que, quase cinquenta anos depois, voltei ao mesmo personagem no filme [feito por fãs] *Star Trek: Of Gods and Men*. E Arlene Martel, que interpretou a garota que deveria se casar em "Tempo de loucura", conduziu a cerimônia de casamento entre meu personagem e Nichelle Nichols como Uhura. *Jornada nas estrelas* é um mundo pequeno.

Enquanto Roddenberry e a Desilu estavam unidos na opção de substituir Spock, a NBC rejeitou veementemente a ideia, reconhecendo a importância de Nimoy e não desejando afastar a base de fãs de uma série que vivia a perigo. No fim, as exigências de Nimoy foram atendidas e, em vez de Kirk ou Spock como protagonista, os roteiros começaram a focar neles como uma equipe. Problema resolvido? Não exatamente. O sentimento de competição continuou e impactou a produção da série, com as tentativas dos atores em exercer mais controle criativo sobre o programa.

Joseph Pevney
(diretor, "Tempo de loucura")

No início, havia uma palavra. E ela era cooperação. Mas então eles começaram a ler as cartas dos fãs. Era o primeiro ano e eles estavam na guilhotina. Todas as vezes que o telefone tocava, alguém perguntava: "Fomos cancelados? Fomos cancelados?". Todo mundo era amável no começo. Os relacionamentos eram animadores e saudáveis. Então, Gene Roddenberry deixou tudo escapar do controle. Preciso culpar o produtor nessa história, porque o diretor é um amante e uma figura paternal, ele está apaixonado por todo mundo e precisa tratar todos com cuidado para não ofender ou magoar ninguém. Mas a função do produtor é ser um pai severo que pune por mau comportamento e assim por diante. Gene nunca poderia exercer essa função. Gene Coon poderia um pouco, mas eles não davam a mínima porque Roddenberry era o chefão. Então, eles fingiam ouvir Gene Coon e, quando Roddenberry descia para verificar, amava tudo que via.

Marc Cushman

A maioria das pessoas não sentiu o clima das desavenças. Elas voltaram para a segunda temporada e as indicações ao Emmy foram anunciadas. Leonard Nimoy foi indicado, mas William Shatner não. Ali estava seu coadjuvante, com um aumento recente, um contrato para gravar discos e direitos de aprovação de roteiro. Além disso, foi indicado para um Emmy e ainda recebia mais cartas de fãs. Fora isso, os dois eram amigos. Mas, como um astro, ele precisava proteger sua posição. E William Shatner era um astro.

Joseph Pevney

Logo depois de a segunda temporada receber o sinal verde, as coisas começaram a complicar. Os atores queriam fazer mais contribuições nos roteiros, então pediram uma mesa de leitura para ensaiar no estúdio. O motivador disso tudo, acho, foi Bill Shatner. Leonard poderia fazer sua contribuição reservadamente no escritório de Coon ou Roddenberry e eles eram bastante receptivos. Mas, de repente, as coisas começaram a sair das mãos do produtor e do diretor e passaram para os atores. Como se fosse um produtor, Bill arrumava a mesa e as cadeiras e pedia para os transportadores mudarem a posição do cenário. Bem, quando você está fazendo televisão em cinco ou seis dias, sei lá o cronograma que tinham naquela época, não existe tempo para esse tipo de ensaio constante, mesa de leitura, com alterações no cenário e um lápis a postos para interferir no roteiro, pois assim que você começa a fazer mudanças no set, elas precisam ser aprovadas pelo produtor.

A tendência dos protagonistas em fazer alterações, particularmente Shatner, gerou um memorando de Roddenberry que ele enviou também para Nimoy, Gene Coon e Robert Justman. "Devido ao envolvimento profundo da nossa equipe em problemas de pós-produção, foi preciso fazer uma série de mudanças nos diálogos e na ação no set. E agradecemos o empenho de vocês e outros para realizar essa missão. No entanto, nenhum de nós quer que isso se torne um hábito, uma vez que foi esse tipo de coisa que destruiu o formato e a continuidade de inúmeras séries de televisão [...]. Uma pessoa faz uma mudança, outras que podem ser menos capazes se veem encorajadas a fazer também e o diretor se vê encorajado a jogar ali mais algumas das ideias dele [...]."

Robert H. Justman
(produtor associado, *Jornada nas estrelas*)

Bill foi quem instigou a mesa de ensaios. Ele queria ensaiar e disse: "Tudo bem, vou te dizer uma coisa. Entre uma tomada e outra, nós organizamos uma mesa, pegamos todo mundo e passamos a cena seguinte". Bill queria fazer isso e tornou o desejo possível. Foi útil. Certamente ajudou bastante.

Joseph Pevney

Tudo isso consumia muito tempo. E destruía a coisa mais importante de todas: o controle disciplinar do diretor no set. É algo crítico e essencial de que a televisão se afastou completamente. O diretor não é mais nada em um set de televisão. Não significa nada. É um garoto de recados. Fico furioso em relação a esse assunto. Venho de uma escola disciplinar em que tudo está no roteiro. Nada mais importa. Qual é a história? E *essa* é sua função. Sua responsabilidade é contar a história como o roteirista a criou. Essa é minha definição de diretor. Se interferem nisso, ele perde todo o controle. Então, todas as vezes que alguém gritava "Corta. Imprime", você via aqueles sujeitos correndo sob as ordens de Bill para organizar a mesa para a próxima cena.

Robert H. Justman

Não acho que Leonard ou Bill tenham desistido de melhorar a série. Principalmente, Leonard. Ele sempre quis melhorar o programa, tornar seu personagem mais crível e não tomar as decisões mais fáceis. O problema era que os atores recebiam o roteiro poucos dias antes das filmagens e, então, era tarde demais para tentar alguma mudança. Tentávamos acomodá-las o máximo possível, embora nossa vida virasse um inferno. Não havia tempo.

Comecei uma política na segunda temporada que pôde ter algo a ver com aquele sentimento. Alternamos diretores, enquanto variamos mais na primeira temporada. Na maioria dos episódios, usamos apenas Marc Daniels e Joe Pevney, que se revezavam porque eles conheciam a série e sabiam muito bem o que fazer na primeira temporada. E o material era muito, muito bom. Então, baseado em um fator econômico, eu disse que deveríamos fazer o maior número possível de episódios dentro do orçamento e do tempo disponível.

Aqueles dois sujeitos eram muito bons, mas, ao mesmo tempo, descobrimos — eu descobri — que a familiaridade gera descaso. Eu não deveria falar isso. Você tende a relaxar um pouco demais quando é o mesmo diretor o tempo todo e perde a motivação que gostaria de manter. Você precisa entender que Joe era muito querido no set. O elenco e a equipe realmente gostavam dele. Era amável e motivado. Marc, por outro lado, era um tipo diferente de animal. Na minha opinião, ele fazia episódios melhores, mas tinha uma personalidade mais difícil. Era bem versado em todas as formas de drama e comédia. Sua experiência era ilimitada, porque havia sido um diretor de cinema bem-sucedido, diretor de teatro e TV, e tinha bom olho para composições. Era um diretor preparado para tudo, porém exigia mais cuidado. Ele criava um set mais difícil.

Joseph Pevney

Quando Marc e eu saímos para gravar outras séries, eles trouxeram novos diretores e tinham novas ideias. Mas os atores já estavam enraizados em padrões de comportamento que não permitiam novas invenções que fossem contrárias aos seus personagens. Foi o verdadeiro início do problema. Bill não faria certas coisas porque Kirk não faria isso. Leonard também se sentia dessa forma, porque seu personagem estava tão enraizado que ele sabia exatamente como Spock se comportaria em determinada situação.

Vincent Mceveety
(diretor, "O equilíbrio do terror")

Acho que é a realidade de muitas séries. Veja como *Gunsmoke* era rígida. Pegue Jim Arness, por exemplo. Quanto ele variava sua interpretação básica? Toda vez que ia além, alguém o puxava de volta. As frases mais comuns em *Jornada nas estrelas* eram "Bem, Spock não faria isso; Kirk não faria aquilo". De repente, os personagens eram entidades, sendo que dois anos antes eles não eram nada e não sabiam o que fariam em qualquer situação. Ao falar isso, não estou querendo ser crítico. Mas, como Joe Pevney disse, isso é algo extremamente limitador e é só. Trabalhei em muitas séries em que a atitude era parecida, até mais verbalizada, e elas foram todas bem-sucedidas.

Joseph Pevney

Os atores estavam certos em se proteger, mas errados ao manter sua mente tão fechada a inovações. Havia coisas boas e más envolvidas, mas quando voltávamos para o set, havia uma atitude diferente da parte do ator. Agora o ator era coprodutor, codiretor e corroteirista. Uma atitude diferente em relação a mim ou Marc Daniels.

Ralph Senensky
(diretor, "Metamorfose")

Fazer televisão em série era como pular num trem em movimento. Como diretor, você tinha que pular a bordo sem quebrar as pernas. Uma vez dentro do trem, precisava subir no topo dele, correr lá em cima, entrar na cabine do maquinista e controlar a locomotiva. O que acontece é que, antes de trazer algo pessoal à história, você precisava conhecer quem eram as pessoas. Não em termos de quem você quer que elas sejam, mas em termos de quem elas já são. Aqueles eram personagens já estabelecidos. Você fazia isso e, então, poderia começar a achar os problemas e as coisas para fazer, os cabos certos para puxar e esticar. Como resultado, você precisava confiar no elenco para te ajudar. Você perguntava: "Seu personagem faria isso?".

William Shatner
(ator, James T. Kirk)

Em algum ponto do caminho, eu e o capitão Kirk nos fundimos. Pode ter sido por causa da necessidade técnica; a velocidade de uma série semanal de TV é tão grande que você não pode se esconder atrás de muitos disfarces.

Você está tão cansado que não pode parar e tentar outras interpretações de uma fala, você só pode esperar que a tomada tenha sido boa, porque você ainda tem cinco páginas de filmagens. Na ausência desse fingimento, você precisa confiar na esperança de estar fazendo algo aceitável sozinho. Eu sou o capitão Kirk. Não sei fazer de outra maneira.

DeForest Kelley
(ator, dr. Leonard "Bones" McCoy)

Acho que talvez cada um de nós tenha as características dos nossos personagens. Acredito que isso ficou aparente na escolha do elenco. Roddenberry provavelmente disse: "Caramba, esse sujeito tem uma qualidade que procuro para o médico". Era isso que ele procurava, uma qualidade específica. Quando ele olhou para Leonard, deve ter pensado: "Caramba, esse sujeito é o que desejo para Spock". Todos nós, não importa o tamanho da participação, tínhamos esses padrões de comportamento. Você se encontra mais ou menos confiando nisso. Bill é como o capitão Kirk em diversos aspectos. Ele adora cavalgar, andar de moto e é muito atlético. Leonard não é muito diferente de Spock. Acho que todos nós temos esse pedacinho de cada personagem.

William Shatner

Interpretei Kirk da maneira que eu gostaria que fosse. Em batalhas contra um monstro ou em suas decisões de ir ou não à guerra, não importa, eu o interpretei como se estivesse em seu lugar naquelas situações.

Vincent Mceveety

Eles chamam isso de proteger o personagem. O personagem vem antes, antes da história, antes de tudo, porque, na visão deles, essa é a chave do sucesso da série. E acredito que estão certos em muitos casos. O que você precisa fazer é escrever *para* o personagem. Às vezes, os roteiristas podem ser bem preguiçosos e só escrevem um roteiro, mas os atores estão mais preocupados em não ficar numa posição delicada. Isso é aceitável num cursinho de teatro, mas eles acabam desvalorizando seus personagens. Mais do que não aceitar o crescimento dos personagens ou a ausência de maiores conflitos, nos últimos tempos da série faltavam bons roteiros. Acho que se tornou um clichê cômodo. Eles traziam roteiristas que não eram familiarizados com a série e diziam: "Não seria divertido se Spock fizesse isso?". Então você entra no estúdio e descobre que Spock simplesmente não faz essas coisas, então não é *nada* divertido. Isso não é escrever de forma inteligente.

Harlan Ellison
(escritor; roteirista, "Cidade à beira da eternidade")

Eles operavam com a filosofia que existe na indústria da televisão, que é "Nosso personagem não agiria dessa forma", significando que não há flexibilidade. Isso é a morte da dramaturgia. Já é ruim o suficiente que você precise lidar com o rigor de uma série semanal em que os personagens precisam reaparecer todas as semanas e você não pode matar ninguém. Mas as pessoas não agem assim. Elas não agem de maneira uniforme, mas sim de forma bizarra. Por isso são pessoas, pelo amor de Deus.

George Takei
(ator, Hikaru Sulu)

Havia um diretor — e diretores pulam de série em série, não conhecem as convenções estabelecidas — que pediu que eu apertasse um botão no alto do painel só para causar um efeito de câmera. Mas aquele botão não era o que acionava a velocidade de dobra. Precisei discutir intensamente e ele só falava: "Isso é ficção científica, só preciso disso para a tomada". Para persuadi-lo da ideia, falei que havíamos usado o mesmo botão na semana anterior para implodir os motores, então não era apropriado repeti-lo. Outro argumento que usei, mas em uma série mais moderna, era que se eu estava dirigindo um carro e queria parar, não usaria uma das mãos para buzinar, mas um dos pés para frear o carro. Foi a mesma coisa. Havia certas convenções e você não podia quebrá-las. Quando ameacei o diretor com a implosão, ele finalmente se convenceu.

Joseph Pevney

Se eu tivesse chegado com o roteiro de "Problemas aos pingos" na terceira temporada, eu teria sido expulso do set sob risadas. Eles falariam: "Você não pode fazer essa merda". E seria o fim da conversa. O herói do episódio era um animalzinho felpudo e eles não queriam isso. Eles querem ser os heróis o tempo todo, e isso é a marca de um ator mimado. É um sujeito que fica lendo as cartas dos fãs e não se importa mais com o trabalho em equipe.

Ralph Senensky

Às vezes os atores chegam na primeira temporada, conseguem o trabalho e ficam felizes com isso. Mas, na segunda, eles sabem mais do que qualquer pessoa sobre roteiro, direção, produção. É uma posição de vantagem. Há uma linha tênue que certamente aprecio, porque os atores realmente ajudam. Ao longo dos anos, me vi usando várias vezes o ator como forma de mudar um roteiro quando nós dois concordávamos sobre isso. Eu ia direto ao ator, porque o produtor está mais apto a aceitar se o ator vai conversar com ele e não o novo diretor para reclamar do roteiro.

Lembro do episódio "Não há beleza na verdade?", na terceira temporada. Era o primeiro dia de filmagens e o elenco literalmente se recusava a trabalhar. Gene Roddenberry, que não estava mais tão envolvido com a série, desceu do escritório, se reuniu com os atores e perdemos metade do dia. Nós literalmente sentamos somente para conversar, então me levantei e fui filmar algo com os convidados especiais. Rodei uma cena com eles à tarde enquanto Gene reescrevia outra sequência para tentar apaziguar as objeções. Isso não aconteceu apenas em *Jornada nas estrelas*, mas é uma batalha contínua. Não significa que sou mais tolerante que Marc ou Joe, apenas que passei pela mesma situação em outros lugares e as pessoas não deveriam pensar que só aconteceu em *Jornada nas estrelas*.

Em relação à rivalidade entre Shatner e Nimoy, numa entrevista no álbum *Inside Star Trek*, gravado em 1976, Shatner falou sobre a situação diretamente, ressaltando: "Colocaria de uma maneira que éramos dois filhos de uma mesma família disputando algo. Nós nos amávamos, mas disputávamos ao mesmo tempo. Qualquer membro de uma família sabe do que estou falando, porque é comum a todos nós. Você pode dizer "Não, não acho que isso seja certo" num tom ranzinza e ficar com raiva naquele momento, mas esquece logo depois, porque você se importa com aquela pessoa".

O lado de Nimoy foi colocado nas páginas do livro *The World of Star Trek*, de David Gerrold: "Bill e eu somos muito exigentes e preocupados com o trabalho que fazemos. E ambos possuímos personalidades fortes... temos opiniões fortes sobre o que é certo ou errado. Então, sim, houve momentos em que tínhamos opiniões diferentes sobre como algo deveria ser feito ou até se deveria ser feito. Mas éramos bons amigos, éramos íntimos".

David Gerrold
(roteirista, "Problemas aos pingos")

Os problemas entre Shatner e Nimoy começaram durante a primeira temporada, quando o *Saturday Review* publicou uma matéria sobre *Jornada nas estrelas* dizendo que Spock era muito mais interessante que Kirk e que ele deveria ser o capitão. Bem, *ninguém* chegou perto de Shatner por dias. Ele ficou *furioso*. Você precisa entender a situação do ponto de vista dele. Ele foi contratado para ser o astro da série. Os créditos traziam "Estrelando William Shatner, *com* DeForest Kelley e Leonard Nimoy". De repente, todos os roteiristas começaram a escrever coisas incríveis para Spock, e o personagem do vulcano, que era um subordinado, passou a se tornar igual a Kirk.

A série no início era apenas sobre Kirk virou sobre Kirk e Spock. Bill definitivamente sentiu que estava sendo menosprezado. Por outro lado, Leonard é um negociante sagaz, um ator muito inteligente e reconheceu que a fama de Spock podia ir além de sua posição como coadjuvante, então ele começou a pressionar.

Norman Spinrad
(roteirista, "Máquina da destruição")

Eu tinha um longo livro não publicado que se passava inteiramente dentro de uma espaçonave. Era uma variação de *Moby Dick* e virou o episódio "Máquina da destruição" em *Jornada nas estrelas*. Também me pediram para escrever um papel para Robert Ryan, porque queriam dar um bom personagem para ele. Então, desenvolvi a ideia de Ryan interpretando um papel no estilo de Ahab. E quando não conseguiram Ryan na série, mas sim William Windom, o texto teve de ser ajustado. Precisei deixá-lo mais suave e acho que isso pode ter tirado um pouco da ousadia da história. Na versão original, o comodoro Decker era bem mais forte. Não o encontravam desabado na nave arruinada como acontece no episódio. Em vez disso, eles o encontravam olhando pela janela da ponte com um péssimo humor.

Havia o sentimento de que um convidado especial com esse tipo de presença poderia eclipsar o capitão Kirk e, portanto, o personagem precisaria ser amaciado e reduzido. Além disso, algumas das falas de Spock precisavam ser passadas para Kirk.

ANDE RICHARDSON
(ASSISTENTE DE GENE L. COON)

Shatner pegava todas as falas que não estavam prontas. "Essa deveria ser a fala do capitão!". Ele era muito inseguro. Era o único que precisava ter uma caixa de maçãs para subir nela durante as filmagens. Foi ele que insistiu que William Marshall [como Richard Daystrom] aparecesse sentado no episódio para que ficasse na mesma altura dele. Shatner precisava ser maior ou aparecer com a linha dos olhos acima de qualquer outra pessoa. Lembro de vê-lo fincando o pé nesse assunto. Não sei dizer se fazia isso com todo mundo, mas talvez pelo fato de William Marshall ser um dos meus atores preferidos, acabei mais presente no set. Como disse, William Marshall era um homem alto... tão alto que superava a caixa de maçãs.

JOSEPH PEVNEY

Os rumores sobre uma rivalidade provavelmente são verdadeiros. Agora, Leonard e Bill são ótimos atores. Eles gostam de trabalhar juntos. Se o roteiro é igualmente justo com os dois personagens, não existe problema. A rivalidade começa quando um vira o ajudante do outro. Disso eles se ressentem, provavelmente com razão. Algumas vezes, em termos de história, é impossível fazer dois personagens responderem a uma pergunta, mas um bom roteirista pode resolver isso em dois segundos. Tudo que precisa fazer é ter um ajudante como terceiro personagem e deixar os heróis serem os heróis. Não é algo difícil de fazer. Roddenberry sempre teve consciência disso, mas perdeu o controle da série por causa de Bill e Leonard. Tenho certeza.

Norman Spinrad

Sim, Shatner contava as falas. Eu estava no set durante as filmagens de "Máquina da destruição". Marc Daniels era o diretor, e eles não conseguiam trabalhar. A razão era uma sequência de diálogos organizada como Kirk--Spock-Kirk. Mas a fala de Spock havia sido retirada da sequência, então não havia uma resposta para a próxima fala funcionar. Chamei Marc de lado e disse: "Faça o personagem resmungar ou algo assim", e expliquei que faltava uma fala ali. Mas coisas assim aconteciam. Notar ou não dependia de quão próximo você estava da produção. Ali eu pude ver o diretor lutar, mas não havia muitas pessoas no set. O argumento era que eles deveriam dar proeminência aos protagonistas.

Walter Koenig (ator, Pavel Chekov)

Eu estava meio por fora. Ouvi Leonard discutindo um dia ao telefone, então sabia que havia um problema com os chefes na ocasião. Vi Bill estourar durante as filmagens e sabia que havia uma disputa entre aqueles dois cavalheiros em relação aos papéis, mas eu não sabia nada de concreto sobre o que estava acontecendo. Lembro que havia uma sensação geral de bem-estar na segunda temporada e um tédio crescente na terceira. Pedi para sair por um mês para fazer uma peça e me deixaram. Era um set feliz com Shatner sendo o líder, contando piadas e soltando gargalhadas. Não havia muita tensão entre nós dois. Qualquer tensão que existisse era entre aqueles dois sujeitos e os executivos. As filmagens sempre eram divertidas. Por outro lado, havia uma sensação constante de que Shatner era o astro, mas não de forma negativa. Foi uma época agradável.

Tracy Torme
(criador, produtor executivo, *Sliders*)

Gene costumava dizer que era muito difícil lidar com o ego de Bill, que era sempre necessário se lembrar disso quando ele estava fazendo algo, reclamando de alguma coisa ou sem vontade de colaborar. Segundo a percepção de Gene, tudo tinha a ver com sua insegurança, e seu ego extrapolava por causa disso.

Robert H. Justman

Acho que a rivalidade começou a aumentar perto do fim, quando Leonard passou a receber muitas cartas de fãs. Para o crédito de ambos, isso nunca os atrapalhou. Eram profissionais, chegavam preparados, sabiam o que fazer naquele dia, nunca chegavam atrasados, decoravam as falas e trabalhavam duro. Eles não podiam ser mais profissionais, então a rivalidade aparecia de outras formas. Eles precisavam trabalhar juntos e tenho certeza de que havia, pelo menos no começo, uma amabilidade entre eles. Pelo menos, na aparência, eles eram profissionais e nunca tivemos que ir para o estúdio e acalmar as coisas porque um deles estava irritado.

A rivalidade esquentou no verão de 1967, quando Charles Witbeck, do *Los Angeles Herald-Examiner*, afirmou que o sr. Spock "salvou *Jornada nas estrelas* do esquecimento". E inúmeros artigos atestavam que Nimoy estava recebendo a maior parte das cartas dos fãs da série, levando Roddenberry a convocar uma entrevista coletiva para proteger a relação frágil entre seus astros.

Frank Liberman, assessor de William Shatner na época, escreveu para Roddenberry depois que Rona Barrett, uma proeminente colunista de fofocas, publicou que Shatner seria substituído na série — um boato desmentido por Gene Coon. "Tenho certeza de que você está ciente do fato de Bill Shatner ter sempre dito coisas elogiosas sobre Leonard Nimoy e os outros membros do elenco. Não é preciso dizer que ele continuará com essa política — não apenas para o bem dele, mas da série." Ele finalizou a carta reconhecendo que "esse tipo de coisa aconteceu com Robert Vaughn e David McCallum [em *O agente da* UNCLE], e acho que sempre acontecerá quando dois homens estão envolvidos em uma série".

Roddenberry também escreveu para o assessor de Nimoy, Joe Sutton, em 16 de agosto de 1967, para colocar panos quentes na comparação entre a quantidade de cartas de fãs. "Estamos todos no mesmo barco. Ou, nesse caso, na mesma espaçonave. E comparações desse tipo em qualquer área, verdadeiras ou não, prejudicam o moral. Tenho certeza de que você entende e aprova meu sentimento de que não podemos permitir e pararemos de cooperar com a divulgação de qualquer ator que vaze essas informações. Eles têm de impulsionar uns aos outros!".

Na tentativa de diminuir o incêndio do antagonismo entre Shatner e Nimoy, Roddenberry escreveu para Charles Witbeck em 22 de agosto de 1967 para dissipar qualquer noção de que Nimoy salvou *Jornada nas estrelas*: "Concordamos que Leonard Nimoy fez um excelente trabalho em incorporar seu personagem, mas preciso ser justo e ressaltar que o sr. Spock interpretado hoje em dia é quase exatamente o mesmo que foi concebido há cinco anos. Acreditamos que o sr. Spock iria "colar" e estamos contentes que essa crença e o plano tenham dado certo". Ele continuou: "A habilidade dele nos ajudou a ficar no ar, mas creditá-lo como o 'salvador' menospreza as contribuições de Bill Shatner e de outros atores extremamente talentosos da série, os ótimos roteiristas que temos, os excelentes diretores e a família inteira da produção de *Jornada nas estrelas*".

Joseph Pevney

Quando começamos a série, a palavra-chave era trabalho de equipe. Ninguém era mais importante que o outro. O capitão era o capitão da nave, mas o ator não era mais importante que outra pessoa. Quando Gene Coon saiu da série, boa parte da disciplina foi com ele. Do tempo em que fiz "Arena" ao meu último episódio, havia uma diferença dos diabos.

Se você estivesse no comando de ambos, podia perceber a diferença na qualidade das atuações, algo que te dava a noção da arrogância entre o capitão e Spock. E também havia uma espécie de disputa entre os dois, algo aceitável na vida e nos ensaios, mas que não deveria transparecer na tela. Então, Leonard dizia: "Sou o segundo no comando, quando poderei fazer uma história em que estou comandando a espaçonave?". Bem, essas histórias apareceram e, depois de um tempo, Bill diria: "Espera um pouco, eu sou o capitão!". Havia problemas que começavam com os atores e iam até o produtor. Eram os primeiros quem de fato decidiam os rumos finais dos episódios, Leonard principalmente, e Bill ficava no pescoço de Gene, fazendo sugestões de como a série deveria ser. Algumas eram boas, outras horríveis. Acredito que o que movia esse tipo de atitude era basicamente o egoísmo.

Até mesmo o produtor Bob Justman estava preocupado com o modo como os personagens estavam se desenvolvendo. Num ofício de 21 de março de 1968, Justman diz: "Estou impressionado com o fato de que o capitão Kirk parece estar ficando ainda mais com a maior parte da ação e do conteúdo das nossas histórias. Sei que o capitão Kirk é o astro da nossa série... Da maneira que estão sendo escritos hoje em dia, os papéis do sr. Spock e do dr. McCoy não são nada mais do que um pouco de tempero adicionado ao prato para torná-lo mais palatável. Meu sentimento é de que, se Kirk é a carne, então Spock e McCoy são as batatas e o molho e devem ser considerados ingredientes vitais".

Herbert F. Solow
(executivo responsável pela produção, *Jornada nas estrelas*)

A última coisa que queríamos era que a emissora, os patrocinadores e os telespectadores sentissem que *Jornada nas estrelas* não era uma família maravilhosa. Não queríamos que ninguém visse uma rachadura naquela represa que havíamos construído. Queríamos que todo mundo achasse que nos amávamos e nos dávamos bem, e que Bill era o astro e Leonard vinha em seguida. Mas sabíamos que havia atrito nos escritórios e nos estúdios. Se você conhece atores, eles contam as cartas dos fãs e, se um recebe dez e o outro apenas oito, aquele que recebeu dez cartas deixa escapar isso na conversa. É assim que funciona. Atores são pessoas muito competitivas. Quando você tem um homem que é o astro da série e ele é contratado, remunerado e creditado como astro da série, e você tem um secundário que se torna mais popular, mas recebe um quarto do salário do protagonista, nem recebe créditos de protagonista, claro que haverá atrito. Felizmente, eles mantinham essa disputa sob controle, mas internamente havia atrito. Para o mundo exterior, porém, nós fazíamos o melhor, inclusive os atores, para não irritar a NBC, os patrocinadores ou os fãs.

Walter Koenig

Shatner era muito divertido. Você errava uma fala e ele ria. Havia muita alegria e entusiasmo no set, mas notei que toda tomada era organizada para que todo mundo que estivesse em cena ficasse atrás de Bill. Mas ele era divertido. Eu realmente não sabia nada sobre esse azedume e a contagem de falas. Algo que foi confirmado por Harlan quando Bill foi à casa dele com o roteiro e mostrou como "Cidade" tinha mais falas de Spock do que de Kirk. Estremeço com isso. É algo que atores não devem fazer.

Gene Roddenberry

Bill ficou furioso quando Leonard apareceu com intensidade no início [da série], porque ele disse: "Eu não sou o capitão? Como é que eles [os roteiristas] não reconhecem isso?". Foi uma reação natural. Falei para Shatner: "Se tivéssemos um esquimó como o personagem secundário, pode ter certeza de que esse esquimó teria as melhores falas possíveis". Aconselhei Shatner a não se preocupar com Spock, porque isso refletia nele. Sugeri que ambos demonstrassem muita amizade na série e tudo se acertaria com o tempo.

Norman Spinrad

O problema de Bill Shatner é que ele não tinha um personagem tão interessante para interpretar quanto Nimoy. Ele era o protagonista — supostamente, o mais importante —, mas não era o mais interessante. Não era um reflexo dele como ator, porque me lembro dele como ótimo ator antes disso, mas ele não era o protagonista, mesmo que o contrato o afirmasse. Isso levou a todos os roubos de falas e essas coisas malucas no roteiro em que o capitão ficava louco, porque alguém sempre estava tentando roubar sua nave. De uma maneira engraçada, isso deu mais profundidade à personalidade de Kirk. Aproximá-lo de Shatner deu um pouco de ousadia para Kirk, o que foi uma boa maneira de usá-lo. Outra coisa que devemos considerar é que aquele elenco estava junto havia um tempo e os atores precisam se tornar parte do personagem para poder injetar mais profundidade neles... isso se as pessoas soubessem o que estavam fazendo.

George Takei
(ator, Hikaru Sulu)

Há uma diferença entre trabalhar com Leonard e com Bill. Leonard é forjado em aço, possui uma determinação que o faz conseguir o que deseja. Mas, ao mesmo tempo, tudo que ele fala transmite princípios e honestidade. Com Bill, você sempre desconfia que há algo por trás. Ele tem suas razões para querer aquilo que deseja. Se você não concorda com Leonard, consegue ter uma discussão franca e direta. Já Bill tentaria esconder isso com uma camaradagem engraçada, uma anedota ou algum elogio. Mas você não pode confiar em Bill. Com Leonard, eu geralmente conseguia ver o que ele estava querendo e, se não conseguisse enxergar isso, ele estaria aberto para ouvir, aceitando sua posição caso tivesse mérito ou discutindo até chegar a um meio-termo caso não concordasse. Bill sempre tinha uma atitude vividamente suspeita.

Walter Koenig

Bill tinha um senso enorme de responsabilidade em relação à série. Ele era o astro, faria a coisa funcionar e era quem ganhava mais no elenco, então queria ter certeza de que a visão que tinha do sucesso do programa fosse consistente em todos os episódios. Mas ele era também bastante individualista e se preocupava primeiramente com o seu personagem. Mas era uma pessoa encantadora e divertida.

Yvonne Craig
(atriz, "Castigo dos deuses")

Não queria que ele me tocasse. Era um homem horrível. Parte disso vinha do fato de que ele não possuía habilidades sociais. Quando eu estava pintada de verde, ele tentava me agarrar atrás dos cenários. Ele me convidou para seu camarim para almoçar no primeiro dia e foi o almoço mais estranho da minha vida. Não conversamos, apenas comemos e ele me falou que criava filhotes de Doberman. Ele não me bolinou nem nada do tipo, foi apenas esquisito. E, depois, quando ele não estava atrás de mim, ficava me orientando sobre as origens da minha personagem, me dizia onde queria que eu ficasse em cena para que o melhor lado dele aparecesse na tela. Foi simplesmente horrível.

Roger C. Carmel
(ator, Harry Mudd)

Bill Shatner, aquele capitão tão digno, no fundo é um tipo maluco de comediante. Ele ama rir. Dois anos depois de *Jornada nas estrelas* acabar, eu estava fazendo um programa de charadas na TV chamado *Stump the Stars*. Rimos muito naquele programa. Eu era do time da casa e nós desafiávamos os novatos. Bill Shatner era um convidado especial e nós queríamos que ele voltasse, porque ele foi divertido. Entretanto, Bill não conseguia extravasar aquele espírito brincalhão em *Jornada nas estrelas*, porque precisava ser o líder responsável. Tenho certeza de que ele deixou escapar esse lado no set de *Jornada nas estrelas* mesmo assim! Tivemos uma experiência incrível.

Walter Koenig

Leonard era tão Spock que nunca consegui encontrá-lo. Nunca consegui lhe dizer: "Encerramos por hoje, quer tomar uma cerveja?". Jamais consegui conhecer aquele homem. Ele sempre era Spock. Isso certamente melhorou o personagem. Há milhares de atores que poderiam ter interpretado os papéis que interpretamos, mas ele era o único que poderia ter interpretado Spock.

O cavalheiro que interpreta Spock nos novos *Star Trek* é ótimo, mas ele está atuando. Leonard *era* Spock. Sempre era o personagem. Não consegui conhecê-lo até *Jornada nas estrelas VI*, quando Leonard e Bill estavam conversando fora das câmeras sobre os problemas familiares de Leonard. Mas aquele era um sujeito que eu nunca tinha encontrado. Essa era a grande diferença entre esses dois homens.

Diana Muldaur
(atriz, "Retorno ao amanhã")

Leonard era uma pessoa muito querida. Eu costumava sair com ele para tomar uma bebida bem depois do encerramento da série e conversávamos sobre os velhos tempos. Ele tinha uma esposa e depois se casou de novo, mas não havia homem mais doce. Eu não senti nenhuma tensão. Era uma série diferente, decorávamos nossas falas no set, porque eram escritas da noite para o dia. Foi assim que percebi a genialidade das pessoas ali. O câmera era brilhante, e os diretores, incríveis. Todo mundo era profissional da "velha guarda".

Yvonne Craig

Eu adorava Leonard Nimoy, ele tinha um grande senso de humor. A primeira vez que fui para a maquiagem, fechei os olhos e, quando voltei para casa, notei que eles tinham raspado minhas sobrancelhas. Eles poderiam facilmente ter coberto os pelos com cera e eu estava furiosa. Eu disse: "Se minhas sobrancelhas não crescerem, juro por Deus que vou processá-los". Então, Leonard disse: "Yvonne, não pude deixar de escutar o que você estava falando e só queria dizer que, quando comecei a série, fui a um dermatologista e ele me assegurou de que em qualquer pessoa pode crescer uma barba ou uma sobrancelha". Ele falou isso e saiu. Então, fiquei ali em pé repetindo: "Crescer uma barba?". Ele era tão engraçado!

NICHELLE NICHOLS
(ATRIZ, NYOTA UHURA)

Inicialmente, a série e os filmes de *Jornada nas estrelas* foram concebidos para um conjunto de astros que teriam a mesma importância, o mesmo tempo diante das câmeras. Mas em algum momento, alguém tomou a decisão de separar Bill e Leonard do resto de nós, e não fiquei feliz com a situação. Não me importo com Bill e Leonard sendo os astros do programa, mas, considerando que estávamos todos sendo estereotipados em *Jornada nas estrelas*, senti que pelo menos poderiam não ter neutralizado nossos personagens.

WILLIAM SHATNER

Se o conceito original da série ainda estivesse em vigor e ela ainda estivesse no ar, a situação seria exatamente a mesma. Há pessoas que têm nomes e papéis acima do título e pessoas que não têm. É a natureza da indústria e as histórias são contadas dessa forma.

James Doohan
(ator, Montgomery "Scotty" Scott)

Bill tem uma mente pequena. Ele só pensava em seu próprio umbigo, enquanto Leonard pensava na série em primeiro lugar e, somente depois, em si mesmo. Bill não gostava de ninguém fazendo boas atuações perto dele. Consigo lembrar de DeForest Kelley reclamando disso durante a série. Os roteiros vinham com DeForest em cenas importantes e alguém mandava cortar. Havia cenas que eu era favorecido na segunda temporada que também foram limadas. Terminaria com apenas seis falas.

William Shatner

Certas pessoas e certos personagens não conseguem ver o todo e ficam totalmente envolvidos no próprio mundo. Isso é bom para um ator, porque ele cuida do próprio trabalho. Tradicionalmente, os atores são autossuficientes. Não há razão para que eles digam: "Onde essa cena se encaixa?" e "Onde esse personagem se encaixa?". Veja o ator que aparece nos cinco últimos minutos da peça *Um bonde chamado desejo*, de Tennessee Williams. O médico tem as últimas cinco falas. Quando perguntaram sobre o que era a peça, ele respondeu: "É uma peça sobre um médico que aparece". E está tudo bem. Essa síndrome sempre fez parte da maquiagem do ator. Não posso culpar Jimmy Doohan por pensar dessa forma.

Walter Koenig

Eu estava ciente de que parte do elenco perdia falas e close-ups para Bill. Eu estava grato por qualquer coisa que conseguisse na série, porque eu era novato e era um luxo receber um cheque toda semana. Sim, eu estava ciente de tudo isso, mas isso é notícia velha. É interessante, porque acho que aparecer em *Babylon* 5 me deu uma visão sobre as ações de Bill Shatner. Houve um momento em que eu estava tentando entender como alguém poderia ser diametralmente oposto em termos de comportamento de uma situação para outra, e a solução imediata que você encontra é que o comportamento é falso; que a pessoa está fingindo quando está sendo charmosa ou engraçada, que é tudo uma farsa.

Só assim para justificar um comportamento tão contraditório. Mas, ao explorar o personagem de Bester, em *Babylon* 5, percebi, de participação em participação, que há mudanças específicas na apresentação de novos elementos ao personagem, e eu precisava justificar o desejo de matar pessoas com meu poder mental e, por outro lado, ter essa paixão pelo que fazia.

Ao explorar o personagem, comecei a perceber uma verdade bastante óbvia sobre Bill, que somos todos criaturas complexas. Não é questão de hipocrisia ou sofismas... Shatner, como todo mundo, é capaz de ter uma grande variedade de atitudes e emoções. O problema é que ele está embaixo dos holofotes e seu comportamento é tão aumentado que ele recebe permissão para expressar tudo que sente. Enquanto o resto de nós aprende a se controlar em nome da socialização e da empatia em relação aos nossos pares, Bill, sendo o astro e constantemente anunciado como um astro, como não ser seduzido por isso? Ele achava que tinha a permissão de se comportar exatamente como se sentia. Não vou dizer que não sentimos o mesmo, mas não temos a mesma permissão.

William Shatner

Isso vem de duas pessoas. Não consigo entender. Não estou nem mesmo ciente disso, para falar de forma franca. Ocasionalmente, ouço alguma coisa de um fã ardoroso que diz: "Fulano e sicrano falaram isso de você". Fico confuso, porque não tive problemas com aquelas pessoas. Nada realmente sério, mas também nada realmente memorável. Fizemos nossos trabalhos e seguimos em frente. Nunca falei mal de ninguém. Não sei qual é a origem de toda essa boataria.

Herbert F. Solow

Quando você lida com um profissional de montagem, você precisa entregar um episódio por semana e, naquela época, não tínhamos a vantagem de trabalhar com máquinas de edição computadorizadas. Usávamos uma moviola e cada pedaço era cortado separadamente, então não havia muito tempo para finalizar cada episódio da forma mais apropriada. Quando havia alguma confusão, a frase mais famosa da indústria cinematográfica era: "Corte para o astro". O astro é onde está a grana e, embora exista uma grande diferença entre o que Bill e Leonard ganham, a questão é: o astro da série era Bill. Ele comandava a ação e era quem estava ali no início dizendo "Liguem as máquinas" e, no fim, ordenando "Desliguem as máquinas".

Bill sempre foi o estereótipo de capitão da espaçonave. O que aconteceu com Leonard foi que ele tinha um personagem muito diferente e fazia o papel extremamente bem — e tornou-se um pé no saco depois de um tempo, exigindo certas coisas para o personagem. Mas essas exigências não eram para Leonard, seu único interesse era que seu personagem fosse retratado da maneira correta todas as semanas. Embora ache que Leonard foi brilhante no papel, ele nunca foi o astro da série. Contudo, se tivesse chegado a esse ponto e precisássemos substituir os personagens, seria mais fácil substituir Bill, então você me diz: quem é o astro da série?

Robert H. Justman

Não creio que exista um pingo de maldade em Bill. Apenas acho que ele não percebeu que estava pisando nas atribuições de outras pessoas. Isso apenas nunca lhe veio à mente, em sua determinação em fazer um bom trabalho e no seu conhecimento de que ele era o astro. Bem, de vez em quando — e tenho culpa nisso também —, nós ferimos o ego de outras pessoas em nossa busca pela excelência e não percebemos isso. Nós provavelmente ficaríamos horrorizados ao descobrir o que fizemos e nos sentiríamos culpados, então não acho que Bill estivesse ciente. Bill é Bill, e ele é um tipo especial de pessoa.

Diana Muldaur

Bill podia ser um mala, ele poderia arruinar uma tomada de forma deliberada apenas por diversão. Ele fez isso com DeForest certa vez e precisamos encerrar as gravações porque DeForest tinha uma fala de novecentas páginas e, quando ele tinha completado dois terços dela, Bill o interrompeu com uma piada. Ele não conseguiu lembrar de mais nada depois disso. Ele estava totalmente concentrado e perdeu o foco, indo para casa depois. Voltamos na manhã seguinte e ele começou novamente a fala e tirou de letra. Tive muita pena de DeForest, não é algo que você quer que aconteça com alguém tão capaz e maravilhoso.

Walter Koenig

Acho que Bill é uma pessoa difícil. Ele é a síntese da palavra astro de várias formas negativas. Ele era totalmente preocupado consigo mesmo, sua carreira e seu trabalho na série. Quero deixar claro que eu entendo o profissional, mas não o homem. Ele pode ser agradável e extremamente sedutor. É muito difícil não gostar de Bill se ele decidir que você deve gostar dele. Bill tem um charme impressionante. Na verdade, preciso ficar me dando tapas para não cair no encanto dele.

Os problemas com o elenco — principalmente Shatner e Nimoy — finalmente chegaram ao auge em 17 de agosto de 1967, quando Gene Roddenberry enviou um ultimato aos dois, incluindo DeForest Kelley na equação como garantia.

Sobre essa famosa carta, David Gerrold escreveu em *The World of Star Trek*: "Havia uma deterioração do moral. E Gene Roddenberry sentiu que boa parte das reclamações era infundada. Ele estava bastante ciente dos problemas e trabalhava para resolver alguns deles. Então, escreveu a carta. Foi um texto confidencial, enviado apenas para o elenco fixo. Ninguém, nem mesmo Gene Coon, recebeu uma cópia. Na carta, Gene Roddenberry — o Grande Pássaro da Galáxia em pessoa, com sua língua prateada — passou uma tarefa aos seus atores e lhes deu uma bronca apropriada. O que foi falado para cada um deles não importa. O que importa é que funcionou. Depois disso, as coisas se acalmaram. Pelo menos em parte.

"Atirem essas páginas para o ar se quiserem, batam o pé e fiquem com raiva, isso não significa nada, já que vocês me levaram até o limite de não dar a mínima", escreveu Roddenberry na referida carta, publicada pela primeira vez neste volume. "Gene Coon está doente e indo embora por esgotamento emocional e vocês possuem parte da culpa. Robert Justman veio aqui ontem à noite pedindo para sair. Eu estou discutindo com o meu agente os prós e contras de deixar a série à mercê da Paramount e seus contadores da Gulf [&] Western."

"Não, William", ressaltou Roddenberry. "Não estou realmente escrevendo essa carta para Leonard e só incluindo você como truque de psicologia. Estou falando com você diretamente e com uma honestidade furiosa que você nunca ouviu antes. E, Leonard, você estaria bem errado se achasse que estou atacando Shatner e só fingindo te incluir. A mesma carta é para os dois. Vocês realmente se superaram em egoísmo e egocentrismo. Dos três, a menor parcela vai para DeForest, mas até você tem demonstrado sinais de querer entrar no clube das crianças. Quero que todos vocês saibam aonde estão indo, como estão cuidando da sua reputação profissional, da série e do investimento que vocês todos fizeram nela.

"... *Jornada nas estrelas* começou como uma das poucas produções de TV na cidade em que atores, como colegas de profissão, não eram apenas ouvidos, mas convidados a opinar no roteiro e na série como um todo. Quando pequenos problemas e mesquinharias começaram a acontecer, como ocorre em qualquer programa, instruí nosso pessoal para fazer vista grossa, porque todos nós devemos compreender a missão árdua tanto física quanto emocional do seu trabalho. Lembrem-se, cavalheiros, da lista assombrosa de esforços que fizemos para entender, consertar e deixar tudo certo. Eu e vocês concordamos que uma empresa composta por profissionais maduros deveria ser tratada como tal, portanto não teríamos problemas insolúveis. Bem, isso não funcionou... O resultado da política de Gene Roddenberry de parceria feliz? *Jornada nas estrelas* está indo pelo ralo."

Roddenberry comparou os três a um trio de "esposas de pescadores tentando dividir os peixes do dia", anotando que, na opinião dele, cada uma estava "contando, pesando e astutamente tentando enganar as outras e a si mesmas com sorrisos ou birrinhas, dependendo do que funcionasse naquele momento. Então, Deus, em sua sabedoria, não ofereceu a despedida amarga a Salomão, que teria entendido que o seu verdadeiro valor merecia mais. Bem, Deus não tinha um Salomão para emprestar para *Jornada nas estrelas*." Isso, esclareceu Roddenberry, foi devido ao fato de que os atores sentiram que um roteiro ou outro não colocava seus personagens em destaque, ou porque queriam uma fala que tinha sido escrita para outro ator, ou até porque determinada cena acabava com tal ator. Roddenberry completou: "Se o programa deve continuar, sob qualquer liderança, ou se vocês conseguirem matar a série e irem para alguma outra, vocês ainda conseguirão pegar uns trabalhos. E duvido que seus choros de surpresa indignada mudarão as duras realidades da vida e da indústria da televisão."

"Agora, vamos aos detalhes. William, sim, quando discutimos sobre o personagem de Spock, você falou tudo certo — 'Personagem sensacional para a série; altamente valioso; um importante fator para o nosso sucesso; Nimoy atua com extrema habilidade'. Belos sentimentos, bastante 'profissional'. Exceto que seus atos tornam dolorosamente óbvio para todo mundo que você não acredita neles nem por um segundo. Sua preocupação frenética constante, não apenas com as falas de Spock, mas com as de Scott, de McCoy e, mais recentemente, com o pequeno papel de Chekov, chega a ser quase vergonhosamente aparente e é um fator-chave na sabotagem e na pane de qualquer moral que ainda reste.

"Você falou para mim um dia e, mais tarde para os outros, que vai nos mostrar como é um astro de verdade. Se isso era para ser uma ameaça, serei forçado a dar uma única resposta possível — vou te mostrar como é um produtor de verdade. Quero que você esteja ciente de que, enquanto eu estiver nessa série, vou mandar nela e farei isso até o dia em que sair. Você tem falado ultimamente que teria domínio total como astro da série e foi enganado, que os episódios começariam a ser exclusivamente sobre seu personagem, senão cairia fora. Mentira! Você viu o primeiro piloto, leu o formato, interpretou mais de vinte episódios sem opinar ou reclamar. O nome da série é *Jornada nas estrelas*. Não vamos mudá-lo para *As aventuras do capitão Kirk*. O conceito é o mesmo que você interpretou por um ano e meio e não mudará.

"... Quero que perceba aonde essa briga pelo domínio absoluto da tela está te levando. Isso já está inclusive afetando a imagem do capitão Kirk. Estamos caminhando para um personagem arrogante, histérico e meia-boca, tão inseguro que não suporta permitir que ninguém mais tenha uma ideia, dê uma ordem ou solucione um problema. Você não consegue esconder isso do público, a câmera está ali todos os dias. Goste ou não, vai transparecer.

"E agora, Leonard. Devo dizer que se eu fosse Shatner, estaria nervoso e estressado com você neste momento. Para um homem que não esconde a própria sensibilidade, você demonstra uma impressionante falta de compreensão dela nos outros atores. E uma terrível falta de gratidão pela sorte que te assolou da noite para o dia."

Roddenberry chegou a um ponto em que não esperava nada em troca, exceto que talvez, devido a sua popularidade crescente, Nimoy levasse os sentimentos de Shatner em consideração, reconhecesse a dor pessoal que a atenção da mídia em Spock causava ao seu coastro.

"Deixe-me dizer o que as pessoas que você respeita estão falando... A opinião crescente é de que Leonard sente que agora ele quebrou a barreira do anonimato por meio do personagem de Spock. E, portanto, com o mundo à sua espera, certamente pode haver decepções cruéis, como o que aconteceu com uma longa lista de outros atores com o primeiro vislumbre de popularidade, ele não tem nenhuma necessidade real agora para se incomodar, a fim de proteger a nossa parceria ou cumprir obrigações expressas, implícitas ou até mesmo morais... Não há razão para não pressionar ao ponto que faça o papel de Spock mais forte ou mais agradável para ele interpretar. E nada se perde caso isso balance o barco a ponto de afundá-lo.

"Verdade? Algum ponto é verdadeiro? Nós sabemos disso — enquanto Shatner, por causa de todos os seus erros incríveis, irá estourar e extravasar, algumas vezes pedirá desculpas e compensará as pessoas, qualquer erro ou desigualdade de Nimoy, falsos ou inventados, parecem resultar numa imagem de falta de perdão inabalável, ranzinza e eterna. Não é verdade novamente? Vamos repetir o que você falou certa vez... 'Tenho tanta integridade pessoal que sairia da série se o papel não fosse como achasse que deveria ser, se prejudicasse o futuro dos meus companheiros que investiram nela, se eles ficassem famintos. Isso é duro.' De acordo com meu dicionário, Leonard, isso descreve egoísmo.

"Embora eu tenha atacado Shatner nas suas inseguranças idiotas e autodestrutivas, vamos dar uma olhada em como ele te vê. Isso não é a descrição de Shatner, mas de um antigo executivo de estúdio que é seu fã — 'Vejo a imagem crescente de um homem astuto, dominado pela ambição, sondando e aguardando com emoções e sentimentos mascarados, pronto para saltar no momento certo quando achar que pode finalmente virar o que está destinado a ser.' Errado? Injusto? É assim que parece para alguns.

"Há um paradoxo nisso tudo — o referido acima parece ser a imagem que você tem de Shatner. E outros também ponderam se a mesma besta não se esconde no reflexo mais jovial dele. Seria engraçado se vocês dois estivessem certos. Agora, eu falei para Shatner que Spock não se tornará o protagonista de *Jornada nas estrelas*. Também deixei claro para ele que, embora Kirk seja o protagonista da série, ele será minha ideia de protagonista e não a dele. Também deixei claro que você permanece como um segundo protagonista forte, efetivo e integral do programa. Talvez ele imagine que você possui acordos secretos ou planos malignos que transformarão você em astro, apesar de tudo que eu faça. Esqueça a sabedoria de tais dúvidas, esqueça até mesmo a decência comum. Isso ainda me parece que um homem de inteligência e sensibilidade já teria encontrado maneiras de tornar bem claro que não é nada disso.

"Sim, isso também tem afetado sua imagem na tela. Nenhum ator sob a pressão semanal de um programa de TV pode esconder totalmente seus sentimentos reais sobre um colega. O público vai acabar percebendo que a grande 'lealdade' de Spock, na verdade, é de fachada; os telespectadores começarão a dizer que ele não é um terráqueo bonzinho tentando dominar um corpo vulcano, mas talvez seja um alienígena vulcano e ele não seria tão bonzinho se assumisse o controle."

Neste ponto, a carta mais ou menos retira DeForest Kelley como destinatário e serve como alerta preventivo ao próprio Roddenberry. "Enquanto eu ficar no programa, começando na segunda-feria, não haverá mais transferências de falas de um personagem para outro. Os diretores serão orientados de que as mudanças que desejarem fazer deverão ser feitas na semana de preparação. Não haverá mais discussões eternas sobre cenas que ocupem metade de um dia de produção — o diretor permitirá isso apenas se houver um risco ao drama da história ou à interpretação que ele achar necessária. O diretor saberá que também poderá ser substituído e que uma falha no topo do comando das filmagens poderá significar sua demissão."

Roddenberry conclui dizendo: "O.k., meus três ex-amigos e 'profissionais únicos'. É isso que eu tinha a dizer numa conversa direta, não apenas formada por minhas opiniões, mas um resumo de sentimentos compartilhados entre todos os seus companheiros. Talvez todo mundo esteja errado e vocês três estejam certos. Nada do que vi ainda me faz crer que essa não será a sua opinião. Novamente, não quero falar sobre isso. Se estou errado, me mostrem!"

O Grande Pássaro da Galáxia falou. Se a sua mensagem seria compreendida, só esperando para ver...

UM CAMINHO AUDACIOSO

"Por trás de toda revolução existe um homem com uma visão."

No início da segunda temporada, várias mudanças visíveis saudaram os telespectadores. Não apenas o nome de DeForest Kelley tinha sido acrescentado aos créditos iniciais, mas havia um novo rosto no leme: o navegador Pavel Andreievich Chekov, interpretado por Walter Koenig. O acréscimo de um novo membro ao elenco atrairia potencialmente um público mais jovem e a ideia foi abraçada tanto pela NBC quanto por Gene Roddenberry.

Em um ofício de 22 de setembro de 1966, Roddenberry alerta o diretor de elenco Joe D'Agosta. "Tendo nosso público jovem em mente e também ligados nas atuais tendências, vamos manter nossos olhos abertos para um tipo irreverente, jovem e de sotaque britânico no estilo dos Beatles. Ele talvez vire até um regular. Como aquele sujeito pequeno que parece ser um sucesso em *The Monkees*. Pessoalmente acho esse tipo animador e engraçado e acredito que nossos episódios possam ganhar com esse tipo de 'astral'. Vamos discutir."

Foi apenas mais tarde que Roddenberry recriou o personagem como um russo, uma homenagem ao sucesso do programa espacial soviético da época. Ele atribuiu isso, em uma história que pode muito bem ser apócrifa, a um artigo supostamente publicado no jornal soviético *Pravda* criticando a série por não ter nenhum personagem russo.

Gene Roddenberry
(criador, produtor executivo, *Jornada nas estrelas*)

Os russos foram responsáveis pelo personagem de Chekov. Eles publicaram no *Pravda* que "Ah, os americanos feiosos fizeram novamente. Criaram uma série espacial e esqueceram de colocar as pessoas que viajaram pela primeira vez ao espaço". E eu pensei: "Meu Deus, eles estão certos".

Joseph Pevney
(diretor, "Tempo de loucura")

Quando Roddenberry disse que queria colocar um russo na série, eu falei: "Acabei de usar um garoto chamado Walter Koenig num programa da Universal. E acho que o ouvi falar um pouco de russo. Por que não o chamamos para um teste?". Ele tinha traços russos; seu rosto tinha um aspecto eslavo. Ele parecia certo e não era o típico clichê russo.

Walter Koenig
(ator, Pavel Chekov)

Eles estavam procurando alguém que atraísse o público mais jovem. Tinham alguém como Davey Jones, de *The Monkees*, na cabeça. E tinha toda aquela história sobre *Pravda* — você sabe, a crítica supostamente publicada no jornal — que não fazia o menor sentido. Era apenas publicidade. Foi uma decisão bastante prática. Eles queriam alguém que tivesse apelo diante dos meninos de oito a catorze anos e a decisão foi torná-lo russo. As cartas que eu recebia dos fãs dessa faixa etária não faziam menções à Guerra Fria ou ao que estava acontecendo no mundo. Na época, esse lance de receber cartas de fãs era tão novo para mim que lia cada uma delas. Eu recebia cerca de setecentas cartas por semana, então boa parte do meu tempo era ocupada com isso.

Fui chamado porque havia feito o papel de um russo em outra série [*Mr. Novak*] e o diretor de elenco era o mesmo. Eu também tinha trabalhado com Gene Roddenberry em um papel especial em *O tenente* e com Joseph Pevney em *Alfred Hitchcock apresenta*, então meu nome já era conhecido e foi uma situação indolor. Apenas um outro ator fizera o teste para o papel e já tinham me falado que eu conseguira o trabalho antes mesmo que eu saísse do estúdio.

Joe [D'Agosta] me chamou e li as falas. Seu nome era Jones e não Chekov, porque Davy Jones era quem eles tinham em mente para o papel. Entrei na sala onde faria o teste e dei de cara com todos os executivos, Gene Roddenberry e Bob Justman. Quando terminei, o silêncio era profundo. Ou eu tinha deixado todos estupefatos ou tinha estragado tudo. Então, eles disseram: "Sim, Walt, você consegue fazê-lo mais engraçado?". Engraçado? Como eu faço isso ser mais engraçado? Então minha leitura foi algo como "*Káptan, adivinhe só, a nave está prestes a explodir*". Então, me pediram para esperar em outra sala e havia outro ator lá. Era um cara com quem eu havia trabalhado numa outra série em que interpretamos guerrilheiros da Resistência Francesa. Ele entrou para fazer seu teste e não saiu mais. Esperei por horas. Logo o sol começou a sumir no horizonte e eu ainda estava lá. Descobri que havia outra saída do escritório de Gene que não passava por onde eu estava. Então, eu estava lá tomando esse chá de cadeira quando surge um camarada e diz: "Você é Walter Koenig?". Então, ele se ajoelha na minha frente, coloca sua mão entre minhas pernas e eu pergunto: "O que você está fazendo?". É quando vejo uma fita métrica. Ele explicou: "Estou tirando suas medidas para as calças". Foi dessa maneira embaraçosa que descobri que havia sido aceito em *Jornada nas estrelas*.

George Takei
(ator, Hikaru Sulu)

Eu tinha feito lobby na primeira temporada e Gene escreveu algumas falas maravilhosas para Sulu nos roteiros da segunda temporada. Mas eu tinha saído para fazer *Os boinas verdes*, que atrasou e, por causa disso, Walter foi trazido e ele ganhou essas falas.

Walter Koenig

Não tinha ideia da importância desse trabalho para minha carreira. Falaram que o personagem podia ser recorrente, mas não havia garantias. Uma das coisas que aconteceram fortuitamente foi que George Takei estava filmando *Os boinas verdes* e se atrasou para a segunda temporada. Então, me trouxeram de volta para preencher aquela função e não prejudicar a continuidade, porque ainda não tínhamos uma reação do público. Acho que dei sorte pelo fato de George não estar disponível.

Sem o conhecimento de Koenig na época, George Takei, como admitiu em sua autobiografia, *To the Stars*, estava com ciúmes do recém-chegado com quem ele agora precisaria dividir os holofotes e que também estava sendo destaque em alguns dos episódios mais populares da série, todos originalmente planejados para Sulu.

Walter Koenig

Isso jamais chegou ao meu conhecimento. Nunca soube da animosidade de Takei. Ele era sempre cordial e somente anos mais tarde falou como se sentia em relação a mim. Eu deveria ter me tocado de que meu papel estava ganhando importância devido à sua ausência. Mas, por outro lado, ele estava fazendo um filme com John Wayne, então não me senti culpado. George é um profissional experiente. Ele ficou desapontado e foi maltratado em várias ocasiões, mas sempre suportou tudo isso com enorme dignidade e profissionalismo. E eu o admiro por isso.

Dorothy Fontana
(editora de roteiros, *Jornada nas estrelas*)

Na duas primeiras temporadas, acho que ficamos mais fortes, porque sabíamos qual era a nossa direção desde o sexto episódio em termos de atores que preenchiam os papéis. Começamos a conhecê-los como personagens e passamos a escrever baseados em suas virtudes. Acho que as histórias ficaram melhores, embora ainda tenha havido um ou outro vacilo. No geral, acho que nossa média foi ótima nas duas primeiras temporadas.

Robert H. Justman
(produtor associado, *Jornada nas estrelas*)

Um dos problemas que tivemos na segunda temporada foi a sensação de quando você resolve algo e a adrenalina se esvai. A coisa que me motivava na TV estava pedindo o desafio de uma nova série e descobrir se era capaz de fazê-la. Meu sentimento era de que, assim que descobria como fazer, queria tentar algo novo. Então a magia e a empolgação original tendem a passar assim que o mistério é resolvido. Mas ainda havia a camaradagem.

Tínhamos outro problema na segunda temporada que foi altamente intensificado durante a terceira. Na segunda, tivemos um corte brutal no orçamento de cada episódio. E os atores remanescentes ganhavam mais, então nossos custos eram maiores. Isso afetou o tipo de episódio que podíamos produzir. Foi ainda pior na terceira temporada, quando tivemos novos cortes, apesar de mantermos o mesmo elenco.

RALPH SENENSKY
(DIRETOR, "METAMORFOSE")

Não havia dinheiro. Se você visse o estúdio onde filmávamos, ficaria estupefato. Um deles era o interior da nave, que tomava o estúdio inteiro, que nem era tão grande. O outro era onde construíamos tudo mais que precisávamos. Por exemplo, em "Metamorfose", tínhamos a nave auxiliar da *Enterprise*, a *Galileo*, no estúdio. Precisávamos, em tese, ter uma nave espacial e vender a ideia de um planeta gigantesco. Se você se lembrar das tomadas panorâmicas que fizemos, a nave parece tão pequena que mais parece uma maquete.

Isso foi obtido graças ao nosso diretor de fotografia, Jerry Finnerman. Nós literalmente tínhamos a nave em um lado do estúdio e a câmera no extremo oposto. Jerry filmou com lentes de nove milímetros para ganhar dimensão. Mesmo hoje, acho maravilhoso. Mas não podíamos usar essas lentes em atores, porque elas os distorcem. Esse é um exemplo de limitação orçamentária. Você não luta contra isso, tenta encontrar um jeito de usar a imaginação e sair com algo bom.

Infelizmente para Lucille Ball, os déficits originários de *Jornada nas estrelas* e *Missão: Impossível*, duas séries que se tornariam legados duradouros e se provaram imensamente lucrativas, a forçaram a relutantemente vender para a Paramount os estúdios que ela e seu ex-marido, Desi, tinham erguido nos fundos do galpão onde filmavam sua bem-sucedida sitcom. Na época, a Paramount, o estúdio vizinho entre as ruas Gower e Melrose, só estava interessada no terreno que Lucy possuía e não nas séries produzidas pelo estúdio.

Marc Cushman
(autor, *These Are the Voyages*)

A Paramount assumiu na metade da segunda temporada e começou a enxugar o orçamento. A atitude da Paramount em relação à *Jornada nas estrelas* era: "Você não vai nos arruinar como arruinou a Desilu". Lucille Ball perdeu seu estúdio por causa de *Jornada nas estrelas*. Ela apostou na série e você pode ler os memorandos do conselho diretor falando: "Não faça essa série, vai nos matar". Mas ela acreditava no programa. Seguiu em frente e, na metade da segunda temporada, ela precisou vender a Desilu para a Paramount Pictures. E assim que eles assumiram o comando, disseram: "Vamos tratar a série como se fosse um negócio. Vocês não vão mais estourar o orçamento". Lucille Ball precisou ceder o estúdio que havia construído com seu marido. Era tudo que tinha sobrado do casamento. E ela sacrificou isso por *Jornada nas estrelas*.

Ralph Senensky

A Desilu era como uma família. Herb Solow, que era o chefão da empresa, costumava descer e conversar conosco no estúdio. Não era como os outros presidentes, que nunca dirigiam a palavra a você. Herb parava o que estava fazendo para te ajudar. Pode imaginar um estúdio funcionando assim?

Quando a Paramount comprou a Desilu, uma mentalidade corporativa tomou conta do lugar. Acho que é por causa disso que tenho um certo ressentimento de a Paramount ter tido sucesso com *Jornada nas estrelas*, porque se tivessem feito da maneira que o estúdio queria, teriam matado a série. Ela sobreviveu *apesar* da Paramount. E agora eles possuem essa mina de ouro rendendo todo esse dinheiro.

Marc Cushman

O instinto de Lucy sobre *Jornada nas estrelas* estava certo. Foi uma das maiores séries em termos de exibição em outras praças. O problema era que os bolsos dela não eram fundos o bastante. Eles estavam perdendo 15 mil dólares por episódio, o que daria cerca de 500 mil dólares hoje em dia. O conselho dizia: "Não somos um grande estúdio, não podemos arcar com isso, vai nos arruinar". E ela batia o pé: "Não, de algum modo nós vamos conseguir. Vamos deixá-los trabalhar dentro do orçamento deles e, de alguma maneira, vai funcionar". Se ela tivesse se segurado mais seis meses, a série teria realmente funcionado, porque, no final da segunda temporada, assim que havia episódios suficientes, *Jornada nas estrelas* estava sendo exibida em sessenta países. E todo aquele dinheiro estava entrando. O problema foi que ela não conseguiu suportar mais seis meses.

Ela precisava de vários milhões de dólares para aguentar mais um tempo e naquela época não era tão fácil pegar um empréstimo quanto hoje em dia. Não era possível dividir a dívida em vários cartões de crédito, então ela não teve alternativa a não ser vender a Desilu. Lucy foi embora para Miami. Fugiu porque foi muito triste ter de assinar o contrato. Eles precisaram persegui-la para pegar a assinatura. Há uma foto dela cortando a fita depois que derrubaram o muro entre a Paramount e a Desilu. Ela está em pé ao lado do CEO da Gulf & Western, que virou proprietário dos dois estúdios agora, e a expressão congelada no rosto dela demonstra que estava tentando passar a imagem de coragem para o fotógrafo e tentando fingir seu sorriso para a câmera. Dá para ver que aquilo está matando Lucy. Mas ela estava certa. Totalmente certa. As duas séries mais reprisadas na história da televisão são *I Love Lucy* e *Jornada nas estrelas*.

A turbulência da segunda temporada continuou com o anúncio de que Gene L. Coon sairia da série no meio do ano da produção, o que, como se viu, seria um golpe criativo grave e potencialmente incapacitante do qual a série nunca se recuperou.

Glen A. Larson
(criador, produtor executivo, *Galáctica: Astronave de combate*)

Na segunda temporada, Gene Coon decidiu sair de *Jornada nas estrelas*. Ele tinha dois roteiros na mesa que precisaria reescrever. Ele, de repente, largou seu lápis e disse: "Chega". E se levantou e foi embora. Foi uma experiência interminável e extenuante.

William Campbell
(ator, Trelene em "O senhor de Gothos"; Kor em "Problemas aos pingos"; amigo de Gene L. Coon)

Estava começando a se tornar uma tarefa hercúlea para a série exibir algo novo. Não se esqueça, eles estavam usando roteiristas externos e estava ficando mais difícil contratá-los. É preciso ter em mente que estamos falando de uma época em que grandes escritores não estavam mais fazendo qualquer coisa, uma situação bem diferente de quando a televisão estava nas suas primeiras incursões e alguns grandes roteiristas faziam programas de TV.

Marc Cushman

Por que Gene Coon deixou *Jornada nas estrelas*? Roddenberry estava fora escrevendo um roteiro para um piloto de *Robin Hood*, que nunca foi feito, mas ele foi pago para escrever. Então, ele saiu na metade da segunda temporada para dedicar quatro semanas a essa tarefa. Ele voltou e dois roteiros que ele havia aprovado anteriormente estavam sendo filmados. Gene entrou no Estúdio 9 e ouviu gargalhadas, algo que não era incomum, pois Shatner fazia piadas o tempo todo. Mas as gargalhadas eram mais altas dessa vez. E as luzes estavam acesas, o que significa que estavam filmando. Então, por que todo mundo está rindo durante as filmagens? Ele entra e é a cena de "Problemas aos pingos" em que Shatner está abrindo alguns compartimentos e os pingos caem sobre ele até enterrá-lo.

Roddenberry está ali vendo essa cena ser filmada e ele não está rindo. Isso não é *Jornada nas estrelas*, parece mais *Perdidos no espaço*. Então, ele se virou e foi embora para a sala de exibição, onde disse: "Me mostre o último episódio editado". E era "Eu, Mudd". Roddenberry tinha aprovado o trabalho, a ideia da história era dele e foi ele que escreveu a trama de "As mulheres de Mudd" um ano antes. Era para ser um personagem mais sério, apesar de espalhafatoso. E o que ele estava vendo era uma comédia total.

Então ele assistiu a cenas de "Pingos" e, depois, deu uma olhada no episódio seguinte que seria filmado, "Pão e circo", que também era uma ideia dele transformada em uma comédia. Então, começou a reescrever e cortou grande parte da comédia do episódio, e ele e Gene Coon se desentenderam. Gene deixou a reunião e datilografou sua carta de demissão. Naquele dia, o dia em que Roddenberry voltou, Gene Coon entregou sua demissão.

Ande Richardson

Se Gene Roddenberry falou algo para ele sobre o que estava fazendo com o humor e tudo mais, então por que ficar ali e aguentar? Ele estava indo bem.

Preciso dizer que depois da chegada de Gene Coon, o Grande Pássaro estava desaparecendo, entrando e saindo sem que ninguém percebesse. Tudo recaía sobre Gene Coon e não acho que foi para isso que ele foi contratado. Acho que ele pensou que Roddenberry ficaria lá para ajudar a carregar o fardo. Não posso dizer que ele jogou tudo em cima de Gene, mas sinto que ele estava sobrecarregado sem o Pássaro por perto. Ele nunca reclamou de nada, mas só é possível suportar esse tipo de situação por um tempo, depois é preciso desistir. E Gene estava desgastado.

Harve Bennett
(produtor executivo, *Jornada nas estrelas II: A ira de Khan*)

A perda de Gene Coon foi crítica. O crédito pelo sucesso da série, claro, vai para Gene Roddenberry. Não há argumentos contra sua genialidade. Mas também devemos lembrar de Gene Coon, o escritor teimoso que fez muitas coisas funcionarem. Eu me vejo como o Gene Coon dos longas-metragens. Os fãs nunca entenderam a contribuição de Coon para as coisas que eles adoram nos filmes, não obstante o gênio de Roddenberry. É meu sentimento, conhecendo todos os envolvidos e o material, de que sempre que o nome de Gene Coon está nos créditos como produtor, são os melhores episódios.

Marc Cushman

Coon queria sair tão rapidamente naquele ponto que olhou pela janela e viu John Meredyth Lucas andando para seu carro, porque estava trabalhando em *Mannix*. Ele disse: "Você pode sair de *Mannix*?. Quero que me substitua". E foi rápido assim. Roddenberry tinha de aprovar Lucas, então o fez ir até sua casa, onde conversaram e ele pensou: "O.k., John vai diminuir a comédia, vai fazer a série mais como eu queria. Vai fazer um Kirk mais determinado".

Um dos primeiros episódios que John rodou foi "Obsessão". Tinha um tom mais próximo do que Gene Roddenberry queria, então ele aprovou. Agora, eles ainda tinham todos aqueles roteiros que Gene Coon tinha reescrito e, embora o nome de Coon não apareça nos créditos da última metade da segunda temporada, quase todos os roteiros tiveram sua mão. Havia memorandos dele em todos os roteiros, mas, então, John Meredyth Lucas e Gene Roddenberry começaram a reescrevê-los retirando o humor. E os episódios não foram tão bons quanto os da outra metade da segunda temporada. A série perdeu um pouco de ritmo naquele momento.

John Meredyth Lucas
(produtor, roteirista, diretor, *Jornada nas estrelas*)

Eu estava no estúdio gravando *Mannix* e escrevi um roteiro para Gene Coon. Gene estava se aposentando e sugeriu que eu assumisse porque eu tinha produzido *Ben Casey*. Conversamos por algum tempo e foi isso. Naquela época, Bob Justman estava cuidando da produção final. Quando cheguei, também entrei na produção e na direção. Gene disse: "Quando eles me contrataram, sabiam que eu escreveria e seria isso". Não era assim que eu produzia.

David Gerrold

Os últimos seis episódios foram finalizados por John Meredyth Lucas, que era uma espécie de vigia para assegurar que as coisas estavam indo no caminho certo. Um homem muito agradável, mas provavelmente alguém muito controlado por Roddenberry. Ele se sentia grato pelo trabalho. E Roddenberry disse: "Nós vamos fazer do meu jeito". E os últimos seis episódios da segunda temporada foram... adequados.

Ande Richardson

Quando Gene saiu — ele não me contou exatamente o porquê —, ele disse: "Estou caindo fora e, quando achar outro lugar, vou te falar e você poderá se juntar a mim". Então, trabalhei com John Meredyth Lucas. Ele era um cara bacana, fazia o trabalho, mas não acho que ele melhorou alguma coisa. Para mim, a situação toda tornou-se um nada. Eu apenas ia para o estúdio, fazia o trabalho e pegava o meu cheque. A alegria tinha ido embora. Tinha tanta liberdade com Gene. Eu conseguia ler os roteiros, podia falar sinceramente com ele sobre o que achava de tudo e conversávamos sobre as tramas. Eu sentia que estava contribuindo. Isso foi embora com Gene. Fiquei feliz de cair fora depois da saída dele.

John Meredyth Lucas

Quando cheguei, lembro que havia uma grande tensão entre os atores. Não era uma guerra civil, mas uma tensão entre o elenco e o estúdio. Na verdade, Gene me levou para as locações para me apresentar como produtor. Nós representávamos o estúdio. Quando eles filmavam uma tomada em particular, nós nos aproximávamos e Shatner se afastava. Ele não falava comigo ou Gene. Eles estavam no meio de uma briga, mas eu não tinha ideia de qual era o problema.

Havia uma tensão crescente também entre Shatner, Nimoy e Gene. Acontece em todas as séries, mas era especialmente visível em *Jornada nas estrelas* quando entrei. Não vou falar que resolvi esse impasse, apenas o ignorei, segui em frente e fiquei no set um bom tempo. Tenho a tendência de colocar as mãos na massa em tudo. Foi apenas uma abordagem diferente. Não tenho certeza do que causava a tensão. Atores tendem a sentir que se você não está ali o tempo todo os paparicando, pelo menos ouvindo seus gritos de agonia, que estão abandonados. Por fim nos tornamos amigos. Não significa que não houvesse reclamações sobre o papel de alguém não ser significativo, mas desenvolvemos um mecanismo para convencê-los do contrário.

Dorris Halsey
(empresária de Gene L. Coon)

Gene ficou feliz por um tempo em *Jornada nas estrelas*. Depois, o lado pessoal e o profissional começaram a pesar. Ele estava tendo conflitos de personalidade com Shatner e Nimoy. Tinha pouco respeito por atores, a não ser seus amigos. Gene também tinha pouca paciência para o tédio.

William Campbell

Não sei nada sobre o relacionamento entre os dois sujeitos, mas posso dizer o que acontece com os atores quando adquirem uma posição de destaque em uma série de TV depois de um curto período de tempo — eles não conseguem evitar —, eles tornam-se valiosos. E reconhecem isso a tal ponto que podem expulsar os produtores, podem fazer suas presenças serem notadas. Todos eles têm ideias.

Jackie Coon Fernandez
(viúva de Gene L. Coon)

Gene não gostava de atores. Eles eram muito carentes e egocêntricos, o oposto de quem ele era. Não se deu bem com Robert Wagner quando foi fazer a série *O rei dos ladrões*. Eu não levaria tão a sério seus sentimentos em relação àqueles atores, porque ele não gostava de atores de forma geral.

William Campbell

Não lembro de alguma situação na qual Gene Coon tenha dito para Shatner ou Nimoy como atuar. Ele também não deu a entender que era um diretor, mas insistia em manter certas coisas que os atores teriam mudado. Ou áreas que eles gostariam de mudar a direção. Gene Coon talvez tenha debatido com eles em certas ocasiões e não gostaram disso. Mas nunca o ouvi dizer nada de ruim sobre qualquer um deles.

Jackie Coon Fernandez

Não acho que houvesse uma rixa pessoal entre Gene e Roddenberry. Roddenberry gostava mais da glória do que Gene queria na série. Ele queria mais ousadia e menos glória. Menos exibicionismo. Menos negócios e mais pensamento. Roddenberry queria mais rapidez nas armadilhas extravagantes da ficção científica. Gene [Coon] era um filósofo nos sentimentos. Havia uma certa diferença entre eles, mas não suficiente para perturbar uma amizade, porque permaneceram amigos pelo resto da vida.

Ande Richardson

Quando Gene Coon estava lá, estávamos no ritmo. Estávamos mudando o mundo. Quando eu atendia o telefone dele, falava "Aqui é a crioula do Coon" e tudo bem, porque estávamos indo aonde ninguém nunca esteve antes. Estávamos fazendo a diferença. Senti o mesmo com Malcom [X], Martin [Luther King] e Gene Coon. Meus amigos falavam: "Quero ser produtor de cinema". Mas eu queria ser produtora de TV, porque queria fazer o que Gene Coon tinha feito. Queria fazer programas para que as pessoas pudessem ver uma maneira diferente de pensar e de viver. Queria fazer "Demônio da escuridão", porque somos parte do mesmo material; não podemos descartar uma forma de vida em detrimento de outra. Estávamos fazendo algo. Ele não fazia a série para que as pessoas falassem "Uau, aquilo foi ótimo". Ele fazia o melhor e fazia com o coração.

John Meredyth Lucas

Se houve um elemento que eu trouxe de volta à série quando fui produtor foi a inspiração de Gene Roddenberry para o programa: Horatio Hornblower. Era o que eu estava tentando trazer de volta, porque estava meio perdido. A luta constante — a luta fronteiriça — para transformar Kirk no capitão Hornblower de novo. Muito daquele material se perdeu na fantasia, o que não é ruim. Mas com a progressão da temporada, houve cada vez menos elementos de Hornblower, algo que me atraía como vemos em "O computador definitivo" e outros.

Um dos problemas criativos da série era que adorávamos fazer episódios que tivessem algum conceito. E essa é uma palavra terrível se você está conversando com a emissora. Você poderia pensar que conceito significava um propósito nobre, mas para eles significava simplesmente algo que se pode explicar em uma palavra. A emissora queria monstros espaciais verdes que comiam a nave toda semana e nós queríamos fazer episódios com algum tipo de conceito, que dissesse algo e fosse diferente. Mas Deus sabe que tivemos nossa cota de monstros verdes comendo a nave.

Apesar de toda a turbulência nos bastidores e de uma mudança notável na qualidade dos episódios, após a partida de Gene Coon, a segunda temporada de *Jornada nas estrelas* é considerada talvez a melhor temporada da série. Entre os episódios tidos como clássicos hoje em dia, temos "Tempo de loucura", em que Spock se sente obrigado a retornar a Vulcano para procriar ou morrer — e termina se vendo numa batalha de vida ou morte com Kirk; "O espelho", no qual Kirk, McCoy, Scotty e Uhura se encontram em um universo paralelo selvagem a bordo de uma *Enterprise* diferente, onde a patente é conquistada por meio de assassinatos; "Metamorfose", uma sincera e emocionante exploração da natureza do amor; "A caminho de Babel", em que a *Enterprise* serve como anfitriã de inúmeros alienígenas a caminho de uma conferência diplomática; "Problemas aos pingos", o primeiro episódio cômico de *Jornada nas estrelas*, que joga Kirk e companhia contra os klingons e milhares de bolinhas peludas; e as visitas nem tão bem-sucedidas a planetas similares à Terra com a sociedade refletindo uma antiga Chicago ("Um pedaço da ação") e paralelos modernos com a Alemanha nazista ("Padrões de força") e o Império romano ("Pão e circo").

Joseph Pevney

A luta em "Tempo de loucura" ficou absolutamente incrível e foi uma das melhores que produzimos. O que tornou o episódio dramaticamente interessante foi o fato de a disputa acontecer entre Kirk e Spock. Durante o episódio, Leonard Nimoy e eu também trabalhamos juntos na saudação vulcana e na declaração "vida longa e próspera".

Gene Roddenberry

Leonard Nimoy veio com o gesto de "vida longa e próspera" — a saudação com os dedos separados. Ele veio ao meu escritório e disse: "Sinto a necessidade de uma saudação vulcana, Gene". Então, ele me contou uma história de sua infância numa sinagoga. Os rabinos falaram: "Não olhe, senão você ficará cego ou morrerá". Mas Leonard olhou e, claro, os rabinos estavam fazendo o sinal vulcano. A ideia dos meus conterrâneos sulistas dando bênçãos judias uns para os outros me agradou e falei: "Vá em frente!".

Dorothy Fontana

Em "Tempo de loucura", não lembro se foi Gene Roddenberry, Gene Coon ou [o roteirista] Ted Sturgeon que veio com a ideia do acasalamento vulcano a cada sete anos, mas, da maneira que estabelecemos, eles se acasalam quando querem. Contudo, a cada sete anos, eles participam do ritual, da cerimônia. É um impulso biológico. Essa história de ciclo de sete anos foi interpretada no sentido literal por muita gente que não parou para pensar. Quer dizer, a procriação apenas a cada sete anos não daria certo, não explicaria os vulcanos de muitas idades diferentes que não são separados por sete anos.

Quando Ted estava escrevendo o episódio, houve certos momentos em que falei para ele: "Bem, você sabe que McCoy tem um papel no relacionamento com Spock e Kirk tem outro". E Ted juntou os três numa mistura bacana de relacionamentos que é a alma de *Jornada nas estrelas*. As histórias que não foram bem foram aquelas sem qualquer relacionamento humano envolvido em algum momento da trama.

Jerome Bixby
(roteirista, "O espelho")

Eu já tinha escrito um conto chamado "One Way Street", que se passava em um universo paralelo, e achei que ele daria um bom episódio de *Jornada nas estrelas*. O universo que criei era uma contraparte selvagem, praticamente uma nave pirata, para onde eu poderia enviar um grupo de desembarque. Submeti o esboço à aprovação, eles adoraram e escrevi o roteiro.

Dorothy Fontana

"Metamorfose" era uma história de amor muito delicada e comovente. A ideia de que um homem poderia aceitar relacionar-se com uma alienígena e de que a jovem mulher, para salvar a vida dela, aceitaria a extraterrestre em seu corpo, foi uma história adorável e tocante. Gene Coon a filmou com habilidade e delicadeza.

"A caminho de Babel" surgiu por causa da menção que fizemos duas vezes aos pais de Spock. Eu disse a Gene: "Nós falamos sobre eles, vamos mostrá-los". Então, sentei e criei dois personagens, especialmente a relação com Sarek e o racha entre ele e Spock — com Amanda posicionada no meio. Ela era uma humana com um marido inteiramente vulcano e um filho mestiço, algo que certamente gera um bocado de problemas de personalidade.

Joseph Pevney

"Problemas aos pingos" foi uma delícia do início ao fim. Eu me diverti bastante com o episódio e vendi a ideia dos pingos. Era o primeiro trabalho de um roteirista chamado David Gerrold e achei que ele tinha feito uma contribuição incrível para a série. Minha maior contribuição foi ter feito o episódio ser produzido, porque havia um sentimento entre os envolvidos de que não deveríamos fazê-lo. Era uma comédia e sentiam que não era a nossa praia. O episódio terminou ficando muito bom e Bill Shatner teve a oportunidade de mostrar seu lado cômico que tanto ama. A premissa era bastante engraçada.

David Gerrold

Preciso ser realmente sincero agora: me sinto muito bem de ter escrito "Problemas aos pingos". Quando o escrevi, encarei a tarefa como uma honra e uma responsabilidade e me propus a escrever o melhor episódio já feito de *Jornada nas estrelas*.

David P. Harmon
(roteirista, "Um pedaço da ação")

Eu sentia que nossa civilização ocidental baseia-se na ética judaico-cristã, então o que fiz em "Um pedaço da ação" foi imaginar uma nave que se acidenta e os habitantes de um planeta salvam um livro chamado *A vida de Al Capone*, que passa a ser a versão deles da Bíblia e onde se baseiam para criar sua própria sociedade.

James Komack
(diretor, "Um pedaço da ação")

O que não devíamos esquecer era que Kirk e Spock eram de outra época enquanto estávamos tentando fazer um filme sobre os anos 1920. Você deve lembrar constantemente que precisa ser a década de 1920 do ponto de vista dos outros personagens, mas precisa ser o futuro para Leonard Nimoy e William Shatner. Isso ficava um pouco bizarro. A piada recorrente era de que eles nunca tinham visto uma metralhadora antes, mesas de sinuca ou carros. Tínhamos de trabalhar as piadas aqui e ali. Você dizia: "Espere um minuto, você nunca viu isso antes. Preciso filmar algo que mostre que você nunca viu isso antes". Spock e Kirk eram homens de grande intelecto e estavam lidando com o equivalente a macacos. Aqueles alienígenas tinham o QI de uma galinha e era engraçado ver Kirk e Spock os encarando, porque eram ridículos. Eles tinham um livro, eram mafiosos e estavam dominando cidades. O cérebro deles não funcionava tão bem. Foi muito divertido.

John Meredyth Lucas
(diretor/roteirista, "Padrões de força")

As sociedades totalitárias, principalmente a nazista, sempre me fascinaram. Como isso pode acontecer? Conheço a história, mas como isso surgia na mente das pessoas? Comecei com a premissa de que eu tentaria explicar essa questão e exploraria como um país inteiro poderia ser varrido por uma ideologia. Ainda é difícil de entender. Ainda bem que houve poucos problemas para cobrir um material tão dramático. Gene Roddenberry tinha a tendência de não censurar essas coisas. Ele vinha e, na verdade, encorajava posicionamentos ainda mais radicais. Ele era um sujeito que gostava de correr riscos, então não houve nenhuma oposição no sentido de: "Meu Deus, o que é isso que você está escrevendo?".

Ralph Senensky

Gene Roddenberry é um homem muito criativo. Quando fizemos "Pão e circo", lembro de ter me reunido com ele para falar sobre o episódio e ele iria escrever alguma coisa. Voltei no outro dia, às seis da manhã, para pegar o novo material, porque havia coisas que não estavam funcionando no roteiro. Gene Roddenberry e Gene Coon estavam escrevendo para esse episódio juntos enquanto filmávamos. Não lembro qual foi o problema, a não ser que estávamos recriando uma arena romana na televisão. Lembro que minha preocupação era de que toda aquela conversa sobre o "sol", que faziam no início, poderia deixar de ser um mistério no fim. Não queríamos dar a pista de que estávamos fazendo a história de Cristo. Isso exigiu certos cuidados, porque não estava no roteiro, mas eles conseguiram. Eles estavam amarrando as pontas soltas, porque, originalmente, quando falavam sobre o sol, você sabia de cara que estavam falando sobre o filho de Deus.

Dorothy Fontana

Certamente havia uma bela filosofia naquela adoração do "sol" e a indicação de que era o filho de Deus, que Jesus — ou o conceito de Jesus — teria aparecido em outros planetas. Achei um detalhe bacana. Houve outras histórias escritas com base no mesmo tema, mas acrescentá-lo no fim realmente parece interessante.

Fontana mostrou-se preocupada por boa parte da segunda temporada com o fato de que a série estaria se repetindo. Em um ofício escrito em 19 de junho de 1967, ela enfatizou: "Até nosso público mais devoto não nos assistirá se a série não variar cenários, temas e aventuras. Nós alardeamos que esse seriado seria criativamente ousado e imaginativo. Onde está isso?".

Um dos episódios mais controversos da segunda temporada, encabeçado por Roddenberry, foi "Uma guerra particular", em que os klingons fornecem armas para um planeta primitivo, forçando Kirk a fazer o mesmo para manter o "equilíbrio de forças" entre os dois lados, uma analogia com o conflito interminável no Vietnã.

Walter Koenig

Achei que esse episódio desviou-se do posicionamento político liberal. Senti isso de maneira muito forte. Eu achava que manter o equilíbrio de forças seria justificar a fabricação de armas.

Em vários aspectos, *Jornada nas estrelas* foi um destaque em comparação com o restante das séries transmitidas pelas emissoras, mas, na cabeça da NBC, o programa trazia mais problemas do que o aconselhável. Não só havia uma série contínua de batalhas com Gene Roddenberry em relação ao conteúdo, mas a série não era um estouro de audiência. Na verdade, parecia que a segunda temporada poderia muito bem ser a última da série. A única esperança seria se os boatos chegassem aos fãs, um desafio dificultado pelo fato de que Harlan Ellison, que, a essa altura, tinha brigado com Roddenberry por causa do roteiro de "Cidade à beira da eternidade", não apoiaria tal campanha. O futuro da série estava estritamente nas mãos dos fãs.

Harlan Ellison

Eu estava bastante otimista com a série no início, mas, depois de alguns anos, isso mudou e todo mundo estava rindo da minha cara. Quando aquelas pessoas falaram "*Jornada nas estrelas* será um novo horizonte para a gente; vamos vender ficção científica como nunca e entraremos na Era Dourada", eu retruquei: "Não, não será, seus idiotas. Seus livros não vão vender mais. Eles só venderão livros de *Jornada nas estrelas*". E isso foi antes de existir qualquer livro da série.

Todo mundo olhou para mim e riu. Disseram para eu deixar de ser ridículo. Pois bem, aí está. Os livros de *Jornada nas estrelas*, aquela porcaria de série espacial, tirou todo mundo da lista dos mais vendidos. Não gosto de estar certo, mas era óbvio para mim que seria dessa forma. Era uma série que teve o potencial de ser realmente ótima. Poucos seriados transcenderam de fato o meio. A maioria era apenas mais um programa televisão. Isso foi, para mim, no que *Jornada nas estrelas* se transformou: apenas mais um programa de televisão.

Bjo & John Trimble

No meio da segunda temporada, *Jornada nas estrelas* estava novamente em perigo e indícios de um possível cancelamento continuavam a perturbar o set. Estávamos visitando as filmagens de "Os anos mortais" quando o cancelamento estava certo. O episódio seria um dos últimos a ser exibido. Mas havia algo que podíamos fazer. Os fãs poderiam botar a boca no mundo e garantir que a NBC e todos aqueles ligados a *Jornada nas estrelas* soubessem que eles estavam insatisfeitos com o cancelamento.

Jacqueline Lichtenberg

A reação à notícia sobre o cancelamento entre os trekkers baseou-se no conhecimento do modelo comercial da televisão: se não houver três temporadas completas de uma série, não haverá reprises. Isso foi antes de termos videocassetes em todas as casas. Sem uma terceira temporada, perderíamos tudo para sempre. A reação foi de pânico. A série era feita para ser passada para os netos e não para apodrecer em algum cofre. Ela era um *marco histórico* e não um programa banal de entretenimento. Então, a reação passou de "Vocês não estão entendendo!!!!" para a de enfrentamento. Houve até mesmo um movimento para tentar comprar ações suficientes da Paramount para controlar a empresa.

Bjo & John Trimble

Nós escrevemos uma carta de contato preliminar, fizemos cópias em nosso pequeno e arcaico mimeógrafo e enviamos para cerca de 150 fãs de ficção científica. Os fãs foram selecionados especialmente porque tinham contatos mais importantes, como editores de fanzines, membros de fã-clubes e outras razões. Nós até tínhamos o endereço de um correio para fãs de *Jornada nas estrelas* contratado pela Paramount que Gene nos ajudou a conseguir. Não tínhamos grana suficiente para ter uma carta impressa, então precisávamos apelar para a força e a urgência da mensagem para conseguir a atenção das pessoas. Usamos a Regra dos Dez: peça para dez pessoas escreverem uma carta e elas pedem para mais dez pessoas escreverem uma carta e cada uma daquelas dez pessoas pedem para dez pessoas escreverem uma carta, e assim por diante.

Jacqueline Lichtenberg

Bjo divulgou como escrever tais cartas e as instruções foram seguidas. Os espectadores eram adultos mais instruídos e não adolescentes bobões sem poder de compra.

Bjo & John Trimble

A NBC estava convencida de que *Jornada nas estrelas* era vista apenas por meninos idiotas de doze anos. Eles conseguiram ignorar o fato de que pessoas como Isaac Asimov, com vários doutorados, e uma multidão de outros intelectuais gostavam da série. Então, claro, os executivos estavam o tempo todo procurando motivos para cancelar séries que eles não achavam que seriam um sucesso estrondoso.

Jacqueline Lichtenberg

Isso foi antes de a Nielsen fazer uma análise demográfica para que os patrocinadores pudessem utilizar os dados. O grosso do público de *Jornada nas estrelas* era formado por estudantes universitários e de pós-graduação e recém-formados. Eram as pessoas com poder de compra que os patrocinadores queriam, mas que não tinham como saber que eles estavam do outro lado da tela até que a campanha produziu uma inundação de cartas formatadas como cartas profissionais.

Bjo & John Trimble

A NBC começou a receber uma avalanche de cartas que tirou os executivos de sua complacência. Os fãs não sabiam disso, então continuamos a enviar cartas na esperança de que algo estivesse acontecendo. A primeira indicação de que nosso plano estava funcionando foi uma festa na qual um analista de sistemas ouviu alguém dizer o nome de Bjo. "Você é Bjo Trimble?", perguntou ele com um sorriso. Bjo perguntou como ele sabia o nome dela. "Todo mundo na NBC sabe o seu nome", disse ele. "Você custou um dinheirão para a emissora. Eles precisaram contratar ajuda extra para abrir aquelas cartas, separando cada uma e tentando descobrir quem é o fã médio de *Jornada nas estrelas*. Rótulos significam tudo na indústria da televisão. Eles usaram nossos computadores para ver se chegariam a um *fã definitivo* da série. Queriam saber a idade, a faixa salarial etc. Até agora, gastaram um bocado de dinheiro e não descobriram nada. Vocês não podem ser rotulados e isso está enlouquecendo a NBC. Além disso, ficaram abalados ao descobrir que alguém conseguiu colar adesivos que diziam: '*Jornada nas estrelas* vive!' em todas as limusines no estacionamento privativo deles."

Elyse Rosenstein
(uma das primeiras organizadoras de convenções de *Jornada nas estrelas*)

Você faz ideia de quantas cartas a NBC recebeu por causa de *Jornada nas estrelas*? Eles normalmente recebiam cerca de 50 mil por ano para todos os programas. Mas a campanha de *Jornada nas estrelas* gerou 1 milhão de cartas. Eles estavam usando pás nas salas de correspondência — não sabiam o que fazer com aquilo. A política era responder todas, mesmo se fosse uma carta padrão, e enviar 1 milhão de respostas sairia muito caro. Então, eles fizeram um anúncio inédito em pleno ar de que não cancelariam a série e ela voltaria no outono.

Bjo & John Trimble

Bem na época em que os executivos decidiam quais séries seriam canceladas ou renovadas, a NBC foi inundada com cartas que fizeram o canal jogar a toalha. Naturalmente, eles não iriam poupar Gene e a equipe de *Jornada nas estrelas* de suas preocupações, então tudo ainda pairava no ar quando a NBC fez o anúncio instantâneo e inédito no fim da temporada de 1968.

Ninguém tinha aparecido durante o horário nobre, mesmo com um anúncio em off, e falou para os espectadores que uma série de TV tinha sido renovada. Então, um grande triunfo do consumidor contra a emissora e os estúpidos índices de audiência foi conquistado por meio de cartas. No fim da campanha "Salvem *Jornada nas estrelas*", nos falaram informalmente que 1 milhão de cartas havia chegado ao escritório. Não fazíamos ideia do quão importante essa ação tinha sido.

Ande Richardson

Um sujeito chamado Thom Beck tinha um programa de rádio em Pasadena chamado *The Credibility Gap*. Era um programa bem popular contra a guerra e coisas assim. Quando falei para eles que estávamos tendo problemas em renovar a série, eles fizeram um segmento inteiro sobre *Jornada nas estrelas*. O programa recebeu muitos comentários e conseguiu atrair a atenção da imprensa. Isso ajudou na renovação. É algo que nunca é mencionado, mas *Jornada nas estrelas* definitivamente recebeu ajuda de uma estação de rádio local.

Richard Arnold
(arquivista de *Jornada nas estrelas*)

Eu não sabia nada sobre um possível cancelamento no fim da primeira temporada. Não acho que muitos fãs sabiam. Mas quando a campanha de cartas começou durante a segunda temporada, me tornei bastante ativo, junto com meu amigo Alan. Consegui as assinaturas de várias pessoas na minha escola, sem saber ainda que uma petição contaria apenas como uma carta, e escrevi para os endereços que Bjo e John Trimble estavam fornecendo aos fãs de todos os cantos.

Gene Roddenberry

A campanha de cartas me surpreendeu e, claro, foi pessoalmente gratificante. O que me agradou não foi o imenso número de pessoas que escreveram, mas a oportunidade de encontrar e conhecer os fãs de *Jornada nas estrelas*, que incluíam desde crianças até reitores de universidades. Uma das minhas maiores alegrias da série foi ter encontrado as pessoas que atraímos e algumas relações que formamos com elas.

Bjo & John Trimble

Gene queria muito estar completamente envolvido, mas falamos para ele que isso faria a NBC afirmar que o movimento não passava de uma armação. Gene fez coisas como mandar comida e bebidas quando estávamos agrupando as cartas. Ele também pagou pela postagem quando ficamos sem fundos. Mas a maior parte das despesas foi paga pela campanha "Salvem *Jornada nas estrelas*" ou com dinheiro do nosso próprio bolso.

Robert H. Justman

Gene definitivamente encorajou a campanha. Sem seu encorajamento, não acho que essas campanhas teriam ido tão longe quanto foram. Foram bem-sucedidas e mantiveram a série no ar. Uma enorme pressão foi exercida na emissora pelas pessoas que escreviam e protestavam. Foi maravilhoso. Não foi um golpe de sorte, como foi provado anos depois com a reprise constante das três temporadas. Era algo mais.

John Meredyth Lucas

Sei que soa como um truque publicitário que uma empresa poderia ter criado, mas a emissora não teve nada a ver com isso. Foi algo espontâneo. Um dos apoios mais fanáticos veio do Instituto de Tecnologia da Califórnia, e foi maravilhoso. Foi ótimo saber. Infelizmente, a audiência da série nunca foi espetacular. Os números foram infinitamente melhores nas reprises. Na época, as pessoas que gostavam dela eram fanáticas, mas a audiência não correspondia a esse movimento.

A campanha que supostamente teria inspirado algo entre 12 mil e 1 milhão de cartas, dependendo de em quem queremos acreditar (o mais provável é que o total tenha sido de 200 mil cartas, de acordo com o que Mort Werner, da NBC, revelou na *TV Guide* na época), culminou numa grande marcha até a sede da emissora, em Burbank, onde alunos do Instituto de Tecnologia da Califórnia [Caltech] se uniram a outros manifestantes em 8 de janeiro de 1968, na esperança de forçar a renovação da série.

Fred Bronson
(RELAÇÕES-PÚBLICAS, NBC)

Conheci Bjo e soube da marcha que ela estava organizando até a NBC, então reuni meus amigos, fizemos cartazes, fomos para o parque em Burbank onde as pessoas estavam se concentrando e fomos em passeata até a NBC. Stan Robertson, do departamento de programação, estava lá, assim como Hank Rieger, da assessoria de imprensa. A maior ironia foi que, dois ou três anos depois, eu estava na faculdade, consegui um estágio na NBC e Hank se tornou meu chefe. Trabalhei anos para ele.

Hank Rieger
(RELAÇÕES-PÚBLICAS, NBC)

Infelizmente, fui uma das pessoas designadas por Herb Schlosser para sair e falar para a multidão reunida diante do estúdio, em Burbank. Eles não estavam muito a fim de conversa, mas nos escutaram. Stanley [Robertson] falou primeiro e em seguida tomei a palavra. Essencialmente, fomos lá para ouvi-los, agradecer e dizer que faríamos alguma coisa. E eles salvaram a série por mais um ano.

A polícia de Burbank enviou um contingente extra e alguns delegados para o caso de um possível tumulto, mas eles não eram esse tipo de manifestante. Também sou um trekkie, então estava tão triste quanto eles por causa do cancelamento. Eu achava que *Jornada nas estrelas* teria um desempenho inicial melhor. Fui um dos que ficaram decepcionados quando a NBC anunciou que tiraria a série do ar.

Fred Bronson

Hank e Stan saíram e, claro, eles aceitaram nossas petições. Falaram que seriam levadas a sério e, como você sabe, a série foi salva. Sentimos que foi por nossa causa. Lembro deles fazendo o anúncio no ar certa noite, praticamente por cima dos créditos, dizendo para pararmos de escrever e ligar.

Jacqueline Lichtenberg

A concessão da NBC foi relutante e, apesar dos melhores esforços de Roddenberry, a terceira temporada fracassou. Mas, graças à campanha de cartas, *Jornada nas estrelas* ganhou as reprises por todo o país e então... e somente naquele momento... a audiência estourou.

Gene Roddenberry

Ganhamos a luta quando a série foi renovada para a terceira temporada. A NBC estava certa de que eu estava por trás de cada fã, pagando cada um deles. E havia um grupo do MIT protestando no edifício e um outro em Nova York. Abençoados sejam o MIT, o Instituto de Tecnologia da Califórnia, todos eles. A emissora enviou um grupo de executivos juniores para pressionar as pessoas, perguntando: "Foi Gene Roddenberry que mandou vocês aqui?". Então, os executivos finalmente me chamaram e disseram: "Escute, nós sabemos que você está por trás disso". E retruquei: "Isso é muito lisonjeiro, porque se eu pudesse deflagrar manifestações pelo país detrás desta mesa, cairia fora da ficção científica e entraria na política".

O FIM DO COMEÇO

"Sobreviver não é o bastante... Simplesmente existir não é o bastante."

Jornada nas estrelas terminou sua segunda temporada por cima pela primeira vez, com a NBC essencialmente reconhecendo o sucesso da campanha de cartas dos fãs ao anunciar que a série retornaria para uma terceira temporada. Na superfície, parecia que *Jornada nas estrelas* poderia começar a voar alto na terceira temporada, mas nada disso se tornou verdade quando as dificuldades dos dois primeiros anos se intensificaram no terceiro, resultando no último ano da *Enterprise*.... pelo menos, com atores em carne e osso na NBC.

Gene Roddenberry
(CRIADOR, PRODUTOR EXECUTIVO, *JORNADA NAS ESTRELAS*)

Naquela época, eu disse à NBC que, se nos colocassem no ar como prometido — num horário decente em um dia da semana, 19h30 ou 20h —, eu me comprometeria a produzir a terceira temporada de *Jornada nas estrelas* pessoalmente, como fiz no começo. Essa foi a cartada que usei contra eles. Quando você está brigando com uma emissora, precisa usar todas as cartas que possui. Elas são corporações monolíticas e multibilionárias cujos interesses não estão ligados necessariamente à qualidade da dramaturgia.

É uma daquelas maldições da televisão que você tem 11 ou 12 milhões de fãs devotos, mais pessoas que os leitores de toda a obra de Shakespeare desde o início e, ainda assim, você é um fracasso. Tudo porque você precisa ultrapassar um número mágico de 14 milhões quando está em determinado horário noturno. De qualquer maneira, os fãs assustaram a emissora e os executivos decidiram manter a série no ar.

Cerca de dez dias ou duas semanas depois, recebi uma ligação enquanto tomava café da manhã e o executivo do canal disse: "Alô, Gene, querido..." Bem, soube que estava encrencado na mesma hora. Ele continuou: "Temos uma equipe de especialistas em estatística pesquisando seu público, analisando os jovens e pessoas com inclinações joviais, e não queremos vocês no ar durante a semana num horário cedo. Escolhemos o melhor horário que existe para os jovens. Toda a nossa pesquisa confirma que o melhor horário é o das 22 horas de sexta-feira". Eu disse: "Sem dúvida foi por isso que vocês tiveram aquele incrível programa infantil *The Bell Telephone Hour* nesse horário, ano passado". Como resultado, a única arma que eu tinha era manter meu compromisso original de que eu não produziria a série pessoalmente a menos que nos colocassem de volta no horário nobre durante a semana como prometido. Eu não estava particularmente ansioso para entrar em um terceiro ano de catorze horas de trabalho por dia, seis dias por semana, mas *Jornada nas estrelas* era meu bebê e eu estava disposto a arriscar se me dessem uma chance num horário aceitável. Nós conversamos, mas eles se mantiveram inflexíveis.

Quase os convencemos, mas, no fim, eles falaram: "Não, não vamos fazer isso". E eu não tive opção, não podia falar: "Bem, vou produzir a série mesmo assim", porque, se fizesse isso, eu nunca mais poderia ameaçar ou prometer nada. No momento em que você recua, torna-se o covarde e suas armas em qualquer projeto futuro não significarão nada.

George Takei
(ator, Hikaru Sulu)

Gene sabia que mesmo se tivesse ficado em *Jornada nas estrelas*, a NBC tinha a intenção de cancelar a série depois do terceiro ano. De outro ponto de vista, talvez pudesse ter sido uma questão de integridade pessoal da parte de Roddenberry. *Jornada nas estrelas* era criação dele e a terceira temporada estaria vinculada ao seu nome, quisesse ele ou não.

Se a qualidade da série caísse, era impossível não refletir em Roddenberry. Inevitavelmente, seria a reputação de Gene que estaria em jogo. Entretanto, Gene Roddenberry é um ser humano, então consigo entender sua posição. Ao mesmo tempo, de uma perspectiva distanciada, só posso desejar que Gene tivesse olhado o quadro todo e percebido como a terceira temporada de *Jornada nas estrelas* poderia finalmente afetar seu profissionalismo e sua integridade artística.

David Gerrold
(roteirista, "Os guardiões das nuvens")

Roddenberry, em vez de tentar fazer a melhor série possível, caiu fora e escolheu Fred Freiberger. Se ele estivesse lá, teríamos um pouco do material que tivemos no início. Quando a série começou, havia muita coisa boa que as pessoas gostariam de ver desenvolvida. Eu realmente queria que Roddenberry tivesse ficado na terceira temporada para tomar contar do seu bebê.

Roddenberry mais tarde comentou sobre seu afastamento e refletiu: "Acho que houve pouca racionalização na minha decisão. Acredito que a enorme fadiga estava me afetando na época; acho que talvez estivesse procurando uma desculpa para abandonar aquela batalha que eu já travava havia dois anos. Acho que o cansaço me derrubou... Acho que voltaria e produziria a terceira temporada se pudesse fazer tudo de novo. Não estou criticando as pessoas que produziram o terceiro ano. Obviamente, quando você traz um produtor e o deixa trabalhar, você está dando permissão para que ele faça do jeito dele. Acho que o jeito dele, ou deles, foi diferente do nosso nos dois primeiros anos, então a temporada saiu diferente. Enquanto o criador permanece na série, ele dá uma certa unidade. Quando outras mentes se envolvem, não é que essas pessoas sejam menos inteligentes ou péssimos roteiristas, mas você perde aquela força impulsionadora.

David Gerrold

O fato é que você precisa trabalhar com outras pessoas e o padrão de Gene é que ele não trabalha bem com ninguém. Se ele não pode ser o chefe, não quer trabalhar. Gene não trabalhou como roteirista com outros produtores, então ele não sabe quando baixar a cabeça. Não existe isso de levar em consideração as outras pessoas num roteiro. Ele nunca aprendeu esse truque, porque sempre foi o chefe. Ele nunca foi um índio, sempre foi o cacique. Sabe o que você consegue quando só lida com pessoas que sempre foram chefes? Crianças mimadas.

Devra Langsham
(editora, *Spockanalia*)

Todos nós ficamos incomodados com a saída de Gene. Era a série dele e ele realmente a amava como nós. Por outro lado, ele está dizendo: "Coloquei o meu na reta. Falei que não trabalharia na série caso fizessem isso, então, se não cumprir minha palavra, não terei nenhuma credibilidade". Então, a gente consegue entender... mais ou menos. Porém as pessoas ficaram realmente incomodadas.

Marc Cushman
(autor, *These Are the Voyages*)

A NBC não gostava de Gene Roddenberry e não gostava do tipo de episódio que *Jornada nas estrelas* estava exibindo. Eram muito polêmicos e sexualmente provocantes, e eles não conseguiam convencer Roddenberry a torná-los mais leves. Ele era desrespeitoso com os executivos e seu comportamento ficava cada vez mais agressivo, então era apenas uma questão de "Não queremos fazer negócio com esse sujeito; não gostamos de como a série está indo, então talvez não devamos renová-la". E também existe outro fator: eles não estavam conseguindo patrocinadores fortes para o horário, então havia o sentimento de que a emissora não estava lucrando tanto com *Jornada nas estrelas*. Então, eles a mudaram para as noites de sexta-feira — não queriam nem renová-la, mas houve a campanha das cartas que fez o canal aceitar a derrota em pleno ar e anunciar que iria exibir uma nova temporada, mas a jogaram em um horário morto. E eles sabiam, ao renovar a série, que estavam determinados a transformar aquela terceira temporada na última.

Scott Mantz
(crítico de cinema, *Access Hollywood*)

Roddenberry abandonou a série, mas é interessante como ele ainda tinha muito a ver com ela. Muitas pessoas não percebem que ele ainda estava enviando memorandos, pedidos e assistindo aos episódios. Mas, na maioria das vezes, ele assistia ao episódio e era tarde demais para corrigir qualquer problema. Você vê um episódio como "O equilíbrio do terror", em que Kirk se inclina sobre a mesa de reuniões e diz: "Espero que não precisemos de seus serviços, Bones". E McCoy comenta: "Amém. Você está apostando alto, Jim". Ele sai, as portas se fecham e ele caminha com Sulu pelos corredores repletos de pessoas correndo. A nave está lotada. Em "O ardil corbomite", quando Kirk está indo da enfermaria para seu quarto, podemos escutar "Alerta a todos os setores, alerta a todos os setores". É assim que uma nave parece quando há 428 pessoas a bordo. Na terceira temporada, parecia que havia apenas quatro pessoas na nave.

Gene Roddenberry

Encontrei o produtor Fred Freiberger, que havia trabalhado em *Slattery's People* e *Ben Casey* e tinha créditos impecáveis e um amor sincero por ficção científica desde criança. Ele foi apoiado por Rob Justman e os diretores; os câmeras; o figurinista Bill Theiss; Matt Jeffries, da arte; resumindo, por toda a equipe regular. Eles estavam produzindo *Jornada nas estrelas* enquanto minha função era jurídica, de administração de políticas.

Marc Cushman

Todo mundo dizia que Fred Freiberger assassinava qualquer seriado, quando, na verdade, ele tinha um ótimo currículo em Hollywood. Foi ele que fez *James West* funcionar. Li em livros e artigos que Fred produziu a última temporada da série, mas, na verdade, ele produziu a primeira. Ele foi o produtor que assumiu a série no início e, de alguma maneira, criou a mágica de pegar uma mistura de espionagem e ficção científica com faroeste e a transformou num sucesso. Ele foi bem em *Ben Casey* e em algumas outras séries.

Fred Freiberger
(produtor, *Jornada nas estrelas*)

Minha familiaridade com *Jornada nas estrelas* era apenas a de ter visto o primeiro piloto que tinham feito. Encontrei Gene Roddenberry logo no início para discutir sobre um possível convite para produzir o programa, mas eu estava indo de férias para a Europa. Mencionei para Gene que o piloto era incrível e, se a vaga estivesse disponível quando voltasse, eu estava interessado. Mas quando retornei, ele tinha contratado Gene Coon e fui produzir outras séries. Então, quando a terceira temporada surgiu, meu agente me levou ao escritório de Gene e ele disse que gostaria que eu produzisse o programa. Gene Coon tinha feito a primeira temporada, John Meredyth Lucas fez a segunda e eu imaginei que ele queria mudar de produtor todos os anos.

Minha primeira reunião com ele foi constrangedora. Cerca de trinta pessoas da emissora estavam presentes e fiquei impressionado ao ver como Roddenberry as tratava com desprezo. E pude ver que elas não gostavam nem um pouco dele. Pensei comigo mesmo: "Puta merda, onde fui me meter?".

Robert H. Justman
(produtor associado, *Jornada nas estrelas*)

Por causa do corte no orçamento para a terceira temporada, fomos reduzidos ao que chamo de programa de rádio. Não podíamos filmar em locações externas porque não conseguíamos bancar. Tínhamos que rodar apenas episódios compatíveis com o nosso parco orçamento. Foi bem difícil e isso afetou todo o conceito da série. Algumas ideias simplesmente não podiam ser realizadas. Não tínhamos dinheiro.

Esqueça os números reais, mas, naquela época, cada episódio da primeira temporada custou 193.500 dólares. Era uma bela grana naquele tempo. O orçamento da segunda temporada baixou para 187.500. O da terceira foi para 178.500. Foi uma queda enorme. O estúdio tinha um déficit financeiro e, todas as vezes que filmava um episódio, perdia dinheiro. Naquela época, eles não achavam que havia chance de *Jornada nas estrelas* ser comprada para reprises, principalmente porque todo mundo sabia que a terceira temporada seria a última.

Fred Freiberger

Entrar para a série não foi uma situação intimidadora, foi uma questão de entrar em um programa que estava sendo produzido com sucesso com muitas pessoas envolvidas e leais à série. Você pode entrar em outra série e ser intimidador. Você entra numa situação em que todo mundo se conhece já há algum tempo. Eu estava mais preocupado em melhorar a audiência. A série tinha 20 por cento da audiência do horário. Hoje em dia, isso seria um sucesso. Mas naquele tempo, mesmo se você tivesse trinta por cento seria questionado. Foi a lealdade dos fãs que manteve a série no ar quando a NBC ameaçou cancelá-la. E eles a mantiveram no ar — foi impressionante o fato de a NBC ter sucumbido a esses pedidos.

Em três anos, a audiência se manteve a mesma, não importava o que acontecesse. Eram os mesmos fãs. Nossa esperança era melhorar esses números e tentamos todos os tipos de tramas. Mas a audiência era sempre a mesma. Sempre. E era o que importava no fim. E cortar o orçamento não ajudou, muito pelo contrário.

Gene Roddenberry

Se as análises demográficas tivessem surgido antes, teríamos ficado no ar por doze anos.

Robert H. Justman

Eles nos enxugaram até os ossos para diminuir o prejuízo. E estávamos indo ao ar às 22 horas da sexta-feira. Se seu público é formado por garotos do colegial, alunos de faculdades e jovens casais, eles não ficam em casa nas noites de sexta. Eles saem, e os velhos não assistiam à série. Então, nosso público sumiu.

Scott Mantz

Você sai de 193.500 dólares por episódio para 178 mil, uma baixa de 15 mil dólares. Mas na verdade perdemos mais do que isso, porque alguns dos astros receberam aumento. E isso saía do orçamento. Então, se pensarmos bem, o fato de terem conseguido fazer metade de uma temporada de forma digna foi um golpe de sorte.

Fred Freiberger

Precisamos fazer pelo menos quatro episódios passados completamente dentro da *Enterprise*. Tínhamos muitas restrições, mas isso não é desculpa se as histórias não são boas. É uma questão de julgamento e você precisa seguir com o que acredita. É assim que a televisão funciona. Acredito que, no fim, fizemos algumas boas tramas e outras que não saíram tão bem. De algumas séries você gosta, outras o decepcionam e de algumas você tem vergonha. É assim que funciona, mas você é um profissional, aceita essas coisas, compreende que é assim que as coisas acontecem, e tudo que pode fazer é assegurar que todo mundo faça seu melhor.

Marc Daniels
(diretor, "O cérebro de Spock")

Fred Freiberger e eu discordamos em relação ao papel do diretor. Há muitos produtores-roteiristas que não consideram o diretor como um parceiro. Eles o consideram, digamos assim, um empregado. Isso é especialmente verdade nas séries de TV. Eles querem apenas que você faça o trabalho, capture as tomadas e esqueça o resto. Eu não concordava com esse tipo de pensamento.

Margaret Armen
(roteirista, "A síndrome do paraíso")

Escrevi *Jornada nas estrelas* para Gene Roddenberry e Fred Freiberger, e acredito que eles estavam procurando por dois tipos diferentes de história. Trabalhar com Gene foi maravilhoso, porque ele *era Jornada nas estrelas* e entendia os roteiristas. Fred chegou e, para ele, *Jornada nas estrelas* eram "tetas no espaço". É uma frase dele. Fred foi contratado para produzir e estava se inteirando com a série. Ele assistiu a um episódio comigo, fumando um charutão, e declarou: "Ah, entendi. Tetas no espaço".

Você pode imaginar como eu, uma fanática por *Jornada nas estrelas*, reagi a isso. Não engoli de jeito nenhum. Mas me dei bem com Fred e foi com ele que fiz "A síndrome do paraíso". Claro, Gene era o produtor executivo numa função de consultoria e tinha a palavra final sobre as ideias das tramas. Então, acho que foi Gene, na verdade, que aprovou meu roteiro, porque sinto que "A síndrome do paraíso" era algo que Fred deixaria passar.

Em "A síndrome do paraíso", um episódio de fotografia exuberante e filmado principalmente em locações externas, Kirk perde a memória e é confundido com uma divindade nativa americana pelos indígenas de um planeta, enquanto a *Enterprise* tenta impedir um asteroide de colidir com o planeta.

O episódio ficou bom e Gene insistiu para que fosse filmado. Fred pensou que os patrocinadores não gostariam nem um pouco dele, mas terminou que foi o único que eles realmente gostaram da primeira seleção apresentada. Eu não sabia se Fred algum dia chegou a perceber que *Jornada nas estrelas* era uma série sobre pessoas. Ele queria apenas sequências de ação. Por isso ele não ligou para o roteiro de "A síndrome do paraíso", porque não havia ações violentas e aterrorizantes o suficiente. Ele não entendeu que o suspense viria dos personagens, seus relacionamentos e assim por diante. Havia um pouco de ação, mas nenhum monstro ou algo do tipo. Então, Fred procurava ação, enquanto Gene procurava a sutileza que é *Jornada nas estrelas*. Sim, a série tem ação, mas são as pessoas que conduzem a trama.

Fred Freiberger

Jornada nas estrelas precisou mudar porque é assim que acontece quando há um produtor diferente na função. É a natureza do negócio. Se alguém é contratado para produzir uma série — seja Gene Roddenberry, seja Gene Coon —, vai querer mudá-la para como ele acha que deve ser. Roteiristas possuem egos frágeis. Eles apresentam uma ideia, você geralmente conhece a série mais a fundo, então muda o episódio, reescreve o roteiro, faz sugestões. O roteirista profissional que está nesse negócio há algum tempo sabe que é assim e aceita. Eles precisam aceitar se quiserem ficar na série.

É assim que a televisão funciona. É a natureza da Broadway apesar de o contrato do Sindicato dos Dramaturgos dizer que não podem mudar nenhuma palavra. Eles apenas te dizem: "Se não podemos mudar uma linha, então acho que nossos financiadores vão cair fora". Então, eles conseguem o que desejam. Quem está enganando quem? Com um livro, se você não fizer o que o editor pede, nunca será publicado, a não ser que você tenha um nome poderoso. Essa é a essência do procedimento entre a equipe de uma série e os roteiristas.

David Gerrold

Eu compreendo mais os problemas de Freddy Freiberger agora do que na época. Estranhamente, tenho muito respeito por ele, embora eu não ache que ele saiba disso. Ele é capaz de fazer algo que poucas pessoas conseguem: pode produzir uma série no tempo certo e dentro do orçamento. Ele é totalmente capaz de fazer esse tipo de trabalho. Há pessoas que sucumbem sob esse tipo de pressão. Também sou produtor, de forma que tenho certeza de que as decisões dele foram corretas para o que estava fazendo. Acho que seu maior defeito é que ele não tem senso de humor. Não permite que suas séries sejam divertidas.

Fred Freiberger

Nosso problema era expandir a base de telespectadores. Fazer uma série de ficção científica, mas conseguir espectadores adicionais suficientes para mantê-la no ar. Decidi fazer o que esperava que fosse uma grande variedade de episódios, mas tentei torná-los mais dramáticos e incluir tramas com narrativas mais convencionais dentro do gênero da ficção científica. O primeiro episódio foi "O cérebro de Spock". O segundo, "Elaan de Troyius", foi mais tradicional, quase um conto de fadas. Tentei fazer algo um pouco diferente.

Também tentei fazer episódios como "O último duelo", que eu adorava. Eram essas coisas que tentava fazer: boas histórias com tipos diferentes de elementos, como romance ou surrealismo. Fiz um no qual Kirk se apaixonou por uma androide. Queria fazer boas tramas com reviravoltas interessantes. Quando você chega depois, tenta fazer episódios que não diminuam a série, mas ajudem um pouco. Em alguns casos, não funcionou.

"Elaan de Troyius" foi um exemplo desse novo estilo. A equipe parecia feliz com a ideia. Você presume isso, apesar de nunca saber o que estão falando pelas suas costas. Com aquele episódio, estávamos tentando fazer uma variação de *A megera domada* e acrescentamos o elemento afrodisíaco às lágrimas dela.

Foi divertido, mas parte da razão de termos feito esse episódio foi porque a emissora nos falou que havia feito uma pesquisa e descobriu que, embora houvesse muitas fãs de ficção científica, as mulheres morriam de medo do espaço. Elas precisavam de estabilidade, de uma atmosfera que as fizessem se sentir seguras; preferiam estar em vales do que no alto das montanhas. Então, tentamos conquistar o público feminino com uma história romântica. Nossa ideia era alcançar um público que não tínhamos ainda, mas não obtivemos sucesso.

Marc Cushman

As pessoas ficariam surpresas de saber que Gene havia passado dezesseis contratos de roteiro para a terceira temporada e que nos entregou um monte de memorandos durante o desenvolvimento deles. Ele vinha ver as exibições teste e dava sugestões para Fred sobre os episódios, mudanças e coisas assim. Ele estava definitivamente envolvido, mas isso diminuiu no decorrer da temporada, porque ele estava fora fazendo o filme *Garotas lindas aos montes* para a MGM.

Fred Freiberger

Quando Gene Coon foi embora, ele deixou três roteiros de Gene Roddenberry, todos honrados por mim.

Glen A. Larson
(criador, produtor executivo, "A supermáquina")

A razão de Gene Coon ter roteiros na terceira temporada foi porque, inicialmente, Roddenberry não queria deixá-lo sair, porque ele tinha um contrato. A única maneira de permitir a saída de Coon era se ele continuasse a escrever para a série. E ele fez isso sob pseudônimo. Coon ficava escrevendo esses roteiros, enquanto a gente deveria estar fazendo *O rei dos ladrões*, mas foi ótimo porque ganhei mais atribuições e virei produtor da noite para o dia. Roddenberry sabia que precisavam de Coon e a série não funcionaria de forma adequada sem ele, então o obrigou a se comprometer com esses roteiros.

Fred Freiberger

Gene Coon era um sujeito bacana e talentoso, que criava certas histórias e dizia o que deveríamos fazer com elas, porque ele não podia se envolver. Ele trabalhou como pôde conosco e foi um cavalheiro e um profissional perfeito.

O primeiro roteiro de Coon, sob o pseudônimo Lee Cronin, foi "O cérebro de Spock", considerado por muitos um dos piores episódios de *Jornada nas estrelas* de todos os tempos. Nele, uma raça de lindas alienígenas de minissaia rouba o cérebro de Spock e Kirk precisa recuperá-lo ao lado de um Spock meio zumbi. O que o público não entende hoje em dia é que o transplante de órgãos era uma ideia de vanguarda na época da produção, com o primeiro transplante de coração realizado em 1967. Isso ainda não explica — ou justifica — diálogos execráveis e risíveis como "Cérebro e cérebro, o que é o cérebro?".

David Gerrold

Desconfio que "O cérebro de Spock" foi a maneira de Gene L. Coon tirar um sarro de Roddenberry ou algo assim. Se não era um escárnio dirigido a Roddenberry, talvez seu intuito fosse mostrar como a série estava se levando a sério demais. Desconfio que eles entraram em pânico pelo fato de não haver muitos roteiros para filmar.

A trama central de *Jornada nas estrelas* é uma eterna gestão de crises. Acho que alguém chamou Gene L. Coon e perguntou: "Precisamos de um roteiro rapidinho, você consegue fazer?". E ele o fez usando um pseudônimo. Não acho que ele tenha escrito propositalmente aquele episódio de forma séria. Não tem como levar aquele episódio à sério. "O cérebro de Spock" deve ser encado como uma piada. Coon deve ter pensado: Qual poderia ser a ideia mais estúpida de toda a ficção científica? Que tal se alguém roubar o cérebro de Spock? Gene L. Coon tinha esse senso de humor para fazer algo tão malicioso. Ele tinha um senso de humor irreverente e acredito que ele queria alfinetar *Jornada nas estrelas*, porque alguém estava levado o programa muito a sério. Talvez fosse sua forma de dizer que não comprava aquela ideia.

Dorothy Fontana
(editora de roteiro, *Jornada nas estrelas*)

Gene Coon estava sob tremenda pressão de tempo e foi forçado a escrever esses três roteiros de *Jornada nas estrelas* entre outras atribuições. Não era como se ele estivesse na série e dedicado apenas a ela. O texto sofreu por causa disso.

Glen A. Larson

Se você não está produzindo, alguém pega o roteiro e reescreve. Conhecendo a obsessão de Gene por detalhes e sua ética de trabalho, imaginaria que alguém reescreveu o texto. Seria interessante se pudéssemos ler o primeiro tratamento dele para a história.

Fred Freiberger

Além de Coon, Dorothy Fontana tinha dois roteiros, e David Gerrold, nenhum. Eu lhe entreguei um roteiro ["Castelos no céu", mais tarde intitulado "Os guardiões das nuvens"] no estilo de "Pingos", mas foi uma daquelas coisas que não funcionaram. A gente tentava e, se não funcionasse, trazíamos outras pessoas. Qualquer profissional aceita e entende isso. Ninguém gosta, mas acontece quando se faz uma série. Não significa que diminui o talento deles, apenas acontece. É a natureza da televisão. Algumas pessoas não entendem isso e é ruim. Mas se você for um profissional, entenderá.

David Gerrold

Fui encontrar Fred Freiberger com a atitude de que teria de provar do que era capaz para o novo produtor. Eu disse: "Sei como 'Pingos' ficou bom. Sei que consigo fazer isso, tenho minhas credenciais, todo mundo que viu 'Pingos' adorou. Não tenho nada do que me envergonhar". Quando entrei, Freddy Freiberger olhou para mim e suas primeiras palavras foram: "Eu vi 'Pingos' hoje de manhã". Ele estava assistindo a alguns episódios no estúdio. A coisa educada a se falar seria "Nada mal", "Muito bem" ou "Bom trabalho". Mas suas palavras foram: "Não gostei. *Jornada nas estrelas* não é uma comédia". A partir daquele momento, nossa relação nunca mais foi a mesma.

Então, ele me conta que *Jornada nas estrelas* não é uma comédia e eu penso: "Não é? Nos dois roteiros em que trabalhei, 'Eu, Mudd' e 'Pingos', a razão de terem me chamado é que queriam que fosse engraçado". Na época, Gene L. Coon falou para mim: " 'Pingos' nos deu uma nova visão dos nossos personagens. Eles podem ser engraçados, mas ainda correm riscos". E Joe Pevney completou: "Eu sempre falei que *Jornada nas estrelas* deveria ser divertida e estava certo".

Marc Cushman

Fred foi deixado sozinho na segunda metade da temporada, mas, durante a primeira, ele estava fazendo a série que Roddenberry queria fazer. Foi Roddenberry que mandou retirar o humor e fez Kirk começar a se referir a Scotty como "engenheiro". Em vez de chamar sr. Spock, ele falaria "oficial de ciências". Gene queria mais formalidade. Não em todas as falas, mas geralmente durante todo o primeiro bloco. Roddenberry enviou um memorando para Fred Freiberger dizendo que eles estavam em um novo horário de exibição e haveria pessoas que nunca viram o programa antes, então precisavam estabelecer quem eram aqueles personagens, suas hierarquias e funções.

Então, no começo do episódio, em vez de Kirk dizer "Sr. Spock", ele queria que o personagem falasse "Oficial de ciências, qual sua opinião?" e coisas assim. Bem, os fãs como nós, que estavam assistindo à série havia dois anos, de repente, se perguntaram: "Por que ele está falando com a tripulação assim?". E não estamos vendo episódios como 'Pingos', então vamos culpar Fred Freiberger.

Mas tudo isso eram memorandos de Gene dizendo para Fred que ele queria fazer a série voltar a ser como era assim que entrou no ar. "Quero que seja mais militar e séria. Eles são astronautas profissionais, são militares no espaço sideral e deveriam falar dessa forma". Estava ficando relaxado demais para o seu gosto. Kirk não deveria ser amigo da tripulação. Como Roddenberry tinha servido no exército, ele dizia que capitães não socializam com seus homens. Ele sempre teve um problema com Gene Coon por causa disso.

Robert H. Justman

Pelo que sei, a atmosfera nos bastidores da série era a mesma na terceira temporada. Eu me dei bem com todo mundo, como sempre. E também me dei bem com Fred Freiberger, como sempre. Ele era um sujeito bacana. Acho que fez o melhor que pôde. Nunca proferi palavras ásperas. Não acho que tive uma discussão sequer com alguém durante as três temporadas. Eu discordava de Gene Roddenberry algumas vezes e brigava com ele por causa de certas coisas que deveríamos estar fazendo ou cortando, mas, no fim, se Gene falava sim, era sim. Se ele dizia não, era não. Se eu sentia que ele estava certo ou errado, não importava, eu fazia o que ele queria. Afinal, a série era dele. Foi maravilhoso trabalhar com aquelas pessoas. Só não foi a mesma coisa sem Gene no comando da terceira temporada.

Marc Cushman

As coisas realmente mudaram nos bastidores. Gene Roddenberry tinha lavado as mãos no meio da terceira temporada, Dorothy Fontana havia saído e Bob Justman foi embora. Então, algumas das pessoas mais talentosas de *Jornada nas estrelas* estavam caindo fora. Os conceitos ainda eram interessantes, mas não havia mais Gene Coon, Gene Roddenberry ou Dorothy Fontana lapidando os roteiros. E eles não tinham dinheiro para investir nesses profissionais. Eles eram elementos vitais de *Jornada nas estrelas*. E, quando essas pessoas são retiradas da equação, é como ter os Beatles sem John Lennon e Paul McCartney. "Tudo bem, temos George e Ringo. Ainda somos os Beatles". Não, não são. Vocês ainda são bons, mas não tão bons quanto antes. E é assim que vejo a terceira temporada.

Scott Mantz

O diretor de "Joia rara", John Erman, entregou o episódio a tempo e dentro do orçamento. Então, o elenco falou: "Bem, você estará de volta". E o diretor disse: "Nem a pau. Nunca mais trabalho com vocês de novo". Essa doeu! Assim que era a terceira temporada.

Dorothy Fontana

Meu nome estava se tornando muito associado a *Jornada nas estrelas* e eu queria provar que conseguia escrever outras séries. Na verdade, quando saí, eu escrevi vários faroestes, dramas contemporâneos e coisas do tipo. Tive de provar para outros produtores que *Jornada nas estrelas* não era tudo que eu sabia fazer.

Robert H. Justman

Eu me sentia como se estivesse em uma prisão e precisava sair. Não queria mais aquilo, porque estava infeliz com o que estava acontecendo com a série. Não conseguíamos fazer o tipo de episódio que gostaríamos porque não havia dinheiro e senti que o conteúdo do programa estava indo ladeira abaixo. Finalmente pedi para ser liberado e fui embora. Deixei algumas pessoas magoadas na Paramount. Elas me imploraram para não ir e eu disse: "Tudo bem, não vou. Apenas me tirem da série e não arrumarei nenhum outro emprego. Volto para o que vocês quiserem que eu faça na primavera". Mas eles não aceitaram e eu falei: "Estou indo embora. Não quero ficar mais aqui". Fui trabalhar na MGM.

Meu sentimento era de que a série não era o que deveria ser. Também havia a decepção pelo fato de ter virado coprodutor em vez de produtor. Sei que isso não significa nada para alguém de fora da indústria, mas na prática eu era o produtor de linha da série desde o início, embora meu título fosse de produtor associado. Quando a terceira temporada começou, em vez de produzir a série, Freddy foi contratado como produtor e eu virei seu coprodutor. O estúdio sentiu, como todos eles fazem, não posso culpá-los, que queria um roteirista no lugar para trabalhar na história e no roteiro.

Por outro lado, senti que poderia produzir a série com alguém trabalhando no roteiro. Claro, há muito ego nisso. Eu era muito mais jovem e ambicioso. Não posso culpar o estúdio. Mas, ao mesmo tempo, eu estava infeliz com tudo aquilo e não gostava de como os roteiros estavam saindo. Não havia nada empolgante. E quando tinham bons conceitos, eles meio que eram reduzidos e não ficavam tão mágicos quanto deveriam ser.

Ralph Senensky
(diretor, "Não há beleza na verdade?")

Sempre senti que o teor havia mudado ao trabalhar com a equipe do último ano. Em "Não há beleza na verdade?", alguns cortes foram feitos na pós-produção que, na minha opinião, foram pavorosos. Não estavam no roteiro, nem no conceito, e foram feitos por Fred Freiberger. Ele continuava cortando para essa caixa com luzes piscando. Aquilo não era necessário. É subestimar a inteligência do público. Não eram cortes planejados, mas sim arbitrários e pareciam verdadeiros saltos de cenas, algo de que *sempre* me ressenti. Esse foi o problema da terceira temporada. O enxugamento do orçamento foi o primeiro e, depois, provavelmente devido a esses cortes orçamentários, o calibre do texto caiu.

No início da temporada, Robert Justman já tinha previsto problemas com o elenco sob as ordens do novo chefe, então enviou um memorando em 8 de maio de 1968 para Roddenberry no intuito de dividir com ele essas preocupações. Ele enfatizou a importância de lembrar a William Shatner como Roddenberry gostaria que ele trabalhasse com Fred Freiberger e, mais importante, que o próprio Roddenberry ainda era o "Grande Pássaro" da série. Justman escreveu: "Bill é um animal tão voraz quanto qualquer outro protagonista de série e acho que ajudaria muito Freddie na relação dele com Bill se você conseguir que ele entenda a confiança que você deposita em Fred e o respeito que tem pelo talento criativo e habilidades executivas dele. Poderia ser uma boa maneira de acompanhar Bill de perto e ver como está sua forma física no momento. Pensando melhor, acho que seria uma boa ideia ter essa reunião antes do fim da semana, pois, se Bill estiver rechonchudo, pode-se sugerir que ele comece a emagrecer imediatamente".

Justman ainda acrescentou: "Agora que DeForest Kelley assinou o contrato para essa temporada, todo o nosso elenco está fechado. Você gostaria de mandar uma carta pessoal para cada um dos sete atores fixos expressando seu agradecimento pelo fato de o talento e a habilidade deles ou delas estarem mais uma vez aumentando o valor e o prestígio de *Jornada nas estrelas*?".

Infelizmente, ao contrário de Shatner — que tinha uma boa relação com Freiberger, que, por sua vez, considerava Kirk o único astro da série —, Nimoy sentiu-se menosprezado por ele, assim como muitos outros membros do elenco que estavam competindo por mais espaço no ar e não gostaram nem um pouco do novo produtor.

James Doohan
(ator, Montgomery "Scotty" Scott)

Fred Freiberger era apenas um produtor. Ele não tinha nenhuma criatividade. Era um homem de negócios sem nenhum talento. Houve vários episódios na terceira temporada que eram verborrágicos e Gene Coon teria cortado tudo, mas Gene Roddenberry também não estava prestando atenção. Ele estava infeliz porque sua série estava sendo cancelada. Fizemos uns quarenta episódios na Desilu e, então, a Paramount comprou o estúdio e havia um maldito seriado espacial no pacote para o qual ninguém dava a mínima.

Walter Koenig
(ator, Pavel Chekov)

Certo dia, durante a segunda temporada, pedi para Gene fazer uma reunião entre as temporadas quando parecia que iríamos para o horário das vinte horas. Perguntei como meu personagem iria evoluir, devido a sua popularidade. Fui até a casa dele e ele me mostrou alguns ofícios que havia escrito para os caras da NBC, memorandos da Paramount e todos eles eram muito positivos, que diziam: "Vamos envolver mais Chekov, ele tem apelo. Vamos fazer com que ele visite mais os planetas, envolvê-lo com membros do sexo oposto".

E tudo parecia promissor. "O último duelo" foi o primeiro episódio da terceira temporada escrito com essa ideia em mente e refletiu minha expectativa. Imediatamente depois, nosso horário foi mudado e todo mundo meio que lavou as mãos e desistiu da série. Eles trouxeram Freiberger, que não tinha um estilo específico, pelo que pude notar, ou qualquer empatia pelo personagem. Não acho que ele o desprezasse, só não o via como um elemento importante.

Fred Freiberger

Eles não seriam atores se não quisessem mais. Você está fazendo uma série com um grande elenco e o que a vende, espera-se, é a personalidade dos astros, o relacionamento entre os três mais importantes, Shatner, Nimoy e Kelley. Você tentava dar algo para todos os outros. Dei um caso amoroso para Scotty em um episódio. É muito difícil, porque há vários personagens formais para tentar mantê-los em evidência no ar. Certamente simpatizo com o fato de todos quererem mais para fazer.

> Em um dos episódios mais infames da terceira temporada, a *Enterprise* encontra um bando de hippies espaciais em busca de um Éden mítico. Originalmente apresentado por D. C. Fontana como "Joanna", sobre a filha distante de McCoy subindo a bordo da *Enterprise*, ela tirou seu nome do episódio, que tinha poucas similaridades com a ideia original. Mas precisamos pensar se foi Freiberger quem recusou a ideia ou Roddenberry, ainda no início de 1967. Num memorando para John Meredyth Lucas, Roddenberry escreveu: "Apesar de Dorothy ter criado uma personagem interessante, a filha perdida de McCoy [...], não há história suficiente na premissa. Recomendo que pulemos esse roteiro, mas deixemos o caminho aberto para Dorothy entregar uma nova história usando essa personagem e a situação". O roteiro seria por fim escrito para Chekov e uma ex-namorada. E ganhou o título de "Caminho para o Éden".

Walter Koenig

Li "Caminho para o Éden" e o achei todo errado. Primeiramente, não era nem mesmo meu personagem. Chekov passou a ser nervoso e conservador, dizendo coisas como "Não, não, não" e "Não faça isso". Não acho que ele deveria responder assim. O que aconteceu foi que o episódio foi escrito para a filha de McCoy em vez da ex-namorada de Chekov.

Na verdade, antes disso, enviei um texto de quatro páginas de como sentia que Chekov poderia ser melhorado e se tornar mais multidimensional, sem subverter a história. O comentário de Freiberger foi: "Eu li. Esqueça". Eu sabia que o personagem seria sempre subordinado, mas em vez de passar o tempo apertando botões, nós poderíamos ter aproveitado de forma mais frutífera uns trinta segundos focados em Chekov.

Apesar de Fred ter dito "Eu li. Esqueça", o episódio foi sua maneira de me conceder algo e transformar Chekov em um personagem fixo. Mas sabia que o roteiro não era bom assim que o li, e, depois, a escolha do elenco havia sido terrível. Eram todos bons atores, como Victor Brandt, mas interpretavam os personagens errados. Eles deveriam estar interpretando uns hippies no melhor estilo "paz e amor", mas pareciam grosseiros e durões.

David Gerrold

Existem outras maneiras de dizer não a um ator além de "Li seu memorando. Esqueça". Podia ser, "Li seu memorando, obrigado por ter reservado um tempo para nos mostrar o que você deseja fazer. Não vai se encaixar muito bem nos nossos planos, mas certamente vou deixar seus comentários no topo da lista quando falarmos sobre Chekov". O ator sairia falando: "Bem, ele disse exatamente que não, mas recusou minhas ideias de maneira gentil". Assim, ele se sentiria bem em relação ao produtor.

Fred Freiberger

Quando você tem um personagem menor, como Spock, que provavelmente receberá mais cartas dos fãs que o protagonista, fica duas vezes mais matador. Eles querem a última fala, querem isso ou aquilo. Eles ficam se comparando no camarim. Até mesmo aquele garoto, Walter Koenig, estava pedindo mais. Falei para os roteiristas aumentarem a participação de seu personagem. Então, li o livro de Shatner [*Jornada nas estrelas — Memórias*] e Koenig reclama que ele deveria estar representando a juventude progressista da década, e o produtor, quando finalmente lhe deu mais espaço, era a merda de um personagem pró-*establishment*.

Então, escrevi para Bill e disse que todas as vezes que me sentia bem com *Jornada nas estrelas*, aparecia uma coisa dessas. Queria que alguém sussurrasse nos ouvidos daquele panaca que o produtor estava apenas tentando cumprir ordens. Se eu o desapontei, o mínimo que ele poderia fazer era compreender que uma tentativa foi feita para satisfazê-lo e não um golpe baixo. Esse é o tipo de coisa estúpida que me enlouquece.

William Shatner
(ator, James T. Kirk)

Acho que Fred Freiberger fez o trabalho de um peão. Havia a sensação de que vários dos seus episódios não eram tão bons quanto os da primeira e da segunda temporadas. E talvez isso seja verdade, mas ele fez alguns episódios brilhantes e nunca reconheceram a sua contribuição.

Fred Freiberger

Shatner é um sujeito bem criativo. Quando digo isso, quero dizer que ele está disposto a tentar qualquer coisa. Ele adorou "O intruso". Eu fiquei, para ser sincero, um pouco preocupado quando Gene Roddenberry veio com uma história em que Kirk troca de lugar com uma mulher, mas Shatner amou a ideia. Quando li o roteiro pela primeira vez, eu disse a Roddenberry:

"Imagino o que Shatner vai falar sobre isso". Gene retrucou que não haveria nenhum problema e estava certo. Quando mencionei a ideia para Shatner, ele adorou. Shatner era um ator shakespeariano e tenho grande admiração por ele.

Scott Mantz

"O intruso" é um episódio ruim. Veja bem, logo depois dos créditos de abertura, Kirk diz: "Acredite em mim, é melhor morrer do que estar sozinho no corpo de uma mulher". Quem escaparia das críticas se falasse isso hoje em dia? Ninguém. É um episódio datado e sexista. Porém, mesmo sendo ruim e um absurdo terminar *Jornada nas estrelas* com esse episódio, a atuação de Shatner é incrível.

Walter Koenig

Para mim, a transgressão mais hedionda que Freiberg cometeu foi chamar Melvin Belli para "Ciranda do poder". Isso me enfureceu porque, evidentemente, Melvin era amigo dele. Uma coisa é contratar amigos que são atores, mas contratar amigos que não sabem atuar? Ele era um advogado! Não apenas diluiu o impacto, por menor que fosse, mas roubou o trabalho de um ator. Fiquei realmente desconcertado depois disso. Foi muito injusto.

Fred Freiberger

Para turbinar a audiência, tentamos fazer algo incomum nesse episódio. Nesse caso, no elenco. Então, trouxemos Melvin Belli. Poderia ter sido um episódio melhor. Achei a ideia boa, mas não ficou tão forte quanto poderia. Não acho que turbinou nossa audiência.

David Gerrold

Todo mundo odiava Freiberger. Leonard e Bill não gostavam dele, ninguém da equipe gostava do cara. Ninguém sabia o que fazer com ele. Foi uma situação difícil para todo mundo.

Fred Freiberger

A verdade é que tenho sido alvo de ataques perversos e injustos até hoje. O fato de os números de *Jornada nas estrelas* terem caído no fim da segunda temporada, de a série estar perdendo os fãs adultos e encontrar-se mergulhada no caos não significa nada para os que me atacam. Tudo foi jogado nos meus ombros na terceira temporada. Parecia que era uma lei de *Jornada nas estrelas* jogar tudo nas costas de Freiberger. Todo ator insatisfeito, roteirista e diretor também acharam um alvo fácil para culpar, desviando o foco das próprias deficiências. Quando um episódio era bem falado, o nome de Gene Roddenberry era ligado a ele. Quando era atacado, o nome de Roddenberry misteriosamente desaparecia e só então meu nome surgia.

Por exemplo, li um artigo, acho que no *L.A. Times*, elogiando "Os herdeiros de Platão", pois era o primeiro episódio de uma série de televisão a permitir um beijo interracial. Aquilo foi uma revolução. Roddenberry foi elogiado por isso, quando, na verdade, ele estava a quilômetros de distância desse episódio.

Arthur Heinemann
(roteirista, "Por trás da cortina")

Senti que, quando Gene Coon foi embora, muito da qualidade da série foi com ele. Quando Freddy Freiberger assumiu, senti que o programa estava sendo barateado. As ideias durante a terceira temporada não eram tão boas e parecia que ninguém se importava muito. Não quero dizer nada contra Fred, porque ele é um cara legal, mas sempre me pareceu inquieto e eu não conseguia perceber a razão. Quando ele estava nesses momentos frenéticos, tomava decisões equivocadas, pelo menos era assim que eu via.

David Gerrold

Há uma diferença entre fazer *Jornada nas estrelas* e passar por *Jornada nas estrelas*. Isso foi bem real no primeiro episódio. Há dez pessoas no estúdio fazendo a série e oito delas estão ali apenas pelo cachê; elas apenas passam pela série. É só um trabalho para elas. E há outras, como o decorador de cenário Johnny Dwyer, que considera *Jornada nas estrelas* um trabalho especial. Quando *Jornada nas estrelas* é um privilégio em sua vida, é algo maravilhoso e incrível de se fazer.

A razão de a terceira temporada ter ficado daquela forma envolve o cara no centro de tudo, que representava a visão do que a série deveria ser. Ele estava apenas passando pela série. Não estava *fazendo Jornada nas estrelas*. Tente explicar isso para os fãs e eles acham que você é desleal à série. Enquanto, na verdade, esse sentimento vem da lealdade para com o que a série representa.

Fred Freiberger

Não tenho nenhuma objeção ao direito dos críticos de não gostarem dos meus episódios e afirmarem isso com todas as letras. O que me enfurece é quando decidem atacar meu caráter, algumas vezes me rotulando de indiferente ou desleixado. Nada poderia estar mais distante da verdade e agradeço que, em algumas ocasiões, pessoas como Bob Justman se esforçaram para declarar isso publicamente.

Marc Cushman

A relação pouco amistosa de Roddenberry com a NBC teve grande influência no fato de não existir uma quarta temporada. Havia razões financeiras legítimas, como a baixa lucratividade dos comerciais, mas, na maior parte, os motivos foram políticos e graças à incompatibilidades de personalidades. E, então, o folclore começa: por que uma emissora tenta cancelar uma série? Bem, deve ser por causa da baixa audiência.

Não, há outras razões para uma emissora cancelar uma série. Eles não queriam renovar *Jornada nas estrelas* para um terceiro ano, mas a campanha de cartas os forçou a voltar atrás. Eles mudaram o horário para a sexta-feira à noite, o que não foi bom para o seriado, mas, mesmo assim, era o programa mais visto nas noites de sexta-feira em toda a história da emissora. Era o principal programa noturno da grade da NBC. A série que passava antes de *Jornada nas estrelas* era *Tarzan*, que não estava indo bem, e o seriado que passava depois era um desastre. As pessoas trocavam de canal para pegar o filme da ABC, apesar deste já estar na metade naquele horário, de forma que os números diminuíram nas noites de sexta e não chegavam a dar uma lavada em *Gomer Pyle*, série cômica que ia ao ar no mesmo horário na CBS, mas estavam batendo a ABC e, novamente, era a série mais vista da noite.

Então, normalmente esse tipo de programa não costuma ser cancelado. Mas, naquele momento, eles apenas não queriam fazer negócios com

Roddenberry. Depois da campanha de cartas, eles colocaram o programa num horário morto, o pior da semana, às 22 horas das sextas-feiras. Estavam determinados a tornar a terceira temporada a última de *Jornada nas estrelas*.

Jacqueline Lichtenberg
(coautora, *Star Trek Lives!*)

Ninguém queria mais a terceira temporada, porém todo mundo queria mais da primeira. Entretanto, conseguir a distribuição nacional das reprises era o que importava. Hoje em dia, vemos episódios feitos para a internet. George Takei estava em um deles. As produtoras estão arrecadando grandes financiamentos coletivos. Mas, naquela época, não havia recursos, não havia um canal alternativo para a criatividade dos fãs.

Bjo Trimble
(autora, *Star Trek Concordance*)

A qualidade da terceira temporada caiu muito. Cada episódio era pior que o outro, e até mesmo os roteiristas começaram a pedir para ter os nomes retirados dos créditos ou usaram pseudônimos. Para ser justa, houve alguns poucos bons roteiros naquele ano, mas, entre tantos ruins, pareciam erros que deixaram passar.

Richard Arnold
(arquivista, *Jornada nas estrelas*)

Na época, era ótimo termos novos episódios para assistir, mas mesmo com catorze ou quinze anos, eu sabia que o programa não era mais tão bom quanto costumava ser. Quando a terceira temporada terminou, não lembro de sentir a necessidade de começar a escrever cartas novamente, nem me recordo de qualquer pedido dos meus amigos para que eu fizesse isso. E, olhando para trás agora, tenho muito pouco carinho por qualquer um dos episódios da terceira temporada.

Fred Freiberger

Apesar de tudo, o moral na série parecia bem. Quando cortam o orçamento, você sabe que não isso pode ser um bom sinal. Os últimos dois episódios foram meio deprimentes, mas eu não havia notado nenhuma diferença até então. Apesar disso, éramos profissionais, demos o nosso melhor até o último minuto. Três anos de uma série — qualquer uma — não é algo ruim, principalmente considerando números tão baixos de audiência.

Enquanto o terceiro ano de *Jornada nas estrelas* foi considerado um fracasso por muitos, ainda há um número de episódios amados (ou históricos) que foram produzidos naquela temporada — uma missão complicada, considerando o orçamento apertado e a partida de várias peças-chaves da série. "O último duelo", cujo primeiro roteiro foi escrito por Gene L. Coon, era um faroeste surrealista no qual Kirk, Spock e McCoy revivem o famoso tiroteio de O.k. Corral, ocorrido em 1881 no Arizona. "A síndrome do paraíso" traz Kirk com amnésia depois de um acidente e tornando-se o deus nativo Kirok. Ele arranja uma noiva em Miramanee e, no fim, vira vítima das pessoas que descobrem que ele não é uma divindade — o que culmina na trágica morte da noiva e do filho de Kirk que ela carregava no ventre.

Depois veio "O dia do pombo", que mostra um campo de energia que se alimenta de raiva, ódio e hostilidade armando tanto os klingons quanto a tripulação de Kirk com espadas e os colocando na *Enterprise* no que deveria ser uma batalha eterna, já que nenhum dos oponentes morre de verdade. Em "A teia dos tholianos", Kirk é dado como morto, mas está preso entre dimensões. "Os herdeiros de Platão" é um episódio perturbador em que alienígenas com poderes telecinéticos torturam membros da *Enterprise* só por diversão — e é durante esse episódio que Kirk e Uhura protagonizam o primeiro beijo interracial da televisão. "A última batalha" é um tratado sobre intolerância racial cujo foco eram dois sobreviventes de uma civilização em conflito. "Todos os nossos ontens" mostrava um Spock bem diferente ao transportá-lo com McCoy de volta no tempo para um período anterior à adoção da lógica pelos vulcanos, algo que leva Spock a ter impulsos primitivos, como o amor. O canto do cisne da série foi "O intruso", no qual Kirk troca de corpo com uma ex-amante, a dra. Janice Lester.

Fred Freiberger

Quando Gene Coon escreveu o roteiro original de "O último duelo", a história se passava numa cidade real do Velho Oeste. Bobby Justman e eu pensamos em como ajudar e, então, criamos uma cidade meio surrealista para tentar passar uma ideia mais extraterrestre. Vincent McEveety era um diretor extremamente criativo. Achei que ele fez coisas maravilhosas nesse episódio. Acho que o resultado foi bom, permitindo uma experiência prazerosa, ainda mais se for levado em conta que esse foi meu primeiro episódio de *Jornada nas estrelas*, embora só tenha entrado no ar mais tarde.

Vincent Mceveety
(diretor, "O último duelo")

Embora o episódio não seja um dos meus preferidos, os efeitos, o vento, os cenários estilizados, tudo fazia parecer uma peça de teatro. Era o tipo de coisa que exigia muita imaginação para que o telespectador se identificasse. Contudo, é interessante que as poucas cartas dos fãs que ainda recebo geralmente sejam relacionadas a esse episódio. As pessoas o amam, algo que não consigo acreditar, porque não gosto dele.

Margaret Armen

Meu pensamento ao escrever "A síndrome do paraíso" foi de que aquelas pessoas dentro de uma nave por anos e anos uma hora vão ficar azedas e terão apreço pelo seu planeta natal e pela simplicidade da natureza terrestre. Então, me perguntei o que aconteceria se elas estivessem ávidas para descansar em um planeta parecido com a Terra e, de repente, encontrassem um planeta que é uma espécie de Terra primitiva com uma civilização paradisíaca. Achei que era uma boa trama, que tocava no tema de o homem desejar voltar para as coisas simples. Para amar de maneira simples e aberta e ser amado da mesma maneira. Acho que, se Gene Roddenberry estivesse à frente da produção, o resultado seria melhor. Mas quem pode garantir isso?

Jerome Bixby
(roteirista, "O dia do pombo")

O episódio meio que foi minha resposta ao Vietnã naquela época. Larguem suas espadas! Minha história original tinha muito do clima do fim dos anos 1960 e terminava com uma marcha pela paz, que, graças a Deus, foi cortada. Por falar nisso, eu escrevi Kang como Kor, o esplêndido comandante klingon de "Missão de misericórdia". John Colicos estava na Itália fazendo um filme. Eles não quiseram dar uma semana de folga para ele reincorporar Kor. Ele ficou furioso. Não pôde sentir o personagem. Então, Kor virou Kang, interpretado por Michael Ansara, e ele foi ótimo. Ele também se refere ao episódio como um dos seus favoritos. Até seu cabelo despenteado era perfeito, quase um klingon juvenil, durão, mas honestamente adorável.

Michael Ansara
(ator, "O dia do pombo")

Esse foi o único episódio de *Jornada nas estrelas* que fiz naquela época. Amei o papel de Kang. Adorei fazê-lo, embora você nunca saiba como vai sair até ver o produto final. Nesse episódio, parecia ser a primeira vez que os klingons não eram apenas os "malvados", mas criaturas com senso de honra e propósito. Em tudo que eu fazia, até bandidos, tentava dar uma noção de honra e credibilidade ao personagem.

Fred Freiberger

Precisávamos de um episódio na nave. Considerando nossas restrições, acho que o resultado foi bom. Era mais um episódio heroico e Michael Ansara estava maravilhoso como o klingon Klang.

Judy Burns
(roteirista, "A teia dos tholianos")

Conheci um estudante que era físico e falei que queria escrever um episódio de *Jornada nas estrelas* que seria uma história de fantasmas baseada em algum fato científico. E ele falou: "Por que não usa a teoria das dimensões infinitas?". O que saiu foi "Nada na essência", que se tornou "A teia dos tholianos". Na época, se me lembro corretamente, o primeiro tratamento da história fazia Spock desaparecer. Depois recebi o velho memorando de Bob Justman, que resumiu tudo dizendo: "Acho que podemos usar a história, mas deveria ser com Kirk. Ele seria estupidamente heroico ao ficar para trás naquela outra nave". Além desse, houve outro episódio chamado "O cérebro de Spock", em que Spock sai de cena por um certo tempo e eles não queriam deixá-lo incapacitado em dois roteiros.

Algumas das minhas decepções foram causadas por problemas técnicos. Originalmente, não havia trajes espaciais quando Kirk e os outros eram teletransportados para a outra nave. Havia cintos de energia que os mantinham encapsulados em campos de força com tanques de oxigênio. Eles estariam seguros enquanto as baterias durassem, mas se acabassem — e essa era a maior preocupação de Kirk —, eles morreriam. Portanto, Kirk poderia andar pela nave sem máscara. Acho que seria uma história de fantasmas melhor. Ele fica bobo aparecendo na *Enterprise* naquele traje espacial. Eu tive muitos problemas com isso. Seria melhor do ponto de vista da história. Mas eles sentiram que, se começassem algo como um cinto de campo de força, isso teria desdobramentos em episódios futuros.

Diana Muldaur
(atriz, "Não há beleza na verdade?")

Para "Não há beleza na verdade?", lemos o roteiro e tudo foi jogado fora. Quando filmamos, os acontecimentos estavam fora de ordem. Vim da Broadway e pensei: "Meu Deus, isso é uma filmagem?". Você não fazia ideia do que fez antes da cena ou do que faria depois. Mas foi um dos melhores episódios que já produziram. Filmamos fora de sequência e decoramos nossas falas quando entramos no set naquela manhã e os roteiristas ainda estavam as escrevendo.

Fred Freiberger

A grande questão de "Os herdeiros de Platão" era quem beijaria Uhura, uma garota negra. Tivemos várias conversas sobre isso, porque alguém falou: "Vamos fazer com o Spock", e eu retruquei: "Não, se for Spock, vamos ouvir todas as pessoas gritando que não tivemos colhões para colocar um homem branco para beijá-la". Tudo foi analisado, mas deu certo. E Shatner disse para ela, enquanto lutava contra o controle dos alienígenas: "Não é que eu não queira fazer isso, mas não quero te humilhar". Tenho muito orgulho desse episódio.

Oliver Crawford
(roteirista, "A última batalha")

Essa foi uma história original de Gene Coon levada para mim. Lidava com intolerância racial, tinha um visual maravilhoso e um efeito cinemático. A moral da história era que a cor era apenas a superfície da pele. Como um roteirista não ficaria atraído por isso? A trama tinha a ver com a época e fiquei muito satisfeito de ter escrito aquele episódio.

Fred Freiberger

Originalmente, Gene criara um diabo que corria atrás de um anjo. Nós pensamos: "Seria uma ideia colocar o rosto preto de um lado e branco do outro, enquanto o outro sujeito era o oposto". Essa é a estupidez do preconceito. Há um momento maravilhoso em que Kirk diz: "O que tem de diferente nele?". E o homem responde: "Ele é branco no outro lado!". Foi um episódio sobre moralidade e gostei da ideia.

Yvonne Craig
(atriz, "Castigo dos deuses")

As pessoas se aproximam de mim e dizem: "Lembra do quarto episódio?". E respondo que só vi dois episódios de *Jornada nas estrelas*. Um foi "Problemas aos pingos", porque eu o amo. E o outro foi o meu episódio ["Castigo dos deuses"]. Quando estava fazendo a cena onde eu explodia, não conseguia manter a tinta verde no meu corpo. Era um pesadelo, então, quando levantei meus braços, parecia que eu tinha musgo espanhol nas axilas. Aquilo ficava pendurado, e perguntei para o câmera: "Isso te incomoda?". Ele disse: "Não, está muito longe. Ninguém vai ver". Anos depois, pensei: "Meu Deus, será que vão conseguir ver isso na edição em blu-ray?". Não aconteceu porque consertaram digitalmente. Fiquei muito agradecida. Mas foi difícil manter a tinta no corpo. Foi uma bagunça.

Quando precisaram me testar para o papel, eles falaram: "Você pode fazer uma dança de três minutos?". Eu respondi: "A menos que vocês estejam fazendo *Os sapatinhos vermelhos*, três minutos é muito tempo". Mas completei: "Sim, posso dançar por três minutos se vocês quiserem, mas provavelmente precisarão cortar, porque isso é loucura". E foi mesmo uma maluquice, mas foi divertido.

Fred Freiberger

Lembro em "Todos os nossos ontens" quando Leonard Nimoy leu o roteiro e falou: "Sou um vulcano, como posso estar perdidamente apaixonado por uma mulher?". Eu respondi: "Isso aconteceu há muito tempo, antes de os vulcanos evoluírem para uma sociedade não emotiva". Ele aceitou isso e fiquei agradecido. É um dos meus episódios preferidos.

Ronald D. Moore
(coprodutor executivo, *Jornada nas estrelas — Deep Space Nine*)

Como fã, sempre que assistia aos episódios da terceira temporada nas reprises, eu pensava: "Lá vamos nós. Vou ter de ver 'Caminho para o Éden', 'O cérebro de Spock' e 'Ciranda do poder', que é o episódio de que menos gosto de toda a série. É pior que 'O cérebro de Spock'", porque o último pelo menos é engraçado e quase absurdo. Eu simplesmente odiava aquelas crianças e queria que todas morressem. É uma pena, porque a terceira temporada é a mais bonita da série. A iluminação é muito boa, os efeitos especiais eram tão bons quanto poderiam ser. Era uma série bonita. Tinha achado seu passo. Havia mais textura na fotografia. Tudo parecia bonito, mas os roteiros eram uma porcaria. Não chegavam ao nível de *Perdidos no espaço*, mas tinham definitivamente sofrido uma queda.

Fred Bronson
(relações-públicas, NBC)

Quando a série original estava em produção, você poderia ligar para um número e organizar uma visita ao set. Então, liguei para lá. Você não precisava ser ninguém especial, então consegui marcar para conhecer o set. Meu horário era em 31 de dezembro de 1968, às dezesseis horas, e eu poderia levar um convidado. Tinha um amigo de catorze anos chamado Marc Zicree que era muito fã da série, então aquela visita foi um presente de Natal para ele. Dirigi até a Paramount, entramos no escritório e nos levaram para o set. O cara falou "Fiquem por meia hora e depois vão embora" e saiu! Isso nunca aconteceria hoje em dia. Sem ninguém nos vigiando, éramos basicamente duas crianças observando. Eles estavam filmando uma cena na enfermaria e os únicos atores fixos presentes eram Shatner e DeForest Kelley.

Não conseguia dizer o que era a história somente pela cena que vimos, mas terminou virando "O intruso". Ficamos mais que meia hora, porque ninguém nos expulsou. Também era onde ficavam o cenário da ponte de comando e todos os corredores, então andamos por lá e as duas coisas que lembro bem foram o diretor dizendo: "Vamos lá, pessoal. É véspera de Ano--Novo, último episódio da temporada. Vamos terminar"; e Majel Barrett, alguém que eu ainda não conhecia, passando por mim e sussurrando: "Último episódio. Ponto final". Dentro de mim, falei "Não!", porque ainda não tinham anunciado o fim, apesar de sabermos que era previsível. Foi assim que descobri que a série tinha sido oficialmente cancelada.

Bjo & John Trimble

Infelizmente, o último episódio da terceira temporada, "O intruso", foi muito bom e poderia ter rendido um Emmy para William Shatner. Mas todas as séries de TV tinham sido reprogramadas por causa da cobertura do funeral do presidente Eisenhower. Então, o episódio perdeu a data limite do Emmy, pois "O intruso" foi exibido na primeira temporada reprisada, tornando-o inelegível ao prêmio.

Scott Mantz

Foi assim que a produção terminou. Você precisa pensar sobre o que Shatner passou durante aqueles anos da série; o pai dele morreu, algo que o afetou tremendamente. E, depois da segunda temporada, ele se separou da mulher. Você pode perdoar facilmente Shatner se ele não guarda boas lembranças de *Jornada nas estrelas*, porque foram dois momentos traumáticos durante a produção da série. Um deles foi repentino, o outro foi, provavelmente, causado pela sua imensa carga de trabalho e o fato de nunca estar em casa.

Apesar de "O intruso" ser ruim, há algo meio oportuno nas últimas palavras do episódio: "Se apenas. Ela poderia ter tudo que quisesse. Se apenas". E, então, ele vai embora. Se apenas... Se apenas a Paramount e a NBC soubessem o que tinham nas mãos... Se apenas Roddenberry tivesse sido atendido ao pedir um horário melhor na terceira temporada... Pode imaginar como os episódios da terceira temporada teriam sido incríveis se ele tivesse ficado como produtor de linha no dia a dia como na primeira metade do ano de estreia? Se apenas. Se apenas mesmo.

Richard Arnold

Quando eu estava organizando a lista para a festa da Calçada da Fama para Gene, repassei a lista com Gene no seu escritório. Perguntei a ele se havia alguém faltando e ele me deu dois nomes de pessoas que trabalhavam nos bastidores. Lembro de Fabien Tordjmann [montador original de *Jornada nas estrelas*] ser um deles. Quando estava saindo, soltei uma piada para Gene sobre quem *não* deveria estar na lista. Ele respondeu: "Se Herb Solow ou Fred Freiberger estiverem lá, eu não estarei!". Foi a única vez que o ouvi citar esses nomes e fiquei meio surpreso com a resposta, porque foi bem incisiva.

Fred Freiberger

Li que os fãs não gostam de nenhum episódio da terceira temporada. Se for verdade, isso me magoa. Mas há outra verdade. Nas minhas viagens pelos Estados Unidos, Canadá e Europa, encontrei vários fãs de *Jornada nas estrelas* e nenhum deles me tratou mal, todos foram respeitosos e gentis. Por isso, agradeço a todos.

Mas preciso ser sincero. Achava que a pior experiência da minha vida foi ser jogado na Alemanha nazista. Um garoto judeu do Bronx descendo de paraquedas no meio de 80 milhões de nazistas. Então, entrei em *Jornada nas estrelas*. Só fiquei em um campo de concentração por dois anos, mas minha tortura por causa dessa série durou décadas.

VIDA DEPOIS DA MORTE

"Superamos a morte... E a vida, juntos."

As sementes para o renascimento de *Jornada nas estrelas* foram plantadas ainda quando a série original estava em produção, lutando pela própria existência. A NBC pode não ter reconhecido de cara, mas a série definitivamente acertou um ponto fraco dos telespectadores, que desenvolveram um interesse apaixonado por *Jornada nas estrelas* logo no começo.

Foi aquele fervor inicial que geraria os primeiros fanzines dedicados a uma série de televisão — revistas amadoras mimeografadas por fãs repletas de ilustrações, contos, análises e entrevistas. Mais tarde, os recordes de audiência das reprises inspirariam uma série de produtos e convenções temáticas, assim como a esperança de que a *Enterprise* pudesse voar novamente, um sonho que seria realizado com o lançamento de *Jornada nas estrelas — O filme*, de 1979.

Sem os fãs mantendo *Jornada nas estrelas* viva no fim dos anos 1960 e ao longo da década seguinte, dificilmente a série teria sobrevivido rumo ao século XXI.

David Gerrold
(autor, *The World of Star Trek*)

Em retrospecto, teria de dizer que *Jornada nas estrelas* foi superestimada; que sua sobrevivência, o fenômeno, baseia-se mais no que imaginamos do que no que realmente há nela. Isso se aplica a tudo na TV. Televisão é uma imitação do cinema, então o que fazemos na TV é sugerir e insinuar o que não podemos mostrar, porque as pessoas não querem ver isso na sala de casa. Então, você volta e olha para a série original de *Jornada nas estrelas* e há uns doze episódios que são muito bons como televisão ou ficção científica. Nada além disso.

Alan Dean Foster
(autor, *Star Trek Log*)

É bastante óbvio que *Jornada nas estrelas* representava, mais do que qualquer coisa, um futuro racional. Um futuro em que as pessoas trabalham juntas e usam a ciência, a razão e a lógica para tentar solucionar problemas, em vez de apenas explodir as coisas. Era a ideia de que podíamos ir para o espaço e, mesmo se encontrássemos alienígenas hostis, poderíamos viver em união; e todo mundo na *Enterprise* se dava bem. A questão tribal da humanidade desapareceu e temos um mundo sensato. Mostra que avançamos e o mundo não é destruído por mudanças climáticas ou desastres ambientais, e não estamos brigando uns contra os outros. Essa é a mensagem de toda ficção científica. Acredito que foi isso que conquistou os fãs.

David Gerrold

A força da série está no formato e nos personagens, não nos episódios. Porque os personagens e o formato sugerem uma possibilidade, e são as *possibilidades* sugeridas em *Jornada nas estrelas* que, na minha opinião, são responsáveis pelo fenômeno da série de TV. Íamos para convenções de *Jornada nas estrelas* e — acho que foi em 1972 — as pessoas perguntavam: "Por que a série é tão popular?". Eu dizia: "Acho que é porque *Jornada nas estrelas* representa um mundo que funciona para todos, em que poderíamos resolver nossos problemas. Representa uma oportunidade de dizer que a raça humana vai superar seus conflitos, sobreviver e evoluir. E aprenderá a conviver em união". Isso foi no meio da Guerra do Vietnã, dos protestos, da fome e do caso Watergate, e lá estava *Jornada nas estrelas* dizendo: "Não se preocupem, vamos ficar bem". Isso tem seu valor. Quando comecei a falar isso para as pessoas, algo que escrevi no meu livro, *The World of Star Trek*, lançado em 1973, elas começaram a entender e a repetir essa ideia.

Fiz uma análise no livro que dizia existir, na verdade, três mundos de *Jornada nas estrelas*. Há a série exibida, os bastidores e os fãs.

Jacqueline Lichtenberg
(autora, *Star Trek Lives!*)

As fanfics têm sido o principal veículo para pessoas que gostam de escrever desde o início dos tempos. Contudo, o *fanzine* foi inventado pela comunidade de fãs de ficção científica a partir da comercialização do mimeógrafo com sua tinta roxa. Os fanzines de ficção científica geralmente não publicavam histórias escritas por fãs. Ninguém infringia os direitos autorais ao escrever sobre o universo profissionalmente criado por outra pessoa, a não ser no humor. E as fanfics eram péssimas e ninguém se interessava por elas. Então, os fanzines traziam discussões e resenhas, histórias pessoais, notícias sobre lançamentos de livros etc.

Devra Langsham
(editora, *Spockanalia*)

Na maioria das vezes, eram *letter zines* — você escreve uma carta para alguém sobre algo e a pessoa responde — ou eram relatórios de convenções, do tipo "Fui numa convenção, vi Isaac Asimov e foi legal". Ou tinha resenhas de livros, mas não havia ficção. Existiam apenas três ou quatro revistas profissionais comprando ficção naquele tempo. Se sua história fosse boa o suficiente para ser publicada, por que não enviar para uma delas? Portanto, ninguém pensava em publicar ficção nos zines. Não sei se as pessoas escreviam histórias relacionadas a outras séries e outros livros. Não me ocorria que eu deveria procurar um fanzine que publicasse ficção, não que eu ache que houvesse algum. Se existia, como não havia internet, dependia de as pessoas encontrarem umas às outras.

Jacqueline Lichtenberg

Em Nova York, Devra Langsham criou o *Spockanalia*, o primeiro fanzine dedicado apenas à publicação de histórias de *Jornada nas estrelas*. Havia poucas delas, mas muitas pessoas que queriam distribuí-las por cópias em carbono (o método tradicional antes da xerox). Enquanto isso, Ruth Berman pedia histórias para um fanzine chamado *T-Negative*. Não tenho certeza, mas acho que os primeiros foram mimeografados e somente mais tarde, quando a circulação ultrapassou os quinhentos ou mil exemplares, foram impressos em uma gráfica. Sempre considere o tamanho da circulação em relação aos custos de produção e ao espaço de armazenamento no porão de alguém.

Devra Langsham

Minha amiga Sherna Comerford e eu conversávamos sobre as histórias de *Jornadas nas estrelas* o tempo todo. Então, encontramos alguém numa convenção de ficção científica em Newark e ela disse: "Olha, vocês deveriam falar com essa mulher; ela tem uma revista que publica resenhas de livros e cartas. E ela escreveu dois artigos sobre *Jornada nas estrelas* dizendo coisas como 'Ei, isso não é o máximo? Você consegue saber a função das pessoas pela cor das suas camisas'". Algo que, claro, não sabíamos, porque não tínhamos TV em cores. Ela nos colocou em contato com Ruth Berman, uma antiga fã de ficção científica que havia escrito uma história e imprimiu algumas cópias para os amigos. Depois conhecemos [a escritora] Eleanor Arnason e Kathy Bushman, que era artista plástica, e tudo começou a partir daí.

Jacqueline Lichtenberg

Perceba a conexão vulcana de cada título de fanzine. Foi o *Spock* que despertou as fãs de ficção científica e produziu uma enxurrada de histórias. Depois, as fãs de Kirk e todo mundo escreveram histórias sobre seus personagens preferidos. Os zines proliferaram e se diferenciaram, recriando gêneros do nada.

> Uma dessas "recriações" da fan fiction chamava-se Kirk/Spock (ou ficção K/S, também conhecida como ficção slash, subgênero homoerótico que levou a relação entre os dois personagens para algo mais íntimo do que apenas a boa e velha amizade.

Gene Roddenberry me explicou a coisa da seguinte forma: quando ele criou a tripulação da ponte de comando, criou também o triunvirato Kirk-Spock-McCoy a partir de fragmentos de sua própria mente. Ele conseguia se identificar com cada um deles, eram componentes da sua visão criativa do mundo. Então, quando os trekkers estudaram a série de TV, eles viram Kirk e Spock como uma *unidade*, como uma entidade, como se precisassem "ficar grudados" como polos opostos de um ímã, porque Gene os criou para serem duas metades de um todo.

Devra Langsham

O *Spockanalia* foi lançado em 1967, quando a série estava engatinhando. Éramos realmente cuidadosas e não queríamos parecer idiotas, então falamos: "Não escrevam nada que não esteja na série — se estiver em um episódio, ótimo, mas não decidam, repentinamente, que Kirk tem mamilos dourados ou coisas do tipo". Estávamos escrevendo e publicando esse zine como se *Jornada nas estrelas* pertencesse ao mundo real, então não publicávamos artigos do tipo "Eu visitei as filmagens e vi os atores", porque isso já estava sendo publicado por outras pessoas.

Jacqueline Lichtenberg

Sendo a natureza humana como é, a sexualidade é a expressão do "ficar juntos" e da "atração irresistível". A hipótese da *alma gêmea* está enraizada profundamente na literatura. A maioria das mulheres levadas à *Jornada nas estrelas* e que escreviam fanfics não era tão leitora ou fã de ficção científica quanto era de romances. As *outras* facções da comunidade feminina de fãs de *Jornada nas estrelas* eram cientistas, várias delas trabalhavam em laboratórios. Outras eram bibliotecárias e professoras cuja formação e profissão incluía aulas de sociologia. Tendo em vista que Kirk e Spock pertenciam um ao outro —"bem, então... talvez... hum-não, mas..." —, uma fã escreveu uma história em que essa hipótese foi o tema principal. A história circulou em cópias de carbono, depois foi impressa — hoje em dia, diríamos que "viralizou"— e, de repente, as pessoas de todos os lugares estavam discutindo sobre a hipótese ao escrever mais histórias.

Simultaneamente, a comunidade gay estava no processo de sair do armário e assim muitas histórias de *Jornada nas estrelas* eram baseadas na liberação feminista, outras na liberação gay. Minha tese é de que a ficção popular segue e reflete as tendências sociais, mas não as causa. A ficção popular pode e ajuda de fato aqueles que não fazem parte de uma tendência social específica a entender as pessoas que *fazem* parte desse grupo.

Devra Langsham

O *Spockanalia* foi publicado no ano em que a Convenção Mundial de Ficção Científica foi realizada em Manhattan pela primeira vez. Imprimimos nosso fanzine e andamos pela convenção segurando uma foto da nossa capa para que as pessoas vissem que era *Jornada nas estrelas*. Ou elas falavam "Eca, aquela série estúpida" ou "Uaaaaaaauuuu!". Desenvolvemos o que é comumente conhecido como "ombros de fanzines encalhados", que é como você fica depois de carregar dez revistas de um lado para o outro. Depois disso, arranjamos uma mesa.

Jacqueline Lichtenberg

Como os fãs ligados à comunidade de ficção científica sabem, as distorções dos personagens ao longo da série não eram problema. É para isso que serve a fanfic. Você mesmo as conserta. As pessoas geralmente gostavam da série porque era ficção científica real ou detestavam porque era televisão, que basicamente distorcia ou ignorava os ingredientes da ciência real. Mas elas viam todos os episódios, memorizavam ou gravavam a trilha sonora e discutiam quaisquer erros ou desenvolvimentos com ampla divergência de opiniões.

BJO & JOHN TRIMBLE
(AUTORES, *STAR TREK CONCORDANCE*)

Na época em que a comunidade de fãs de *Jornada nas estrelas* surgiu como uma força a ser temida, as lojas de impressão rápida se espalhavam por todas as cidades e os preços da impressão em offset eram baixos, de forma que era acessível a todo mundo. Uma das coisas que os fãs de ficção científica notaram foi que os adoradores de *Jornada nas estrelas* começaram a produzir fanzines de qualidade. Isso afetou alguns medalhões da ficção científica, porque eram lembrados a toda hora da frustração de tentar produzir fanzines perfeitos distribuídos via correio usando métodos ultrapassados de reprodução.

JACQUELINE LICHTENBERG

Há dois tipos de fãs de ficção científica: os sujeitos que consideram que "ser fã é um modo de vida" e os que acham que "ser fã é apenas um maldito passatempo". *Jornada nas estrelas* criou outra divisão: aqueles que seguem o cânone e aqueles que o embelezam com seus próprios materiais originais — e assim escrevem histórias de um "universo alternativo". Minha série de fanfics de *Jornada nas estrelas* chamada *Kraith* é um "universo alternativo" e foi publicada primeiramente na *T-Negative*. Escrevi também um artigo não ficcional para a *Spockanalia*, o fanzine que se prendia estritamente ao cânone.

Bjo & John Trimble

Os fãs de *Jornada nas estrelas* também achavam que deveriam lucrar com seus empreendimentos. Das ideias sagradas e totalmente ilógicas da comunidade inicial de fãs de ficção científica, a "regra" velada de que era imoral lucrar com outros fãs é provavelmente uma das mais estúpidas. Os fãs de *Jornada nas estrelas*, sem essa "tradição" por trás deles, atingiram outras comunidades de fãs com fanzines caros e convenções claramente feitas para lucrar.

Jacqueline Lichtenberg

A comunidade de fãs era composta por leitores — outras mídias simplesmente não se conectavam. Assim, os "trekkies" eram socialmente evitados em convenções e os produtos relacionados a *Jornada nas estrelas* eram proibidos de aparecer na programação oficial. No ano em que *Kraith* foi indicado para um Hugo Award, o movimento antiTrek alcançou níveis cáusticos.

Bjo & John Trimble

A comunidade de fãs de ficção científica, estabelecida desde os anos 1940, viu a invasão repentina de fãs de *Jornada nas estrelas* com alarme. Até a série se tornar popular, a maioria deles consumia ficção científica por meio de livros e revistas. Isso foi bem antes da comunicação via internet, então os fãs curtiam essa paixão em grupos pequenos ou de forma individual. Isso facilitava a absorção entusiasmada dos recém-chegados, pois os fãs de ficção científica raramente eram abalados pela intrusão. Eles continuaram levando numa boa até *Jornada nas estrelas* aparecer. Então, todo mundo foi despertado de forma abrupta para os tempos modernos.

Jacqueline Lichtenberg

Nós cunhamos um novo vocabulário. "Trekkies" eram fãs "modinha", groupies que não sabiam a diferença entre um ator e um personagem; pessoas que não liam nada — talvez eles lessem só livros de *Jornada nas estrelas*, mas não um de verdade — e não sabiam nem mesmo quem era Hal Clement. Nós, contudo, éramos trekkers, não trekkies. Sabíamos a diferença entre ator e personagem, sabíamos todas as diferenças entre ciência real e ciência *Trek*, um abismo que foi fechado recentemente, e criticávamos *Jornada nas estrelas* por suas falhas literárias, ao mesmo tempo que admirávamos a incorporação de Shakespeare e outros clássicos como a literatura de ficção científica costuma fazer.

Bjo & John Trimble

A Convenção Mundial de Ficção Científica ocorreu no feriado do Dia do Trabalho, em 1967, que nos Estados Unidos é comemorado na primeira segunda-feira de setembro, cerca de duas semanas antes da estreia da segunda temporada de *Jornada nas estrelas* com o episódio "Tempo de loucura". Houve um leilão beneficente para trazer um fã japonês chamado Takumi Shibano para os Estados Unidos, onde faria uma visita e um tour. Éramos os chefes do comitê e pedimos para Gene doar algumas peças de *Jornada nas estrelas* para incluir no leilão. Depois do Hugo Award, o leilão foi o evento mais procurado da convenção, tudo por causa desses itens. Lotamos o salão. Os 5 mil dólares que pedimos foram conseguidos em duas horas e meia. O leilão foi um momento de empolgação na história de *Jornada nas estrelas*. As pessoas que se encontraram na convenção saíram de lá para produzir fanzines e formar clubes.

Gene Roddenberry
(criador, produtor executivo, *Jornada nas estrelas*)

Convencemos a Paramount de que os fanzines eram a força vital do movimento e, de fato, eles sempre foram. Eu disse: "O dia em que começarmos a mandar policiais prenderem um estudante porque está usando *Jornada nas estrelas* em revistinhas mimeografadas que circulam entre cinquenta amigos, será o dia em que sairei do estúdio".

A principal razão de muitos fãs da série terem apoiado a campanha de cartas para salvar *Jornada nas estrelas* para uma terceira temporada foi que eles estavam cientes do fato de que, sem episódios suficientes, o programa simplesmente desapareceria.

O objetivo ilusório de alcançar a distribuição nacional — uma situação em que estações independentes colocariam no ar reprises de um programa — nunca se materializaria, e *Jornada nas estrelas* seria pouco mais que uma nota de rodapé na história da televisão.

Mas eles não foram os únicos a reconhecer a importância da série. Richard Block, vice-presidente e gerente geral da Kaiser Broadcasting Corp., uma empresa que possuía e operava estações de TV e rádio nos Estados Unidos entre 1958 e 1977, viu o potencial da série no início e astutamente assegurou os direitos de distribuição durante a terceira temporada. Esse herói desconhecido na tradição de *Jornada nas estrelas* pode realmente ter sido a pessoa que salvou a franquia.

Richard Block
(vice-presidente, gerente geral, Kaiser Broadcasting Corp.)

Na época, estávamos desenvolvendo estações independentes e o UHF era visto de forma negativa, com a preferência indo para o VHF, e não ajudava o fato de não haver muitas cidades com cabeamento para televisão. O limite da Comissão Federal de Comunicação (FCC, de acordo com a sigla em inglês) em termos de concessão de estações naquela época era de sete e nós possuíamos seis.

Naquele tempo, as emissoras não podiam reprisar nada. Era absurdo o envolvimento do governo, dizendo às pessoas o que elas podiam ou não transmitir entre sete e oito da noite, mas a ideia era desenvolver mais diversidade e mais produtores. Claro, isso era uma vantagem para nós, porque as afiliadas da emissora nos cinquenta maiores mercados estavam penando. Isso era equivalente a oitenta por cento dos domicílios com televisão.

Então, compramos um bocado de programação de reprises e Bob Newgard, o vice-presidente e gerente mundial de vendas de televisão da Paramount, sabia que eu tinha interesse em *Jornada nas estrelas*, mas continuava me dizendo que a empresa queria cancelar a série. Custava muito dinheiro, Gene Roddenberry era uma pessoa difícil de lidar e por aí vai. Preciso dizer que Gene foi ótimo comigo. Eu lecionava em Stanford naquela época e o convidei para falar com os alunos. Certa vez, ele não pôde ir e uma estudante me perguntou: "Será que eu poderia fazer os figurinos?". Ele estava trabalhando em um episódio novo. Perguntei a Gene e ele disse: "Sim, diga para ela desenhar alguns croquis e vir até aqui assistir a filmagem do episódio". Achei isso maravilhoso.

De qualquer modo, a NBC estava receosa com tudo aquilo e encerrou a produção depois de 79 episódios.

Continuei a pressionar Bob, dizendo: "Quero comprar *Jornada nas estrelas*". E ele respondia: "Não sabemos nem se vamos distribuí-la". Pressionei de novo e acabamos rascunhando o contrato em um guardanapo para veicular a série em Boston, Detroit, Cleveland e na Filadélfia. A partir dali, voltamos para a Paramount e dissemos: "Por que não lançamos a série?". Havia interesse também da KTVU, de San Francisco, e, em seguida, a WIPX, de Nova York, entrou na jogada.

Scott Mantz
(crítico de cinema, *Access Hollywood*)

Creio que a Filadélfia foi a primeira cidade a reprisar *Jornada nas estrelas*, no início de 1969. Eu tinha pouco menos de um ano na época, então não lembro qual era o canal. Mas, quando comecei a ver a série em 1974, eu tinha seis anos. O episódio que tirou minha virgindade foi "O espelho", e me viciei na hora! Interessante que tenha sido esse episódio, porque é tão atípico (passava-se no universo maligno na maior parte do tempo).

Claro que *Jornada nas estrelas* teve um grande impacto na minha vida, porque: a) passava *cinco vezes por semana*; b) passava cedo, então eu podia assistir antes de ir para a cama; e c) peguei a série na ordem certa da produção (não na ordem programada pela emissora), então vi muitos episódios clássicos da primeira metade da segunda temporada ("Tempo de loucura", "Máquina da destruição", "Metamorfose"), o período em que *Jornada nas estrelas* alcançou seu auge.

É bom mencionar que eles exibiram a série completa e sem cortes! Não fizeram nenhuma edição, então vi todos os cinquenta minutos de cada episódio! Não sabia que a série tinha sido editada para a distribuição nacional até alguns anos mais tarde, quando estava visitando parentes em Nova York e peguei alguns episódios editados passando no Canal 11.

Richard Block

O desempenho de *Jornada nas estrelas* era ótimo nas emissoras independentes às 23 horas, porque concorria com os noticiários. Os telejornais eram para os velhos, enquanto *Jornada nas estrelas* tinha um público mais jovem. Lembro que o cara na emissora de Cleveland ficou com raiva de mim — pelo menos, o tanto que se pode ficar com raiva do próprio chefe — e perguntou: "Por que você está enfiando isso pela nossa goela abaixo?". Mas foi assim que começou. Então, começamos a passar no horário das dezoito horas e matamos o jornal da CBS na Filadélfia.

Tínhamos de passar a série cinco noites por semana. A emissora podia optar por apenas uma noite, mas não tínhamos circulação suficiente para fazer isso dar certo. Do ponto de vista do marketing, essa era a única maneira de fazer as pessoas saberem que aquele horário pertencia a *Jornada nas estrelas*.

Fomos muito bem-sucedidos e outras emissoras independentes começaram a exibir o programa da mesma maneira.

Daren Dochterman
(supervisor de efeitos visuais, *Jornada nas estrelas: O filme — Edição do diretor*)

Quando eu era criança, o primeiro *Jornada nas estrelas* que vi foi a série animada de 1973. Aquele primeiro episódio, "Beyond the Farthest Star", com a mensagem alienígena assustadora e a nave no formato de inseto com as cápsulas explosivas, era aterrorizante e me fez borrar de medo. E foi isso que me atraiu no programa, porque queria saber a razão de todo aquele pânico. Assisti à série inteira e depois comecei a ver a série original na WPIX. Era engraçado ver os créditos de abertura e ouvir uma música diferente, porque eu estava acostumado com o desenho das manhãs de sábado. Claro que virei fã da série clássica e gravei todos os episódios da TV.

Bryan Fuller
(produtor executivo, *Hannibal*)

Descobri *Jornada nas estrelas* quando era bem pequeno. Não estava nem na escola e não tinha idade para frequentar a igreja. Então, eu ficava sozinho com meu irmão mais velho quando todo mundo ia à missa.

Lembro que, certa vez, ele construiu uma nave de guerra klingon e a equipou com luzes. Ele desligou todas as lâmpadas da casa e começou a correr com ela na mão. Eu pensava: "O que é essa nave? De quem é ela?". Então, meu primeiro contato com *Jornada nas estrelas* foi com uma nave de batalha klingon.

Foi provavelmente em meados dos anos 1970 que vi a série animada e as reprises da série original. Sempre me encantei com o brilho do mundo ao qual éramos transportados e, quando fiquei mais velho, comecei a apreciar o nível da narrativa. Eu tinha idade suficiente para saber que eram aventuras passadas no espaço com alienígenas. Isso era empolgante, já que os faroestes eram meio antiquados para mim. Foi por meio da ficção científica que comecei a gostar das narrativas de faroeste.

Andre Bormanis
(consultor científico, *Jornada nas estrelas — A nova geração*)

Eu era muito jovem para compreender a série, mas, quando estava no colegial, durante os anos 1970, comecei a ver as reprises e me viciei, como minha mãe costumava dizer.

Richard Block

Nosso sucesso com *Jornada nas estrelas* legitimou as estações afiliadas. Inicialmente, éramos desprezados; o sentimento era de que o UHF era destinado à programação infantil. Também havia uma noção de que exibir *Jornada nas estrelas* cinco noites por semana desgastaria muito rápido a série — só existiam 79 episódios. Isso não aconteceu.

Em 1966, a AMT/Aurora lançou um modelo de montar da *Enterprise*, o que viria a ser o primeiro de muitos, incluindo a nave auxiliar *Galileo Sete*. O contrato surgiu quando a AMT concordou em criar um modelo em miniatura da nave, assim como uma imitação em tamanho real que poderia ser usada para as filmagens. Em troca, receberam a licença para vender o modelo.

O ano seguinte viu o início da série em quadrinhos Golden Key da Western Publishing. Houve também a série de romances em doze volumes lançada pela Bantam com adaptações de episódios assinadas por James Blish, começando em janeiro de 1967 e culminando com o original de 1970, *Spock Must Die!*), além da criação de Bjo e John Trimble (com a ajuda de Gene Roddenberry) da Lincoln Enterprises, uma empresa de vendas pelo correio que era parte da Norway Productions, de Roddenberry, e vendia sobras de filme como slides, cópias de roteiros e outros produtos. Hoje a empresa ainda existe sob o nome de Roddenberry.com. E setembro de 1968 marcou a publicação da obra seminal de Stephen E. Whitfield e Gene Roddenberry, *The Making of Star Trek*, o primeiro livro sobre os bastidores de uma série de TV.

Gene Roddenberry

Os produtos licenciados eram uma das nossas maiores preocupações. Esse se tornou um grande negócio naqueles dias, quando costumávamos enviar fotos 7×5 em preto e branco dos atores. Lentamente, a Lincoln [Enterprises] começou a crescer. Não tenho muito controle sobre isso, a não ser o controle do fato de que eles precisam me escutar, porque posso ficar com raiva e falar coisas ruins para as pessoas. Tentei lidar com isso sem ser um escroto o máximo que pude. Disse para eles inúmeras vezes que, independentemente do que façamos, os fãs precisam ser tratados de forma justa. Não suportaria ver brinquedos, como fizeram certa vez, com rótulos na caixa mostrando o sr. Spock matando algum monstro com uma arma de raios, porque era algo feio.

Len Wein
(roteirista, quadrinhos *Star Trek*, da Gold Key Comics)

Comecei a escrever para a Gold Key de forma fixa no início da minha carreira, criando histórias para várias antologias, como *Twilight Zone*, *Boris Karloff Tales of Mystery* e *Grimm's Ghost Stories*, e logo depois fui promovido para publicações como *Mod Wheels* e *Microbots*.

Eu estava incomodado havia um tempo por causa das imprecisões e erros crassos que estava vendo nos quadrinhos de *Star Trek*. Um dia, tomei coragem e fui ver meu editor, Wally Green. Eu reclamei: "Seu *Star Trek* é uma mixórdia. Não acho que seu roteirista tenha visto sequer um episódio da série". Wally concordou: "Provavelmente não viu". Eu disse: "Bem, eu vi todos os episódios da série até hoje. Sei de cor todos eles. Talvez você devesse me dar uma chance". Ele pensou por um instante e disse: "Sabe de uma coisa, talvez eu dê". E foi assim que consegui o trabalho.

A primeira coisa que fiz quando assumi a vaga foi enviar uma carta ao brilhante Alberto Gioletti, que estava desenhando o título, para atualizá-lo sobre o que precisaríamos consertar urgentemente na arte. Primeiramente, aqueles longos tubos na traseira da *Enterprise* não eram turbinas de foguete; eram turbinas de impulso, então não deveria haver fogo no escape delas. Em segundo lugar, nossos heróis não carregavam mochilas nas costas. Eles eram teletransportados para os planetas que visitavam e tudo de que precisavam era enviado da mesma maneira.

O primeiro livro *Star Trek* era uma edição de capa dura infantojuvenil chamada *Mission to Horatius*, de Mack Reynolds, um famoso escritor de ficção científica barata na época. Os fãs adoraram, mas os produtores ficaram menos entusiasmados. "A adaptação de *Jornada nas estrelas* de Mack Reynolds não é tecnicamente de mau gosto", opinou o produtor John Meredyth Lucas em um memorando de novembro de 1967. "Mas ela é extremamente chata e mal escrita."

Mesmo naquela época, Lucas estava profundamente preocupado com as violações ao cânone de *Jornada nas estrelas*, inclusive com o fato de "os romulanos não terem nada a ver com o Tratado de Paz Organiano". Ele ficou ainda mais preocupado, contudo, com o fato de Sulu ser descrito como "um pequeno oriental de rosto suave; Uhura como uma mulata e, para completar, colocam-na numa espécie de busca espiritual. Nós conduzimos uma série com uma tripulação totalmente integrada e me parece que deveríamos evitar esses estereótipos para o mercado infantojuvenil."

As adaptações de James Blish tiveram mais sucesso, apesar de também apresentarem sua parcela de imprecisões.

Jeff Ayers
(autor, *Voyages of Imagination: The Star Trek Fiction Companion*)

Os contos adaptados de James Blish eram extremamente populares. O editor da Bantam, editora que possuía o licenciamento da série na época, era Frederik Pohl e, apesar de ninguém lembrar como pediram para Blish escrever as histórias, ele tinha a missão duvidosa de escrever os contos com base nos roteiros enviados pelo estúdio. É por isso que existem várias discrepâncias e tentativas de oferecer explicações lógicas para alguns dos materiais mais malucos. A mulher dele, Judith Lawrence, terminou o ajudando com os últimos livros e, quando ele morreu, ela concluiu a série. Blish escreveu quase todas as histórias sem ver os episódios da série.

O primeiro livro, *Spock Must Die!*, surgiu porque Pohl pediu para Blish escrevê-lo. De acordo com Judy, James era fascinado pela personalidade de Spock e queria mergulhar mais fundo no psicológico dele. Os fãs estavam clamando por mais histórias nessa época, então Pohl criou duas antologias: *Star Trek — New Voyages* e sua continuação, lançada dois anos depois. Mais livros vieram em seguida, mas Pohl admitiu que não prestava muita atenção em *Jornada nas estrelas*.

Bjo & John Trimble

A Lincoln Enterprises era bastante inovadora e vanguardista para a época, especialmente em Hollywood. Nós não ajudamos a erguer a Lincoln Enterprises; nós a erguemos do zero. Sei que a história revisionista diz que a LE surgiu inteiramente da mente de Gene e que várias pessoas tiveram a ver com a criação da empresa, mas a realidade é que ninguém tinha a experiência que nós, os Trimble, tínhamos com pedidos via correios. Nós gerenciamos empresas pequenas, mas bem-sucedidas nesse campo. Convencemos Gene a adotar a ideia e montamos a LE sozinhos. Depois contratamos uma fã para ajudar nos pedidos e descobrimos, mais tarde, que ela estava alegando ter criado a LE e que éramos nós quem trabalhávamos para ela! Essa garota foi mais tarde demitida por Gene.

Certa vez, ficamos preocupados. Majel queria gerenciar a empresa, uma ideia que Gene tinha desde o começo. Então, fomos demitidos sob a alegação de atividade fraudulenta. Isso nos magoou muito, porque nós víamos aquilo como um negócio a longo prazo que beneficiaria Gene e a gente. Mas, veja bem, ninguém em Hollywood costuma ser elogiado por sua gratidão, não é mesmo? Bem, o que podemos fazer?

Rod Roddenberry
(filho de Gene Roddenberry)

The Making of Star Trek era, na verdade, um ótimo livro, e foi por meio dele que aprendi muito sobre como meu pai e outras pessoas da equipe de produção contatavam o Laboratório de Propulsão a Jato da Nasa e o Instituto de Tecnologia da Califórnia. Acho que o livro inclui uma história apenas sobre os phasers, na qual meu pai meio que falou: "Precisamos de uma arma". A resposta foi: "Bem, neste momento estamos trabalhando com lasers". Ao que meu pai perguntou: "Então, qual será o próximo passo?". E foi assim que o phaser surgiu. Então, a credibilidade era parte importante de

Jornada nas estrelas. Na verdade, na bíblia da série, o documento que detalha o programa original, há um parágrafo inteiro em que meu pai fala sobre a importância da credibilidade em todos os episódios.

Brannon Braga
(produtor executivo, cocriador, *Jornada nas estrelas — Enterprise*)

Esse deve ser o livro de bastidores mais revolucionário já escrito.

David A. Goodman
(produtor executivo, *Uma família da pesada*)

Eu me tornei roteirista de TV por causa desse livro. Antes dele, não sabia que essa profissão existia. A gente vê televisão e não para pra pensar no fato de que alguém escreveu cada palavra que sai da boca de Hawkeye Pierce e que aquele discurso não é apenas de Kirk — mas que alguém o escreveu atrás das câmeras. Aquele livro abriu minha mente. "Ah, meu Deus, isso é uma profissão... eu posso trabalhar nisso."

Manny Coto
(produtor executivo, *Jornada nas estrelas — Enterprise*)

O livro me levou à decisão de que era isso que gostaria de fazer, porque percebi que era uma profissão. Eu tinha um exemplar todo marcado e era um livro muito bom. De vez em quando ainda dou uma olhada nele; era muito detalhado, com memorandos, e bem sofisticado. As minhas leituras preferidas eram *The Making of Star Trek* e *The Making of 2001*, sobre o filme de Kubrick. E também *The Jaws Log*, sobre *Tubarão*, que devorei rapidamente.

PETER GOULD
(COCRIADOR, PRODUTOR EXECUTIVO, *BETTER CALL SAUL*)

Foi o primeiro livro sobre bastidores que li na vida e não parei a leitura nem mesmo por um segundo. Não queria nem ver *Jornada nas estrelas*, queria estar envolvido com a produção de *Jornada nas estrelas*. Isso sempre me fascinou e certamente foi uma das coisas que despertaram meu interesse por televisão.

ANDRE BORMANIS

Eu estava no colegial quando descobri o livro com alguns amigos. Virou minha bíblia. Achava a coisa mais legal do mundo, porque não sabia nada sobre a criação de uma série de TV. Ninguém sabia, a não ser que trabalhasse na indústria do entretenimento. Achava fascinante. A composição dos cenários, os memorandos sobre tecnologia, o desenvolvimento dos personagens, as ideias de histórias, o cronograma de produção, os orçamentos e assim por diante. Eu pensei: "Uau, essa é a coisa mais legal que eu já vi em toda a minha vida".

Além das histórias em quadrinhos publicadas pela Gold Key (e, depois, pela Marvel, a DC e a IDW), houve duas eras distintas de tiras de *Star Trek* publicadas em jornais dos Estados Unidos e também do outro lado do Atlântico. Existiu uma tira semanal na Grã-Bretanha publicada entre janeiro de 1969 e dezembro de 1973. A segunda surgiu uma década depois, nos Estados Unidos. Era uma tira diária

publicada entre dezembro de 1979 e dezembro de 1983, logo depois do lançamento de *Jornada nas estrelas — O filme.*

Rich Handley
(historiador dos quadrinhos de *Star Trek*)

Junto da série da Gold Key, os leitores britânicos puderam ler as tiras semanais de *Star Trek* que não foram reproduzidas para o público norte-americano. Em 1969, seis meses antes de a série ser exibida na TV inglesa, a tira estreou nas páginas de *Joe 90: Top Secret*, uma revista em quadrinhos britânica com tiras seriadas baseadas na série televisiva de marionetes de Gerry Anderson e outros títulos de aventura. A *Joe 90* durou 34 números e sempre trazia *Star Trek* em duas páginas.

A *Joe 90* fundiu-se com outra revista britânica chamada *TV21*, e *Star Trek* se tornou seu título mais popular, passando das duas páginas por edição para três — apesar do cancelamento da série de TV naquele mesmo ano. Outra mudança de título ocorreu em 1971: depois do número 105 da *TV21*, ela se fundiu com outra revista chamada *Valiant*, ganhando o nome de *Valiant and TV21*. *Star Trek* sobreviveu à fusão, habitando as duas páginas centrais por mais 118 edições até ser cancelada em 1973 — a *Valiant* continuou sem *Star Trek* por mais três anos. No total, as tiras britânicas da série circularam por cinco anos, algo impressionante se você considerar que o programa de TV nem mesmo tinha entrado no ar quando elas começaram a ser publicadas.

Dez anos mais tarde, os fãs americanos ganharam suas próprias tiras. Distribuídas pelo L. A. Times Syndicate, a tira diária narrou as aventuras da *Enterprise* depois dos eventos mostrados em *Jornada nas estrelas — O filme* em uma missão de cinco anos. A publicação manteve o extremamente talentoso Thomas Warkentin como desenhista e roteirista inaugural. A série foi bem recebida — pelo menos pelo punhado de leitores que sabia da sua existência, já que a maioria dos jornais se recusou a publicá-la.

As tiras britânicas são muito bem desenhadas, algumas vezes lindas, apesar de todas as discrepâncias. As tiras americanas, por outro lado, são bem escritas em sua maioria, embora a arte vá do excelente ao... bem, algo bem diferente de excelente. As tiras britânicas eram quase todas coloridas, enquanto as americanas eram em preto e branco, com exceção dos domingos, quando ganhavam cores.

Assim como nas primeiras revistas da Gold Key, os roteiristas e desenhistas da *Joe 90* e *TV21* tinham pouco conhecimento da série de TV e baseavam seus roteiros e arte em qualquer material de referência que era fornecido pela Paramount. Como resultado, as cores do interior da *Enterprise* não parecem nada com as da série, as cores dos uniformes frequentemente eram erradas, as armas e as espaçonaves pareciam ter saído de *Perdidos no espaço* ou de livros baratos de ficção científica, os klingons e romulanos não tinham nada a ver com os da série, e o elenco — inclusive Spock — constantemente balbuciava frases melodramáticas e sem sentido como "G-g-grandes galáxias sofridas!". O respeito ao conceito da série de TV era praticamente nulo, com Kirk (chamado de "capitão Kurk" nas primeiras edições) e companhia atuando e falando totalmente fora dos personagens. Algumas das histórias são bem cativantes, com uma arte estonteante que compensava a maioria das tramas repletas de clichês de filmes B. Essas tiras pelo menos servem para que os fãs tirem um sarro delas no melhor estilo do *Mystery Science Theater 3000*, programa que brincava com os erros e exageros dos antigos filmes B de ficção científica.

As tiras americanas, contudo, são outra história. Warkentin não era apenas um roteirista e desenhista extremamente talentoso, mas era claramente fã de *Jornada nas estrelas*. Ele trouxe Harry Mudd de volta, apresentou a ex-mulher de McCoy, criou personagens klingons com profundidade e retratou diversos alienígenas e conceitos tanto da série de TV como do primeiro filme — e até mesmo da série animada. Seus sucessores, o roteirista Sharman DiVono e o desenhista Ron Harris, continuaram essa marca, contribuindo com uma história de Kzinti coescrita pelo próprio criador de Kzinti, Larry Niven, apresentando o neto do almirante Nogura e criando uma aventura maravilhosa sobre uma máquina de mente coletiva chamada Omnimind, algo que precedeu os borgs em meia década.

O roteirista Gerry Conway e o artista Dick Kulpa, os últimos da série, também entregaram um bom número de histórias sólidas, em especial uma em que Kirk e McCoy se afastam da Frota Estelar para virar corsários, e outra na qual a tripulação da *Enterprise* entra em um universo paralelo onde *Jornada nas estrelas* é apenas uma série de TV do século XX. As tiras americanas são uma pérola, tanto em termos de roteiro quanto de arte. Quem não leu está perdendo um material de *Jornada nas estrelas* honestamente bom.

A tempestade perfeita de eventos no mundo de *Jornada nas estrelas* continuou na terceira temporada, quando, em 1º de março de 1969 (apenas duas semanas antes do fim da série, já que o último episódio, "O intruso", só foi ao ar em 3 de junho devido à morte do presidente Eisenhower), a primeira "convenção" dedicada à série foi organizada na biblioteca pública de Newark, em Nova Jersey. Comandada por Sherna Comerford e Devra Langsham, houve relatos de que contou com a presença de trezentas pessoas (considere a noção de trezentas pessoas dentro de uma pequena biblioteca) e a programação incluiu um debate de fãs sobre o fenômeno *Jornada nas estrelas*, uma apresentação de slides com imagens dos sets da *Enterprise* e alguns dos alienígenas mostrados no programa, canções folclóricas inspiradas em *Jornada nas estrelas* e uma conversa com o escritor Hal Clement sobre *Jornada nas estrelas* e ciência. Tudo terminou com um esquete de Sherna Comerford chamado "Spock Shock".

Elyse Rosenstein

Eu queria ir, mas minha mãe não deixou, embora eu tivesse enviado uma ou duas coisas para lá. Eis o problema que tenho com a convenção: as pessoas dizem que foi a primeira convenção de *Jornada nas estrelas*, mas aquilo não foi uma convenção. Foi uma tarde na biblioteca. Uma tarde agradável, que rendeu publicidade local. Fizeram dois painéis com fãs de *Jornada nas estrelas* e expuseram alguns itens que Sherna havia pegado emprestados.

Devra Langsham

Era apenas um pequeno grupo reunido em Newark. A cidade foi escolhida porque minha amiga Sherna morava lá e podíamos usar o auditório da biblioteca. Fomos até lá, falamos sobre *Jornada nas estrelas* e mostramos algumas imagens. As pessoas na biblioteca achavam que éramos loucos. "Isso é uma série de TV... vocês estão se reunindo para falar sobre uma série de TV?". Era um pouco assim. Claro que o hotel não se importava enquanto pagássemos as diárias.

O hotel ao qual ela se refere é o antigo Statler Hilton, hoje em dia chamado Hotel Pennsylvania, localizado na frente da Penn Station, em Nova York. Entre 21 e 23 de janeiro de 1972, foi o lugar onde a primeira convenção de verdade de *Jornada nas estrelas* tomou forma, organizada por um grupo de fãs conhecido como Comitê. O evento teve palestrantes convidados, como Gene Roddenberry, Majel Barrett, Dorothy Fontana, David Gerrold e Isaac Asimov. Foi a primeira das milhares de convenções de *Jornada nas estrelas* realizadas em todo o mundo nas décadas seguintes.

Elyse Rosenstein

A ressurgência de *Jornada nas estrelas*, na verdade, começou comigo e uma amiga, Devra Langsham. Ela era bibliotecária de livros infantis e nós duas tínhamos uma vasta coleção de slides em 35 mm de *Jornada nas estrelas*, os quais vieram dos filmes cortados da série. Ela costumava apresentar os slides na biblioteca onde trabalhava; era algo que fazia para as crianças. Apesar de termos vários repetidos, cada uma de nós possuía muitos slides diferentes. Então, estávamos olhando para eles e ela possuía duas narrativas escritas por fãs cujas tramas estava tentando encaixar com os slides. Depois de fazer isso por sete horas, você fica meio maluca.

Nós éramos membros da Lunarians, uma sociedade de ficção científica, e ela controlava a Lunacon, uma convenção anual de fãs do gênero. Virei para ela e disse algo como: "Nós deveríamos fazer uma convenção de *Jornada nas estrelas*". E ela abraçou a ideia: "Sim, podemos juntar quinhentos dos nossos amigos mais próximos".

Devra Langsham

Depois da Lunacon, Elyse veio até minha casa para me ajudar com um projeto de slides e uma de nós falou: "Não seria legal se tivéssemos uma convenção somente para o pessoal de *Jornada nas estrelas*?". E, três dias depois, ela me ligou e disse: "Temos um hotel, o Statler Hilton, e uma impressora". Inacreditável. A impressora, claro, era para os panfletos. Tínhamos outras pessoas a quem pedir ajuda, como se estivéssemos organizando uma exposição de arte. Tudo seguiu a linha das convenções de ficção científica tradicionais, com painéis, exibições e apresentações de fantasias.

Elyse Rosenstein

Nossa ideia original não era uma convenção de *Jornada nas estrelas*, mas uma convenção de ficção científica com maior ênfase em *Jornada nas estrelas*. Também tínhamos painéis de ficção científica, a maioria no domingo, porque o foco era *Jornada nas estrelas*.

Jacqueline Lichtenberg

Como a realização dessa convenção viralizou antes do Twitter ou do Facebook? Foi culpa de Joan Winston, basicamente. Ela trabalhava em Nova York com gerenciamento de contratos de televisão, então conhecia todo mundo na mídia. Ela poderia cuidar do pessoal da mídia sem gastar muito tempo. Ela espalhou a notícia e os fãs que não puderam ir a Nova York leram sobre o que aconteceu e quiseram fazer suas próprias convenções — o que de fato fizeram.

Entenda, os grupos centrais aqui eram formados basicamente pelas pessoas que organizavam convenções de ficção científica, então eles sabiam como criar pequenos eventos. Trata-se de uma profissão, abrir pequenos negócios, fechar esses pequenos negócios e pagar as contas. Exige advogados, contadores, gerentes de logística... em outras palavras, exige fãs.

Devra Langsham

Conversamos com as pessoas e falamos: "Adoraríamos exibir nosso trabalho de arte", então tínhamos uma sala para negociadores controlada por Phil Seuling. Ninguém naquele ponto estava preocupado se a Paramount tinha licenciado ou não aquilo. Eram coisas feitas por fãs e Joan, por meio dos contatos dela com as emissoras, chamou os convidados. E eles vieram, mesmo que não pagássemos nada.

Elyse Rosenstein

Uma das maiores diferenças entre as convenções — e isso é relevante — é que a comunidade de fãs de ficção científica nunca promoveu as suas. Ninguém saía e distribuía panfletos, a não ser em outras convenções. A única maneira de ouvir sobre elas era pelo boca a boca. A Convenção Mundial de Ficção Científica que foi organizada imediatamente após a convenção de *Jornada nas estrelas* recebeu entre 1.000 e 1.500 pessoas, o que é um bom número.

Nós, por outro lado, promovemos a nossa própria convenção. Não compramos anúncio nos jornais nem nada do gênero, mas ligamos para os canais de TV e recebemos duas equipes de filmagens. A ABC e a CBS vieram. A NBC alegou que tinha muitas notícias para cobrir e não poderia enviar a equipe. Esses canais promoveram uma cobertura, mesmo que local, e exibiram notícias sobre a convenção. Não apenas os fãs de ficção científica e de *Jornada nas estrelas* tomaram conhecimento do evento, mas o público em geral soube e apareceu.

Devra Langsham

Tivemos pessoas que conhecíamos na comunidade em Nova York que nos ajudaram. E Joan Winston, que trabalhava como secretária em uma das emissoras, nos colocou em contato com a Nasa e nos arrumou uma exposição, inclusive com um traje real de astronauta.

Elyse Rosenstein

Joanie conhecia todo mundo na época. Ela entrou em contato com a Nasa e perguntou se poderíamos ter uma exposição, porque estávamos em 1972 e o programa espacial ainda era forte. Eles concordaram e as peças chegaram em sete embalagens no hotel. Infelizmente, as embalagens eram, na verdade, caixas grandes. Elas se encaixaram no elevador de carga com pouco mais de um centímetro de folga. Havia uma imitação de uma cápsula espacial e, entre outras coisas, um manequim num traje espacial, o que ela achou se tratar também de uma réplica.

Devra Langsham

O traje espacial era verdadeiro e alguém roubou um dos braços durante a convenção. Foi terrível.

Elyse Rosenstein

Joanie se desculpou com alguém na Nasa e foi quando descobrimos que o traje era de verdade. Ficamos mortificadas por aquilo ter acontecido — havia uma corda ao redor da peça, mas nenhuma barreira de vidro. Ela falou para eles a diversão que foi colocar e tirar os caixotes do elevador de carga e eles, na verdade, pediram desculpas para a gente.

Devra Langsham

Quando chegamos um pouco antes da abertura da convenção, tínhamos entre oitocentas e novecentas pessoas pré-registradas. Achamos ótimo.

Elyse Rosenstein

Achávamos que algo em torno de 1.500 pessoas apareceriam na convenção. Tínhamos 2 mil crachás e 2 mil programas. Aparentemente, como descobrimos, quando você promove algo, você recebe mais pessoas. Terminamos com 3.500 participantes na convenção. Claro que não de uma vez só. Graças a Deus.

Devra Langsham

Tudo se esgotou. Não tínhamos mais nenhum crachá, nenhuma programação, nem folhetos com curiosidades. Eu estava imprimindo tudo na minha casa usando um mimeógrafo, e você não faz ideia do tempo que leva imprimir 2 mil páginas assim.

Elyse Rosenstein

Podíamos usar o local a partir das oito da manhã, mas a convenção não começou nesse horário — e, sim, às duas da tarde. Contudo, o hotel informou no lobby que seria às oito da manhã, algo que não percebemos, porque chegamos na noite de quinta-feira e não chegamos nem a passar por lá. Não estávamos na recepção, mas usando a cobertura do Statler Hilton, onde a convenção ocorreu. Às dez horas, não tivemos outra alternativa a não ser abrir o credenciamento, porque os negociantes ainda estavam se arrumando. Foi um dia insano. Era uma convenção que ia de sexta a domingo. No último dia, meio que deixamos as pessoas entrarem de graça, porque não havia mais sentido. Você vai cobrar por duas ou três horas de convenção no domingo à tarde?

Tínhamos alguns episódios em 35 mm emprestados da Paramount durante a convenção. Conseguimos liberação do Sindicato dos Atores, então não precisamos pagar direitos autorais enquanto ninguém lucrasse com isso. Então, tivemos que deixar as pessoas entrarem de graça para assistir aos episódios. Eles eram projetados nas noites de sexta e sábado, e a entrada era gratuita. Colocamos um cartaz na recepção informando que o evento era aberto ao público.

Tivemos um jantar no sábado com o Comitê e nossos convidados, entre eles, Majel Barrett. O corredor estava tranquilo, porque todo mundo estava no salão principal assistindo, acho, "Problemas aos pingos". Estávamos do lado de fora e podíamos ouvir o público falando os diálogos junto com os personagens. Ela ficou chocada, porque era 1972 e a série tinha saído do ar em 1969. Havia as reprises, mas era só isso. Eles não levavam em consideração o número de seguidores fiéis que a série ainda tinha.

Howard Weinstein
(escritor; roteirista, *Jornada nas estrelas — A série animada*)

Quando a primeira convenção de *Jornada nas estrelas* aconteceu, em 1972, eu estava na faculdade. Era calouro da Universidade de Connecticut. Nossas férias de inverno não coincidiam com as das outras faculdades, então a maioria dos meus amigos tinha voltado para estudar quando a convenção começou. Eu ainda estava em casa e falei: "Caramba, não vou perder por nada essa convenção de *Jornada nas estrelas*. Vou sozinho se precisar, pode ser que nunca mais tenha outra".

Fui no domingo, mas os crachás tinham se esgotado. Não consegui um. Consegui ver os maiores palestrantes, como Isaac Asimov, Gene e Majel. Andei pelo salão de vendas, que não era grande o suficiente para a multidão. Era uma área relativamente pequena e estava lotada. Não havia como andar sem trombar em alguém. Mas foi divertido e uma experiência maravilhosa para quem estava lá. Sinto-me privilegiado por ter ido à primeira convenção de *Jornada nas estrelas*.

Adam Malin
(cofundador, Creation Entertainment)

Fui ao evento de 1972 e foi fantástico. Foi inacreditável ver Gene Roddenberry ali e me lembro de sentar no salão do 18º andar do Statler Hilton. O lugar estava lotado de fãs que assistiam aos erros de gravação. Eu não conseguia acreditar — acho que estavam todos histéricos, mas ver aquelas pessoas tão importantes ali, em 1972, e estar cercado de fãs da série foi maravilhoso.

Percebi que havia uma comunidade de *Jornada nas estrelas* similar à comunidade de histórias em quadrinhos. Aos poucos, comecei a perceber que as comunidades de fãs estavam aumentando. Meus colegas de colégio, principalmente as garotas, sempre me achavam bobo por causa do meu interesse pelo gênero. Mas eu adorava, ficava desenhando o tempo todo e falando de monstros e alienígenas, então alguns deles me viam como excêntrico e socialmente inapto.

David A. Goodman

O que distinguia os fãs de *Jornada nas estrelas* de outros fãs de séries de TV é que nós queríamos assistir aos mesmos episódios várias e várias vezes. Sempre víamos o programa para procurar mais detalhes e tentar preencher os espaços deixados em branco naquele mundo imaginário, e isso foi o que levou as pessoas a vestirem fantasias e participarem de convenções.

É algo parecido com o que os fãs de Sherlock Holmes fazem. Michael Chabon escreveu um ótimo ensaio sobre isso, que a ficção popular cria esse mundo e não preenche todos os espaços, o que significa que os fãs sentem a necessidade de preencher essas lacunas. E isso levou a histórias autopublicadas em fanzines ou, hoje em dia, a sites da internet. Queríamos participar. E, de certa maneira, *Jornada nas estrelas* foi a primeira série de televisão a permitir isso.

Elyse Rosenstein

Aquela gente estava simplesmente feliz de estar ali, algo que é basicamente genuíno nos fãs de ficção científica em geral. As pessoas naquela época eram fãs de verdade do gênero, conheciam ficção científica, mas mesmo muitas que não eram fãs estavam meio por fora do que era moda. A maioria delas lia livros, enquanto a maior parte dos adolescentes estava lendo sobre rock e essas coisas. Quantos queriam ler sobre um futuro especulativo?

Os que se interessavam pelo tema eram renegados, eu mesma me incluo nesse grupo. Sempre andei com um livro debaixo do braço. Ainda ando. E havia um sentimento de aceitação naquela convenção de *Jornada nas estrelas*, um tipo diferente de pensamento. Foi por isso que aquela primeira convenção não apresentou nenhum tipo de problema. Apesar do número de pessoas que estavam lá, não tivemos nenhuma briga. Não tivemos o tipo de problema normalmente associado a multidões aglomeradas.

As multidões só cresciam. Em 1973, o Comitê transferiu a convenção para o The Commodore, um hotel bem maior de Nova York, e convidou James Doohan e George Takei, com Leonard Nimoy fazendo uma participação surpresa, para delírio dos 6.200 participantes.

DAVID LANGHAUS
(FÃ DE *JORNADA NAS ESTRELAS*)

Lembro-me de ter ficado realmente chateado com o cancelamento de *Jornada nas estrelas*, apesar de ter enviado cartas para a NBC em todas as temporadas, dizendo que adorava a série e que meus amigos também sentiam o mesmo. Um deles me falou que haveria uma convenção no Commodore Hotel, em Nova York, e perguntou se eu queria ir. Disse que sim imediatamente e fiquei empolgado. Ele contou que alguns dos atores estariam lá, mas não sabia quais. Parecia divertido e interessante reunir todos os fãs. Ninguém sabia o que esperar. Naturalmente, meus pais acharam que eu estava perdendo meu tempo e dinheiro para passar algum tempo com outros fãs de uma série cancelada. Como eles estavam errados! Foi emocionante desde o momento em que pisamos no hotel. Vários fãs vestiam uniformes produzidos de forma artesanal, tanto de *Jornada nas estrelas* quanto de outras obras de ficção científica. Eu lamentei estar apenas de jeans e camiseta.

O que me animou inicialmente foram as fotos, os filmes e os vídeos exibidos. Hoje em dia nem ligamos de ter 4 mil canais a cabo e acesso à internet.

Em 1974, a convenção passou para o Americana Hotel, com mais de 15 mil participantes — e 6 mil recusados pela organização. A convenção de 1975, de volta ao Commodore, limitou o credenciamento para 6 mil pessoas, assim como em 1976. Também em 1975, um dos membros do Comitê, Al Schuster, se desligou e lançou a própria convenção, também bem-sucedida.

Devra Langsham

O crescimento das convenções foi chocante. Tínhamos umas quinze pessoas trabalhando no Comitê, e apenas cinco delas faziam a maior parte do trabalho. É assim que funciona — obtivemos ajuda de um amigo que tinha acesso a um computador de verdade, então pudemos informatizar nossa lista de contatos antes de qualquer grande empresa pensar nisso, e enviamos um relatório de progresso, algo que as Worldcons fazem, dizendo: "Ei, olhe aqui. Convidamos fulano para vir e ele disse que vem". Não falamos quanto pagávamos aos convidados. A primeira convenção foi um sucesso em termos de conectar as pessoas, a ponto de, ao começarmos a segunda, várias delas retornarem. Era como se a gente tivesse férias de três semanas e, então, começava tudo de novo para a convenção do ano seguinte.

DAVID LANGHAUS

O importante para mim foi que Gene Roddenberry disse que estava feliz em nos ver e como isso iria ajudar a trazer a série de volta. Naquele tempo, senti que ele estava falando apenas o que gostaríamos de ouvir. Mesmo assim, foi ótimo. Mais tarde, fui para o leilão de arte e depois ao salão onde vendiam produtos originais da série. Lembro-me de ter ficado infeliz de não conseguir comprar tudo que queria, mas consegui pegar um manual de engenharia da *Enterprise* original, um busto de Spock e uma camiseta de *Jornada nas estrelas*, que ainda tenho. O ponto alto da convenção foi o piloto original e a primeira exibição dos erros de gravação da série. Durante o fim de semana, tive diversas discussões com outros fãs sobre como estávamos felizes de estar ali. Eu estava extremamente animado em ver ao vivo Bill Shatner, Leonard Nimoy, DeForest Kelley, James Doohan e Nichelle Nichols. Lembro como estávamos empolgados nas convenções seguintes com a série animada e, depois, com o primeiro longa-metragem.

As convenções de *Jornada nas estrelas* não ficaram restritas a Nova York, pois Bjo e John Trimble organizaram a Equicon em Los Angeles, que passou de uma convenção de cinema, fantasia e ficção científica, cuja primeira edição aconteceu em 1971, para uma convenção de *Jornada nas estrelas*, em 1973. As convenções começaram a se espalhar por outros estados norte-americanos e, mais tarde, por outros países.

BJO & JOHN TRIMBLE

Tudo começou com uma conversa na San Diego Comic-Con e continuou até a Westercon (Convenção de Fantasia e Ficção da Costa Oeste), de 1972. "Não seria legal ter uma convenção grande de *Jornada nas estrelas* na Califórnia, como fizeram em Nova York?" Então, a ideia virou realidade com o escritor William Tuning formando um comitê, nos incluindo, para organizar a primeira Equicon, em 1973. O nome veio da época do ano, o equinócio da primavera (no fim de semana da Páscoa), portanto, Equicon.

A primeira convenção foi tão grande que o comandante dos bombeiros mandou fechar o credenciamento. Os jornais locais afirmaram que a convenção tinha "10 mil trekkies histéricos"; o comandante, por sua vez, disse que tínhamos 8 mil presentes, cerca de 3 mil além da capacidade do hotel.

As Equicons foram um sucesso gigantesco para o público. Naqueles primeiros anos, a maioria dos atores de *Jornada nas estrelas* não tinha medo dos fãs e não cobrava cachês estratosféricos como aconteceu mais tarde. A maioria deles participou de uma ou duas Equicons. Também havia muitas atividades para manter todo mundo ocupado. A primeira Equicon doou 2 mil dólares para a escola Sophia Salvin para crianças especiais, ajudando a dar início à tradição de fãs de *Jornada nas estrelas* no apoio a causas nobres.

Susan Sackett
(assistente de Gene Roddenberry)

As convenções eram controladas pelos fãs. Bjo sempre teve interesse pela comunidade de fãs, então ela compareceu a várias convenções e decidiu organizar a sua própria, chamada Equicon. Fui incluída no comitê de relações públicas e tinha que contatar um certo número de pessoas. Então, eu ficava na mesa de recepção quando os convidados se inscreviam para as palestras. Tudo era conduzido por voluntários. Ninguém recebia nada. Eles mal conseguiam pagar as despesas. Eu estava na mesa quando Gene chegou, olhei para cima e ele estava com a lata de filme com os erros de gravação. Eu disse "Venha comigo", embora eu não tivesse a menor ideia de onde ir. Quando me candidatei para trabalhar com ele, Gene não se lembrou daquele encontro, o que acabou sendo bom, porque eu poderia não ter conseguido o emprego.

Gerald Isenberg
(produtor, *Star Trek: Planet of the Titans*)

As convenções eram realmente bizarras. Fui a uma delas com Gene e sua mulher e levei meu filho. Acabei virando jurado de um concurso de fantasias. Então, havia Scotty de um lado e não lembro quem do outro, e de repente uma garota aparece com uma fantasia esquisita bem na minha frente. Ela levanta a saia e mostra sua virilha para mim. Meu queixo caiu e comentei com Scotty: "Você viu isso?". Ele falou que aquilo acontecia o tempo todo.

Assim como sua contraparte na Costa Leste, a Equicon foi até 1976 e atraiu milhares de fãs, que se reuniram para celebrar a série e assistir a palestras com o elenco e o resto da equipe da série. Apesar de outras convenções terem surgido para substituí-las, não demorou muito para passarem de algo controlado por fãs para eventos com fins lucrativos, licenciados pela Paramount como a Creation Entertainment, cuja relação com *Jornada nas estrelas* dura até hoje.

Elyse Rosenstein

As coisas chegaram a um ponto em que tivemos de parar. Primeiramente, ficou muito caro montar aquelas convenções, porque eram grandes, o que significava lugares maiores, geralmente um hotel, porque as pessoas queriam ficar o fim de semana todo. Chegamos antes de todo mundo. Os envolvidos com a série, especialmente os atores, tinham carinho por nós, porque, se não fossem as nossas convenções, eles não teriam outras para ir. E no fim nós pagávamos os convidados, mas não a quantia de dinheiro que eles receberiam depois em outras convenções.

Devra Langsham

A atitude dos convidados em relação a pagamentos mudou muito rápido. Eles diziam: "Estou dando meu tempo a vocês quando eu poderia estar ganhando dinheiro em outro lugar". Ficamos angustiados com isso, mas é a verdade: os atores têm tempo limitado e é assim que sobrevivem. Eles precisam ganhar dinheiro enquanto podem. Claro, alguns eram mais difíceis de lidar do que outros, mas conseguíamos administrar a situação.

Bjo & John Trimble

As Equicons eram convenções organizadas por fãs, não um empreendimento comercial. Então, apesar do que alguns críticos falam, nunca tivemos lucro. Com sorte, ganhávamos o bastante para organizar a convenção do ano seguinte. Ainda encontramos fãs que lembram com carinho aquelas convenções. Alguns conheceram suas esposas nelas, muitos fizeram contatos com a indústria do cinema e começaram uma carreira na área.

Elyse Rosenstein

As convenções não eram um negócio, apesar de algumas pessoas acharem que poderiam se tornar um. Certamente havia muita gente comprando os ingressos, mas os preços estavam ficando proibitivos. A verdade é que — tirando Al Schuster — ninguém que trabalhava no Comitê o fazia por dinheiro. Ano passado, fui colocar no papel quanto ganharia se tivesse sido paga e seria algo em torno de dez centavos a hora. Depois de cinco anos, quando dividimos o que restou, cada pessoa ficou com 1.100 dólares, porque o dinheiro que ganhávamos foi todo para a convenção. Claramente não fazíamos aquilo por dinheiro.

David Gerrold

Eu soube que deveria parar de ir às convenções quando apareci numa delas e havia trinta pessoas vendendo pingos. Você falava para elas: "Vocês não têm os direitos autorais", e elas retrucavam: "Vá se foder, você já ganhou muito dinheiro com *Jornada nas estrelas*. Agora é a nossa vez". Essa foi a mudança. Em 1972 ou 1973, você encontrava os fãs e eles ficavam agradecidos pela oportunidade de encontrar as pessoas que trabalhavam em *Jornada nas estrelas*. Em 1975 ou 1976, a atitude era: "Nós somos donos de *Jornada nas estrelas* agora. O estúdio não se importa. Nós, sim".

O impacto daquelas primeiras convenções não pode ser subestimado na história de *Jornada nas estrelas*, principalmente porque elas uniram fãs de todos os cantos dos Estados Unidos, mostrando ao mundo que a série e seus fãs não iriam desaparecer; que não foi fogo de palha.

Entre as pessoas que tiveram papel fundamental em unir os fãs estava Jacqueline Lichtenberg, que fundou a organização *Star Trek* Welcommittee (que a levaria a escrever o livro *Star Trek Lives!* com Sondra Marshak e Joan Winston, em 1975). Outra peça-chave foi o livro de não ficção *The World of Star Trek*, de David Gerrold.

Jacqueline Lichtenberg

Cresci numa família de profissionais da comunicação. Aprendi a perceber o que é notícia quando estava no sexto ano. Quando ouvi o pedido de Devra Langsham por histórias para o *Spockanalia*, percebi como *Jornada nas estrelas* havia se tornado notícia. Mas os jornais não estavam cobrindo nada disso. As revistas? Também não. O rádio? Muito menos. Telejornais? Nem pensar. "Qual o problema dessas pessoas?", pensei. Bem, se elas não iriam cobrir, *eu* iria.

Então, parti para escrever uma matéria curta e tentei vender para o jornal local. Enviei algumas cartas. Havia mais fanzines, assinantes, leitores e colaboradores do que eu imaginava, e o número crescia enquanto eu contava. Tinha pessoas que eu não conhecia pessoalmente. Uau, isso é notícia!

Enviei um questionário e pedi a todos os editores de fanzines que o publicassem. Era assim que a comunidade de fãs funcionava antes do Twitter e do Facebook. Foi quando percebi que aquilo era um livro e não uma matéria. Para alcançar todos os fanzines, enviei uma carta geral e pedi para cada editor assinar com nome e endereço e enviar a outro editor de fanzine. No fim, havia centenas de editores na minha lista quando a carta voltou. Tentando garantir que todo mundo se conhecesse, publiquei o *Diretório de Fanzines*. Mas eu ainda precisava das mesmas informações para um livro de não ficção. No fim, recebi tantos questionários preenchidos que poderia encher uma lata de lixo das grandes, onde guardei tudo durante anos até jogar fora.

Levei cinco anos para escrever o livro. Foram necessárias duas coautoras para completar o trabalho. Assim que consegui o contrato, fiquei passada quando percebi o imenso volume de cartas, todas querendo o *Diretório de Fanzines*. Então, na convenção de *Jornada nas estrelas* de Nova York, convoquei uma reunião no meu quarto e nomeei um dos voluntários para chefiar um *Star Trek* Welcommittee, que funcionaria como um comitê de boas-vindas, e apresentar as pessoas umas às outras da mesma maneira que o comitê da Federação Nacional de Fãs de Fantasia fez comigo quando eu estava no colégio. Coloquei um número de caixa postal na contracapa de *Star Trek Lives!* como contato direto do *Star Trek* Welcommittee e as centenas de voluntários respondendo as milhares de cartas mantiveram o *Diretório de Fanzines* atualizado por décadas. O comitê cresceu enquanto *Star Trek Lives!* chegava à oitava edição e atraía novos fãs para o que era o protótipo de uma estrutura organizada.

David Gerrold

A primeira convenção foi a única pista de que algo estava acontecendo. Então, houve uma em 1973, na qual me juntei aos outros 6 mil participantes que compareceram. No mês seguinte, em Los Angeles, as pessoas também apareceram. Foi a primeira pista de verdade de que aquela coisa *não* estava morta. Mas o estúdio falou: "Três mil pessoas não significam muito". Era preciso demonstrar um fenômeno contínuo, algo que ainda não existia na época. Então, meu livro foi publicado e surgiram fãs que não sabiam que existiam outros como eles. Entretanto, todo fã que comprou o livro recebeu uma lista de fã-clubes e coisas assim. Mantivemos as listas de clubes e convenções atualizadas, então, no momento em que as últimas começaram a definhar, notamos que uma rede incrível de fãs tinha sido criada. Não levo crédito por tudo isso, mas reivindico uma participação por iniciar uma grande parte dessa rede, porque também ajudei outras convenções a criarem as próprias listas. Assim que o processo foi iniciado, uma reação em cadeia se formou e, no fim de 1974 ou 1975, começamos a notar que o fenômeno tinha evoluído para algo realmente gigantesco.

Se comparecer à convenção de *Jornada nas estrelas* e vagar pelo salão de produtos à venda para conseguir um objeto da série não era o suficiente, o fã podia andar pela rua 53 East, em Nova York, até a Federation Trading Post, gerenciada por Ron Barlow e Doug Drexler. Um release anunciou a loja: "A Federation Trading Post, única loja dedicada a uma série de televisão, abrirá as portas da sua sede em Nova York... [A loja] terá mais de trezentos itens diferentes da altamente popular série de ficção científica *Jornada nas estrelas*. Além de uma grande variedade de pôsteres da série, adesivos, revistas, livros, conjuntos de montar etc., o fã ávido de *Jornada nas estrelas* poderá comprar seu próprio 'Pingo', um par de orelhas pontudas vulcanas (de Spock), um uniforme autêntico da Frota Estelar, completo com um phaser de mão, ou simplesmente escutar os sons de *Jornada nas estrelas* que saem do sistema de som em reprodução contínua".

Ron Barlow contatou a revista *All About Star Trek Fan Clubs* na época: "Todo mundo que vem à nossa loja consegue perceber que ela não é apenas organizada para lucrar, mas para também encorajar a comunidade de fãs. É feita para lhes dar esperança na série. Temos um boletim de informações acessível a qualquer fã de *Jornada nas estrelas*. De tempos em tempos, publicamos um apanhado de recortes de notícias, informações que descobrimos para os fãs lerem. Isso nos poupa maiores explicações. Além disso, todos os funcionários que trabalham na loja são trekkers fanáticos, então, se não temos a informação, as chances de outra pessoa ter são mínimas".

Doug Drexler
(supervisor de efeitos, *Defiance*)

Ron Barlow e eu éramos grandes nerds de *Jornada nas estrelas* e tínhamos uma enorme coleção. Costumávamos fazer nossos próprios slides, que vinham da nossa coleção pessoal. Começamos um museu em um quartinho e colocamos todos os tipos de objetos cenográficos lá. Conhecemos dois sujeitos de Nova Jersey que tinham uma nave klingon de dois metros feita por eles mesmos e era linda. Nós tínhamos uma réplica da ponte de comando.

O problema é que, no primeiro mês e meio, não houve nenhum negócio; estava tudo morto. E ficamos preocupados. Os comerciantes locais estavam rindo da gente, e falo sério. Certo dia, quando eu estava voltando para casa, um dos comerciantes fez um comentário sarcástico e riu. Eu o encarei. Não acredito que fiz isso, porque não sou esse tipo de pessoa. "É *Jornada nas estrelas*. Você não está apenas me insultando, está insultando *Jornada nas estrelas*!" Conseguimos poupar dinheiro suficiente para comprar trinta segundos de comercial na WPIX durante um episódio de *Jornada nas estrelas* e de *Quinta dimensão*. Era um slide de trinta segundos de Spock e a gente dizendo: "É a única loja de *Jornada nas estrelas* na galáxia". Isso saiu na TV e, no outro dia, havia uma fila dando a volta no quarteirão e continuou assim por meses e meses. Deixávamos entrar duas pessoas quando saíam outras duas.

Quando íamos a uma convenção, aceitávamos fanzines em consignação — tínhamos uma parede inteira deles. Possuíamos pôsteres e slides. Os uniformes que John Belushi e outros usaram em um quadro do *Saturday Night Live* vieram da nossa loja. Nós nos tornamos o centro de *Jornada nas estrelas* em Nova York. Se alguém tinha DeForest Kelly em um programa de TV, eles nos mandavam um assistente de produção e diziam: "Precisamos de objetos cenográficos". Então, emprestávamos a eles. Em troca, íamos às gravações e conhecíamos as pessoas.

Daren Dochterman
(artista conceitual)

Nenhum dos outros garotos na escola conhecia *Jornada nas estrelas* ou falava sobre o assunto, então eu achava que era o único que gostava da série. E então descobri a Federation Trading Post, em Nova York, em 1976 ou no começo de 1977. Meu pai me levou lá e disse: "Tem um lugar que acho que eu deveria te levar e que acredito que você pode gostar". Quando entrei, minha cabeça explodiu. Era uma loja inteira de *Jornada nas estrelas*. Eu nunca vira nada parecido. Tinha visto uns dois bonequinhos na loja Two Guys quando a Mego lançou as *action figures* da franquia, e eu as tinha, claro. Mas aquela loja era um novo mundo. E todos os funcionários adoravam *Jornada nas estrelas*. Foi incrível perceber que eu não estava sozinho; havia uma paixão que eu achava ser só minha e descobri que um monte de gente também sentia o mesmo. É um dia maravilhoso quando descobrimos que fazemos parte de algo maior.

Doug Drexler

Teve uma noite da qual nunca esquecerei. Era uma daquelas noites chuvosas e abafadas de Nova York e saí para tomar um café. Quando voltei à loja, meus óculos estavam embaçados e eu não conseguia enxergar nada. Meu amigo Mitch estava no balcão e falou: "Doug, venha aqui. Acho que tem alguém que deveria conhecer". Eu me aproximei e vi o peito de uma pessoa. Olhei para cima, através dos meus óculos embaçados, e era Gene Roddenberry. Ele ouvira falar da loja e queria conhecê-la pessoalmente. Foi muito gentil. Ele disse: "O importante é que vocês estão fazendo um bom trabalho. Vocês cuidam de todo mundo e estão tratando *Jornada nas estrelas* bem". Ele ficou feliz com a loja.

O sucesso da Federation Trading Post levou Doug Drexler — ao lado de Allan Asherman e Geoffrey Mandel — para a Paradise Press e a produzir *The Star Trek Giant Poster Book*, uma revista de oito páginas com matérias sobre vários assuntos relacionados a *Jornada nas estrelas*. Quando a revista era desdobrada, transformava-se em um pôster de 86 cm × 56 cm.

Alguns produtos tiveram um papel significativo em manter o programa vivo na mente do público: a série de *action figures* da Mego Corporation; oito audiobooks em vinil lançados pela Power Records com aventuras roteirizadas acompanhadas de gibis) que serviam como uma porta de entrada perfeita para as crianças e traziam novas histórias de *Jornada nas estrelas* para deleitar fãs mais velhos; a publicação do livro *Letters to Star Trek*, de Susan Sackett, em 1977, uma obra intrigante sobre a relação entre os fãs e Gene Roddenberry; a publicação oficial da Bantam de *Star Trek Concordance*, livro que havia sido lançado de forma independente por Bjo Trimble; a criação de uma das mais famosas revistas de ficção científica da história, a *Starlog*; e o vinil da Columbia Records chamado *Inside Star Trek*, com participação de Gene Roddenberry e vários membros do elenco, uma criação de Ed Naha, que na época trabalhava na divulgação do clássico *Born to Run*, de Bruce Springsteen, mas que depois abandonou o projeto para escrever *The Science Fictionary*, assim como vários filmes e séries de TV.

Martin Abrams (presidente, Mego Corporation)

Nós estávamos no ramo dos super-heróis. Tínhamos feito tudo da Marvel e da DC. O próximo negócio disponível era *Planeta dos macacos*, então compramos o licenciamento. A partir dali foi fácil entrar em *Jornada nas estrelas*, porque já tínhamos três marcas conhecidas na linha masculina de ação. A Paramount era o próximo alvo e eles estavam fazendo *Jornada nas estrelas*, embora não tivessem um departamento de licenciamento. Eles usaram um agente externo [a Licensing Corporation of America]. Naquela época, apenas a Disney e a Universal possuíam departamentos de licenciamento. E o da Universal era minúsculo.

Quando conseguimos o licenciamento de *Jornada nas estrelas*, começamos com personagens básicos como Kirk, Spock, McCoy, Scotty e Uhura, além de alguns poucos alienígenas. Obtivemos tanto sucesso com a linha que expandimos as *action figures* para incluir alienígenas diferentes, depois vieram conjuntos de montar e uma calculadora que parecia um objeto de cena da série. Nós até mesmo tínhamos walkie-talkies inspirados nos comunicadores do programa.

Doug Drexler

Conversamos com a Paradise Press e falamos para eles: "Vejam, sabemos tudo sobre a série. Temos slides, fotos e podemos escrever artigos". E nos deram a revista-pôster.

Alguns artigos são considerados clássicos, acho. Fiz "O relatório smithsoniano", para o qual fui ao Museu Aeroespacial e me deixaram entrar antes da abertura para o público. Os funcionários me deram uma escada e subi até tocar no modelo da *Enterprise*. Tirei fotos. Encontrei Fred Durant, que era o diretor do museu e gente boa. Quando eu estava no escritório dele, Michael Collins entrou. E eu fiquei: "Oh, meu Deus! Michael Collins!". Ele era meu astronauta favorito. Foi incrível encontrá-lo. Fizemos algumas coisas realmente boas naquela revista-pôster que as pessoas ainda mencionam.

Alan Dean Foster

Fiz um bocado de roteiros curtos sobre a história americana para uma rádio educativa no Oregon. Eles transmitiram oitenta ou noventa deles com efeitos sonoros e tudo mais, embora fossem bem curtos, com menos de dez minutos de duração. Aquela foi a minha primeira oportunidade de criar diálogos que seriam declamados em vez de simplesmente lidos de forma silenciosa. E quando a Power Records apareceu, eu basicamente tive a chance de escrever curtas-metragens de *Jornada nas estrelas*. Era disso que se tratava aqueles discos. Posso afirmar que aquelas histórias poderiam ter sido filmadas, seja para a TV ou qualquer outra mídia. Agora, isso seria um belo projeto para alguns fãs — consigam os direitos de filmagem daqueles discos antigos e façam episódios curtos de *Jornada nas estrelas*. Fiz sete episódios que foram espalhados por um punhado de discos. Não havia um filme de *Jornada nas estrelas* até então, e escrevi aquelas histórias como se pudessem ser filmadas.

Russ Heath
(desenhista, *Star Trek* Power Records)

A ideia veio de Dick Giordano, parceiro de Neal Adams no Continuity Studios. Ele tinha o contrato [de ilustrador], mas não conseguia fazer tudo. Então, fiz dois números. Coloquei o rosto de Gray Morrow [desenhista de quadrinhos e criador do Homem-Coisa] como um dos membros da tripulação, era mais uma brincadeira. Eu não gostava da série. Era apenas um trabalho. Não me interessava por nada daquelas coisas espaciais até a chegada de *Guerra nas estrelas*.

Susan Sackett

Era 1974 e eu estava trabalhando nos sacos de cartas da Lincoln Enterprises na sala de Gene. Um dos amigos de Roddenberry estava lá e disse que aquelas cartas eram tão interessantes que alguém deveria reuni-las e fazer um livro. Na época, eles não as guardavam, apenas anotavam os pedidos e jogavam o resto no lixo. Então, comecei a arquivá-las. A maioria era de fãs ou profissionais em busca de uma oportunidade. Pedi permissão para publicá-las. Quase todos concordaram, menos Carl Sagan. O livro vendeu 85 mil exemplares no primeiro ano e a tiragem esgotou.

Kerry O'Quinn
(redator, revista *Starlog*)

Quando começamos a *Starlog*, em 1976, era um período de transição. *Jornada nas estrelas* passava apenas em reprises e foi antes de *Guerra nas estrelas*, *Contatos imediatos* ou qualquer uma dessas coisas.

A *Starlog* surgiu porque costumávamos fazer revistas para outras editoras sobre qualquer assunto que desejassem. Uma delas veio até nós e disse:

"Queremos uma revista sobre *Jornada nas estrelas*". Achamos ótimo. Fizemos o que era essencialmente a primeira edição da *Starlog* com um guia completo de episódios e todas essas coisas. Entregamos o material para a editora e, semanas mais tarde, eles voltaram e nos informaram: "Descobrimos que a Paramount é dona dos direitos de *Jornada nas estrelas* e não vai nos deixar publicar isso porque precisávamos ser um produto licenciado e não temos dinheiro para fazer uma revista assim. Então, não podemos pagar por isso e teremos de devolver todo o material".

Eles de fato o devolveram, mas o material era muito bom, então falei: "Em vez de fazer uma revista apenas sobre *Jornada nas estrelas*, vamos fazer a revista que sempre quis fazer sobre ficção científica. Usamos esse material em algumas edições, mas falaremos sobre todo o universo da ficção científica". Foi assim que a *Starlog* começou.

Ronald D. Moore

Na era pré-internet, e sendo de uma pequena cidade perdida no meio da Califórnia, eu não tinha acesso a nada daquelas coisas que estavam acontecendo com *Jornada nas estrelas*. Então, eu não tinha ideia do que estava rolando com a comunidade de fãs. Meu conhecimento da série nos anos 1970 era basicamente limitado à *Starlog*. Sempre comprava a edição mais recente e foi assim que descobri que havia convenções de *Jornada nas estrelas*. Lembro-me da primeira edição da *Starlog* que vi. Eu estava na farmácia com minha mãe ou algo assim e a revista estava na prateleira. Na capa havia um desenho de atores pendurados em um lustre e, dentro dela, li um artigo sobre as convenções de *Jornada nas estrelas*, algo que eu nunca tinha ouvido falar nem sabia que existia. Era apenas uma série de TV que eu adorava, mas nem mesmo conhecia outra pessoa que gostasse dela. Então, li sobre as convenções, as pessoas que gostavam de *Jornada nas estrelas* e que os atores até iam a essas convenções. A *Starlog* me fez perceber que havia um mundo de fãs.

Kerry O'Quinn

A primeira edição vendeu melhor do que qualquer um esperava, menos eu. Então, a distribuidora permitiu que a revista se tornasse bimestral em vez de trimestral. Quando *Guerra nas estrelas* foi lançado, o filme ganhou a capa da *Time* e tornou-se a maior coisa em Hollywood, então viramos uma publicação mensal. De repente, a ficção científica estava na moda e éramos um dos porta-vozes desse movimento.

Ed Naha
(produtor, *Inside Star Trek*)

Tinha lido alguns artigos sobre o álbum *Inside Star Trek* que diziam ser a maneira de a Paramount turbinar a demanda para a ressurreição da série. Não mesmo. Eles não cooperaram em nada. Não conseguimos nem mesmo uma maldita foto ou um slide da *Enterprise* para a capa. Devo dizer que o estúdio na época não estava entusiasmado com nada relativo a *Jornada nas estrelas* em termos criativos. Eles nunca entenderam. Como resultado, Gene não tinha permissão de produzir muito na Paramount e basicamente se sustentava com palestras.

O disco foi lançado e promovido nas faculdades. Ele serviu como uma forma de unir os fãs que divagavam sobre o que estava acontecendo com a série. Era possível trazê-la de volta para a telinha? Poderia ir para a telona? O álbum foi gravado antes da era da internet, em que fatos e boatos são lançados a cada dez segundos. Nos anos 1970, você tinha mídia impressa, rádio e convenções para disseminar as notícias, e era complicado. Não havia programas sobre bastidores de Hollywood dando furos de reportagem. O disco foi uma tentativa de dar voz ao mundo de *Jornada nas estrelas*, e essa voz, claro, era a de Gene.

O disco era basicamente o que intencionava ser. Sempre foi um projeto meio "frouxo". Na época, Gene era disputado no circuito de palestras. Ia a muitas universidades. Percebemos que podíamos gravar algumas das apresentações e, então, ele escreveria "esquetes" com vários membros do elenco que seriam gravados em um estúdio propriamente dito na Costa Oeste. Ganhávamos fluidez com esses dois ângulos.

A ideia desse disco surgiu quando a revista *Crawdaddy!* me pediu para escrever um artigo celebrando o décimo aniversário da série clássica. Então, comecei a tarefa como freelancer, entrando em contato com vários relações-públicas para marcar entrevistas com as pessoas que me interessavam. Gene Roddenberry, claro, era o principal. Susan Sackett marcou um encontro com Gene quando ele estava em uma convenção em Nova York. Encontrei um Gene exausto em um quarto de hotel certa manhã. Na noite anterior, enquanto ele e Majel estiveram às voltas com a convenção, um ladrão tinha entrado no quarto e limpado o lugar, dizendo à babá do filho deles que viera apenas atrás de joias. Claro, não havia joia alguma. Gene passou a noite lidando com a polícia, com os nervos em frangalhos. A primeira coisa que fizemos quando chegamos à recepção foi correr para o bar, que estava fechado. Dois fãs fervorosos fizeram um escarcéu porque Gene não estava sendo servido, ressaltando o fato de ele ser o Grande Pássaro da Galáxia e coisas assim, e logo estávamos bebendo tranquilamente e filosofando sobre a vida na era pós-Nixon. Nos demos bem logo de cara.

Fizemos a entrevista em alguns encontros e o artigo ganhou a capa da revista. Em certo momento, Susan sugeriu que fizéssemos um disco falado para a Columbia. Topei na hora.

Ronald D. Moore

Eu ouvia aquele disco sem parar. Era incrível poder ouvir a voz de Gene diretamente. Acho que foi a única vez que ouvi a voz dele — nunca o vi na TV ou o ouvi no rádio. Foi a única vez que ouvi Roddenberry falar. E ele falou muito. A menos que você fosse a uma daquelas convenções, jamais teria a oportunidade de ouvi-lo, então foi fascinante para mim. Lembro-me de

Gene falar sobre sua infância. Acho que disse algo como ter usado caixas de papelão como naves espaciais e como passou a infância doente, pelo que me lembro. Era um papo bastante inspirador, em que ele falava sobre o potencial da humanidade. Lembro-me de ele dizer algo sobre as pessoas e objetos sexuais e como ele gostava de ser um objeto sexual.

Ed Naha

O material das palestras do disco foi retirado diretamente dos roteiros preparados por Gene. Variavam um pouco de escola para escola, mas era basicamente a mesma sequência. Oferecia muitos detalhes internos sobre *Jornada nas estrelas*, mas também sobre Gene e seu processo criativo. As entrevistas que conduziu eram roteirizadas... ou começaram assim. Susan Sackett entrou em contato com os atores e seus representantes e reservamos um horário num estúdio de gravação em Los Angeles. Mark Lenard foi um profissional completo, repetindo o papel do pai de Spock, Sarek, no disco. Ele nunca saiu do personagem e fez uma grande atuação. DeForest Kelley e Gene lapidaram o roteiro deles durante o ensaio. Isaac Asimov e Ray Bradbury divagavam muito e Gene precisava dar um toque para voltarem ao tema.

Bill Shatner foi, Deus o abençoe, Bill Shatner. Ele apareceu uma hora atrasado e todo de branco, vindo direto da quadra de tênis. Eu, Gene e o engenheiro de som ficamos preocupados porque o relógio do aluguel do estúdio não parava de girar. Bill sentou-se e a primeira coisa que fez foi jogar fora o roteiro. Queria falar sobre outra coisa. Acho que golfinhos ou coisa do tipo. Gene tinha um rosto sorridente incrível que usava quando as coisas estavam indo ladeira abaixo. Mas também tinha aquela autoridade de professor que usava para colocar o assunto nos trilhos. Era algo maravilhoso de assistir.

Em termos de conteúdo, a Columbia Records não dava a mínima para o que havia no disco. Meu chefe imediato foi deixado inicialmente no escuro e via o projeto como uma das "Loucuras de Naha". Podíamos colocar o elenco inteiro de *Jornada nas estrelas* fazendo a dança do sabre russa e peidando, e ele daria de ombros.

O poder de expansão do público de *Jornada nas estrelas* como um movimento visível tornou-se mais evidente em 1976, quando o primeiro ônibus espacial americano foi alvo de uma campanha apaixonada de cartas que resultou no batismo da nave com o nome de *Enterprise*, numa cerimônia da Nasa acompanhada por Roddenberry e boa parte do elenco.

Bjo & John Trimble

O projeto para nomear o ônibus espacial de *Enterprise* começou, na verdade, com dois homens em Washington e, quando eles não conseguiram mais conduzir o projeto, ele caiu no nosso colo. Recebemos uma ligação perguntando se poderíamos usar a nossa ampla lista de contatos para divulgar que o primeiro ônibus espacial deveria se chamar *Enterprise*. Hesitamos, porque uma campanha via correio exige muito tempo e trabalho, sem falar na impressão da papelada e a postagem. Mas a ideia parecia boa: o nome poderia gerar milhares de cartas ao presidente Ford, mostrando o apoio público ao nosso programa espacial.

Reunimos vários fãs de *Jornada nas estrelas* e membros da Sociedade de Ciência e Fantasia de Los Angeles para preparar as cartas manualmente. Não conseguimos encontrar uma copiadora disposta a doar seu tempo, maquinário e mão de obra para o projeto. Os fãs locais ajudaram a pagar pelo envio, mas os Trimble arcaram com a maior parte dos custos. Os papéis foram dobrados, os envelopes preenchidos e selados, tudo à mão. Os fãs trouxeram os próprios lanchinhos, que deixaram nos envelopes marcas de gordura.

Recebíamos quase todos os dias telefonemas de Washington para nos informar como a campanha parecia estar indo. Então, veio o dia em que o presidente deveria fazer uma coletiva de imprensa sobre o ônibus espacial e o futuro do projeto espacial. E, minutos antes da coletiva, o mundo ouviu que o presidente Ford tinha decidido batizar o ônibus espacial de *Enterprise*! Os oficiais da Nasa ficaram perplexos; os repórteres saíram correndo para escrever sobre "os trekkies malucos".

Elyse Rosenstein

Foi preciso 1 milhão de cartas para convencer a NBC a renovar *Jornada nas estrelas* para a terceira temporada, mas somente 400 mil para fazer o presidente dos Estados Unidos passar por cima da Nasa. O que isso nos diz sobre a NBC? *Jornada nas estrelas* não estava mais no ar, porém as convenções não só sobre a série, mas sobre ficção científica em geral continuavam a todo vapor, e os fãs de *Jornada nas estrelas* estavam absolutamente determinados a dar o nome de *Enterprise* à primeira nave espacial reutilizável do mundo. Nós vencemos! O lado ruim é que o segundo ônibus espacial, chamado *Columbia*, foi o escolhido pela Nasa para ir ao espaço.

Jacqueline Lichtenberg

Esse foi o principal argumento, que aquela nave específica nunca voaria. Era um veículo de testes, então deveríamos chamar uma dessas naves reutilizáveis de *Enterprise*. Mas essa "energia" de que falo irrompeu e uma grande explosão de sentimentos tomou conta do dia. O motivo de sermos desprezados — a ideia de ir ao espaço — era uma realidade agora. Provamos estar certos. Podemos ir às estrelas, e os sucessores da *Enterprise* nos levaram até elas.

Ed Naha

O último projeto em que trabalhei na Columbia foi conseguir todas as liberações necessárias e os direitos autorais das músicas do disco da *Voyager*, que foi lançada ao espaço. Trabalhei com Carl Sagan e Ann Druyan. Esse foi um grande desafio à medida que as gravadoras estavam relutantes em ter o seu "produto" misturado com o "produto" de outra gravadora. Não importava se ele estava sendo lançado no espaço e não seria tocado no rádio. Regras são regras, e advogados adoravam regras.

Enquanto esse trabalho era executado, William Shatner veio me salvar. Ele ficou impressionado com meu trabalho em *Inside Star Trek*, me ligou e perguntou se poderia trabalhar na divulgação do novo álbum duplo dele, *William Shatner Live*. O trabalho duraria todo o verão. Bingo! Consegui o dinheiro do aluguel. Preciso confessar, adoro Shatner. Ele é o über ego mais afável com quem já trabalhei. Estar com ele é quase como ser incluído num trabalho de arte performática.

No meio de tudo isso, a ressurreição de *Jornada nas estrelas* como uma nova produção tinha dado alguns passos de bebê, o primeiro deles ocorrendo durante a convenção de 1972, em Nova York.

Jon Povill
(produtor associado, *Jornada nas estrelas — O filme*)

Gene tinha uma grande participação nas primeiras convenções. Não apenas como convidado e palestrante, mas elas eram instrumentos de marketing para ele, Majel e a Lincoln. Tudo foi orquestrado para manter a série viva e tirar vantagem, até certo ponto, das reprises nacionais. Então ele era parte do desenvolvimento do fenômeno. Ele era incrível no marketing. Sabia como trabalhar os fãs; sabia como trabalhar esse seu lado. Gostaria de ver como ele se sairia agora, com a internet e as redes sociais para ajudar... Jesus. Acho que ele seria um monstro. Gene sempre teve um ego enorme, mas em termos do que poderia fazer agora com uma página no Facebook, angariando comunidades de fãs para responder a certas coisas... Desconfio que ele teria um império gigantesco. Acho que seria capaz de transformar *Jornada nas estrelas* em zilhões de outras coisas, como séries on-line, por exemplo. Ele seria capaz de gerar muito mais. Meio como Majel fez com *Andromeda* e algumas das outras ideias de Roddenberry, mas num grau bem maior.

Elyse Rosenstein

Quando as convenções começaram a surgir e Gene Roddenberry foi convidado a participar, aparentemente Oscar Katz precisou encorajá-lo. Eles estavam tentando armar uma situação na qual Gene pudesse falar com a NBC sobre um possível retorno de *Jornada nas estrelas*. Se por um lado Gene iria para Nova York e poderia ser bom participar do evento, ele não queria parecer desesperado.

O fato é que Oscar encorajou Gene a participar, porque daria uma razão para ir a Nova York sem estar diretamente associado a um encontro com a NBC. Então, isso ficaria em segundo plano; não tinha nada a ver com a criação da nossa convenção, mas com as pessoas que vieram. Isso deu uma oportunidade para Gene. E a publicidade gerada alcançou a Califórnia e acendeu uma chama que estava latente. Foi como dizer: "Vocês acham que acabou, mas vejam o que aconteceu quando os fãs ganharam uma oportunidade". Mostrou que havia um mercado e as pessoas queriam mais. Em setembro de 1973, conseguimos voltar com *Jornada nas estrelas — A série animada*.

CONTINUA...

AGRADECIMENTOS

Os autores gostariam de oferecer seus profundos agradecimentos a todos que gentilmente lhes dispuseram seu tempo ao longo de todos esses anos concedendo entrevistas. Muitos deles foram, inclusive, entrevistados mais de uma vez. Temos uma grande dívida com David E. Williams, Sheldon Teitelbaum, Steven A. Simak, Joe Nazarro, Jeff Bond, James Van Hise, Karen E. Willson, John Kenneth Muir, Randy & Jean-Marc Lofficier, Tony Timpone, Dan Madsen, Steve Kriozere, Scott Arthur e Jennifer Howard do Arquivo de Televisão Norte-Americano, que quando necessário compartilhou de bom grado documentos originais.

Em quase todos os casos, o material foi coletado de entrevistas originais realizadas pelos autores ao longo das últimas três décadas, com exceção do material adicional já mencionado, assim como comentários extraídos de coletivas de imprensa e/ou palestras em convenções e trechos de memorandos.

Além disso, gostaríamos de agradecer especialmente a nossos assistentes. Sem a ajuda deles é provável que este livro só houvesse sido publicado no sexagésimo aniversário da franquia. Agradecemos também a nosso indispensável pesquisador sênior Jordan Rubio e também a Jacob DuBoise, Marie Lombardi, Derek Hedbany e Andrew Goldman, professor da Universidade de Nova York, por sua generosa assistência, assim como aos infinitamente prestativos funcionários da Biblioteca de Edições Especiais da Universidade da Califórnia, em Los Angeles. Obrigada por nos deixar usar sua sala.

Os autores também gostariam de agradecer a Stephen Pizzello, da revista *American Cinematographer*, por sua contribuição para este trabalho. Um muito obrigado para nosso amigo Mark Gottwald, ex-editor da revista *Cinefantastique*, e também para seu editor atual, Joe Sena.

Nenhum livro sobre *Jornada nas estrelas* estaria completo sem reconhecer a inestimável contribuição ao gênero oferecida pelo falecido Frederick S. Clarke, criador da *Cinefantastique*, sem o qual nada disso seria possível. Fred foi um mentor, uma inspiração e – junto com Kerry O'Quinn, fundador da *Starlog* — é um pioneiro lendário na cobertura jornalística erudita da ficção científica produzida na TV muito antes de o mundo sequer ouvir falar em internet.

Também seríamos negligentes se não agradecêssemos a nosso santo padroeiro, o editor Brendan Deneen, sua inspirada assistente Nicole Sohl e nosso *publisher*, o incrível Thomas Dunne. Demonstramos igualmente gratidão por nossa agente, Laurie Fox, da Linda Chester Agency, por seu entusiasmo infinito ao longo de todo o processo de escrita desta obra. Um agradecimento especial vai para a nossa excelente preparadora de originais, MaryAnn Johanson. Sem os esforços incansáveis de MaryAnn, este livro seria incompreensível. Gostaríamos de tirar nosso chapéu para Seth MacFarlane por escrever o prefácio. (Qualquer um que contratou Sam Jones, de *Flash Gordon*, para fazer o papel dele mesmo em seus filmes e também incluiu na trilha sonora "All Time High", música tema de *007 contra Octopussy*, tem o direito de participar do nosso livro.)

E, é claro, os nossos agradecimentos mais profundos aos grandes visionários já falecidos Gene Roddenberry e Gene L. Coon, sem os quais nós não estaríamos ainda falando de (e assistindo a) *Jornada nas estrelas* cinco décadas depois da criação da franquia.

Também não podemos esquecer de dar o nosso muito obrigado ao atencioso, acolhedor e imensamente talentoso Michael Piller, que deixou este mundo cedo demais, assim como aos falecidos Robert H. Justman,

Harve Bennett e o incomparável Leonard Nimoy, que poderiam ter vivido e prosperado um pouco mais.

E por fim, mas não menos importante, queremos agradecer a William Ware Theiss, pelos uniformes incríveis que ficarão para sempre no nosso cérebro... ou pelo menos até eles serem roubados pela Imorg.

SOBRE OS AUTORES

Mark A. Altman foi considerado o "maior especialista em *Jornada nas estrelas* em todo o mundo" pelo *Los Angeles Times* e, como jornalista, cobre a franquia há mais de uma década, escrevendo para veículos como *The Boston Globe*, *Cinefantastique*, *Sci-Fi Universe* e *Geek*, revista da qual foi fundador, editor e consultor editorial. Altman também escreveu diversos volumes da revista em quadrinhos de *Jornada nas estrelas* para a DC e a Malibu Comics.

Altman é provavelmente mais conhecido entre os fãs mais ardorosos de *Jornada nas estrelas* como roteirista e produtor de uma verdadeira declaração de amor à franquia, o clássico *cult* vencedor de diversos prêmios *Free Enterprise*, estrelando William Shatner e Eric McCormack. Produzido em 1999, o filme gira em torno de dois fãs disfuncionais de *Jornada nas estrelas* que encontram seu grande ídolo e acabam descobrindo que ele está em uma situação ainda pior que a deles. Altman foi agraciado com o prêmio de melhor roteirista estreante pelo Sindicado de Roteiristas dos Estados Unidos no AFI Film Festival, entre as inúmeras outras honrarias que seu longa-metragem recebeu.

Posteriormente, Altman foi produtor e roteirista de séries como *Agent X*, da TNT, *Castle*, da ABC e *Necessary Roughness*, da USA, e foi também produtor executivo de *Femme Fatales*, da HBO, que a *Entertainment Weekly* chamou de "uma antologia televisiva de garotas radicais" e o *Huffington Post* saudou como "uma diversão saída de uma revista *pulp*".

Ele também produziu a adaptação cinematográfica de orçamento milionário do *game* campeão de vendas DOA — *Vivo ou morto*, assim como a paródia de filmes de super-herói de James Gunn, *Os especiais*, e *House of the Dead – O filme*, baseado na série de *games* da Sega.

Altman já deu palestras na Tish School of the Arts da Universidade de Nova York e em vários eventos e convenções da indústria de entretenimento, incluindo a ShowBiz Expo e o painel de roteiro da *Variety* / Final Draft no Festival de Cannes. Ele foi jurado do prestigioso Festival de Stiges, em Barcelona, e é convidado frequente da Comic-Con, que acontece anualmente em San Diego, onde também foi, durante dois anos, jurado do festival de cinema da convenção. Em 2014, ele se graduou no programa de formação de *showrunners* do Sindicato de Roteiristas dos Estados Unidos e é membro da Academia Norte-Americana de Televisão.

O autor vive em Beverly Hills, na Califórnia, com sua esposa, Naomi; seus filhos Ella e Isaac; três gatos chamados Ripley, Giles e Willow; e um pingo que nunca lhe causou nenhum problema.

Eduard Gross é um jornalista de entretenimento veterano que fez parte da equipe editorial de diversas revistas, entre elas *Geek*, *Cinescape*, SFX, *Starlog*, *Cinefantastique*, *Movie Magic*, *Life Story* e *SciFiNow*. Ele também é autor de livros de não ficção como *Above & Below — The Unofficial 25th Anniversary Beauty and the Beast Companion*, *X-Files Confidential*, *Planet of the Apes Revisited*, *Superhero Confidential — Volume 1* e *Voices from Krypton*.

Gross vive em Nova York com sua esposa, Eileen; seus filhos Teddy, Dennis e Kevin; e uma adorável vira-lata chamada Chloe.

Envie seus comentários, perguntas e pedidos de palestras pelo e-mail 50yearmissionbook@gmail.com.

Siga-nos no Twitter:

@50yearmission @markaltaman @edgross

Este livro, composto na fonte Fairfield,
foi impresso em papel Pólen Soft 80 g/m² na Intergraf,
São Paulo, agosto de 2016.